Katrin Girgensohn / Nadja Sennewald
Schreiben lehren, Schreiben lernen

W0083085

Einführungen Germanistik

Herausgegeben von
Gunter E. Grimm und Klaus-Michael Bogdal

Katrin Girgensohn / Nadja Sennewald

Schreiben lehren, Schreiben lernen

Eine Einführung

Die Deutsche Nationalbibliothek verzeichnet diese Publikation
in der Deutschen Nationalbibliografie;
detaillierte bibliografische Daten sind im Internet über
http://dnb.d-nb.de abrufbar.

Das Werk ist in allen seinen Teilen urheberrechtlich geschützt.
Jede Verwertung ist ohne Zustimmung des Verlags unzulässig.
Das gilt insbesondere für Vervielfältigungen,
Übersetzungen, Mikroverfilmungen und die Einspeicherung in
und Verarbeitung durch elektronische Systeme.

© 2012 by WBG (Wissenschaftliche Buchgesellschaft), Darmstadt
Die Herausgabe dieses Werkes wurde durch
die Vereinsmitglieder der WBG ermöglicht.
Satz: Lichtsatz Michael Glaese GmbH, Hemsbach
Einbandgestaltung: schreiberVIS, Bickenbach
Gedruckt auf säurefreiem und alterungsbeständigem Papier
Printed in Germany

Besuchen Sie uns im Internet: www.wbg-wissenverbindet.de

ISBN 978-3-534-23979-5

Elektronisch sind folgende Ausgaben erhältlich:
eBook (PDF): 978-3-534-71416-2
eBook (epub): 978-3-534-71418-6

Inhalt

Danksagung

Wir bedanken uns für die produktive Diskussion über diesen Text bei: Kirstin Bromberg, Jonas Damme, Lilja Girgensohn, Ella Grieshammer, Mareike Gronich, Helene Kreysa, Swantje Lahm, Imke Lange, Ulrike Lange, Franziska Liebetanz, Anja Poloubotko, Nora Peters, Elke Sennewald, Anne Warmuth und Jana Zegenhagen.

Ein besonders herzlicher Dank geht an Anne Warmuth, die uns bei der Recherche unterstützt und Korrektur gelesen hat und an Jonas Damme, der uns ebenfalls bei der Recherche unterstützt und das Literaturverzeichnis überarbeitet hat.

I. Einleitung

Wie würde die Welt aussehen, wenn es keine Schrift gäbe? Wie, wenn kein Mensch schreiben könnte? Versucht man, sich das auszumalen, gerät man schnell an die Grenzen seiner Vorstellungskraft – so sehr basiert unsere Welt auf Schrift. Weil die Schrift eine Voraussetzung unserer heutigen Kultur ist, wird das Schreiben als ‚Kulturtechnik' bezeichnet. Es ist auch deshalb eine Kulturtechnik, weil es keine angeborene Fähigkeit ist, sondern erlernt werden muss. Während Kinder ihre Muttersprache in mündlicher Form meist in ihrer natürlichen sozialen Umgebung intuitiv erwerben, wird der schriftliche Sprachgebrauch systematisch gelehrt und angeleitet; meistens in der Schule. Dieses erste Schreiben steht in enger Verbindung mit dem Lesen Lernen; beides zusammen wird als ‚Schriftspracherwerb' bezeichnet.

Doch beherrscht man, wenn man die Schrift ‚erworben' hat, automatisch die Kulturtechnik Schreiben? Die Antwort auf diese Frage hängt davon ab, was für eine Textsorte man verfassen möchte. Wenn es darum geht, Einkaufszettel zu schreiben, Unterschriften zu leisten oder sich Notizen zu machen, beherrschen die meisten Menschen nach der Grundschulzeit das Schreiben. Wenn es aber um komplexere Texte geht, wird es schon schwieriger. Steht man vor der Aufgabe, eine (noch) unbekannte Textsorte zu verfassen, stellen sich immer wieder von Neuem die Fragen: Wie fange ich an? Wie gehe ich vor? Und wieso klingt das alles überhaupt nicht so flüssig und elegant wie das, was andere Leute schreiben?

Das Erlernen des Schreibens ist tatsächlich nicht mit dem Schriftspracherwerb abgeschlossen – im Gegenteil: Die Verfeinerung dieser Kulturtechnik ist vermutlich nie abgeschlossen! Es dauert viele Jahre oder sogar Jahrzehnte, bis man das Schreiben virtuos beherrscht. Doch während es den meisten Leuten sofort einleuchtet, dass es jahrelange Übung braucht, bis man ein Musikinstrument meistert, scheinen viele Menschen zu glauben, das sei beim Schreiben anders: Entweder man kann es oder eben nicht. Alles eine Frage der Begabung.

Wie kommt es zu dieser Einschätzung? Zum einen sicherlich, weil Schreiben etwas so Normales ist. Unsere Gesellschaft ist so sehr auf Schrift angewiesen, dass wir nicht mehr darüber nachdenken, was Schreiben – und auch Lesen – eigentlich bedeutet. Wir tun es einfach, so, wie wir nach einer Weile nicht mehr über das Schalten nachdenken, wenn wir Auto fahren gelernt haben. Hinzu kommt, dass das Schreiben nach Abschluss des Schriftspracherwerbs nur noch wenig thematisiert wird. Zwar lernen wir in der Schule, wie die Texte aussehen sollen, die wir schreiben. Wir erfahren z. B., dass ein Aufsatz einen Anfang, einen Hauptteil und einen Schluss haben sollte. Oder wir erfahren, dass eine Textanalyse Beispiele aus dem analysierten Text enthalten muss. Aber nur sehr selten wird in der Schule darüber gesprochen, wie der gewünschte Text entstehen könnte. Wie kommt die Idee aus dem Kopf auf das Blatt Papier? Und was, wenn ich keine Idee habe, oder wenn mir meine Idee dumm vorkommt? Was, wenn meine Idee zwar auf dem Papier landet, aber der Stil des Textes unangemessen ist? Wie kann ich mich als Schreiberin weiterentwickeln?

Mit diesen und anderen Fragen beschäftigen sich sowohl die Schreibforschung als auch die Schreibdidaktik. Die Schreibforschung erkundet z. B., welche Prozesse beim Schreiben ablaufen. Ein weiteres wichtiges Ziel der Schreibforschung ist es, zu erfahren, wie sich das Schreiben – insbesondere nachdem der Schriftspracherwerb abgeschlossen ist – besser erlernen lässt. Genau hier findet sich die Schnittstelle zur Schreibdidaktik, denn diese widmet sich dem Lehren und Lernen des Schreibens. In diesem Einführungsband werden sowohl für die Schreibforschung als auch für die Schreibdidaktik historische Anfänge, die daraus folgenden Entwicklungen und aktuelle Konzepte aufgezeigt.

Warum dieses Buch?

Wie bereits angedeutet, denken wir im Alltag, auch im Universitätsalltag, wenig darüber nach, was das Schreiben eigentlich bedeutet. Das ist erstaunlich, denn ohne das Schreiben würde es gar keine Wissenschaft geben. Wenn wissenschaftliche Erkenntnisse nicht aufgeschrieben werden, dann wird, im Wortsinn von Wissenschaft, kein Wissen geschaffen. Wissenschaft ist ein Gemeinschaftswerk. Sie lebt davon, dass wir an die Erkenntnisse derer anknüpfen, die vor uns geforscht haben. Und damit wir daran anknüpfen können, müssen die Erkenntnisse schriftlich dokumentiert und veröffentlicht werden. Das gilt für alle Wissenschaftlerinnen und Wissenschaftler, ganz gleich, ob sie in den Naturwissenschaften, Gesellschaftswissenschaften oder Geisteswissenschaften arbeiten. Zu studieren bedeutet wiederum, die Grundlagen bestimmter Wissenschaften und Disziplinen zu erlernen und sich schreibend mit ihnen auseinanderzusetzen. Studierende verfassen bereits seit rund 200 Jahren während ihres Studiums wissenschaftliche Texte. Und beinahe ebenso lange wurde kaum darüber nachgedacht, wie Studierende das wissenschaftliche Schreiben am besten erlernen können. Das Lernen des Schreibens fand implizit statt, sozusagen ‚nebenbei‘, während man sich die Studieninhalte aneignete. An vielen Universitäten und in vielen Fächern im deutschsprachigen Raum ist das bis heute so.

Doch derzeit sind Veränderungen im Gange! An immer mehr Universitäten werden Schreibzentren eingerichtet und Schreibworkshops angeboten oder das Schreiben wird in regulären Seminaren thematisiert und geübt. Die Entwicklungen, die in diesem Bereich im deutschsprachigen Raum stattfinden, vollziehen sich rasant: Die oben genannten Angebote werden immer selbstverständlicher und vermutlich bald zum Standard gehören. Besonders schön ist, dass an diesen Entwicklungen viele verschiedene Disziplinen beteiligt sind.

Auch die Schreibforschung selbst ist interdisziplinär: Die Wissenschaftlerinnen und Wissenschaftler kommen aus so unterschiedlichen Fächern wie den Sprachwissenschaften, den Literaturwissenschaften, der Psychologie, der Erziehungswissenschaft oder den Neurowissenschaften. Hinzu kommt, dass die Entwicklungen in der Schreibforschung und Schreibdidaktik zwar im deutschsprachigen Raum neu sind, doch im englischsprachigen Raum, und da insbesondere in den USA, sieht es ganz anders aus. Dort gibt es seit über hundert Jahren vielfältige Fachdiskussionen über Schreibforschung und Schreibdidaktik.

Genau hier begründet sich die Notwendigkeit eines Einführungsbandes: Es zeichnet sich bereits jetzt ab, dass Schreibforschung und Schreibdidaktik auch im deutschsprachigen Raum immer mehr an Bedeutung gewinnen werden. Gerade weil die Forschung so interdisziplinär ist und weil die Schreibdidaktik alle Studierenden betrifft, wird das Themengebiet in immer mehr Fächern als relevant erkannt.

Der vorliegende Band bietet einen Einstieg in und einen kompakten Überblick über dieses spannende wissenschaftliche Feld. Die Einführung ist sowohl hilfreich für Studierende der oben genannten Fächer als auch für Lehramtsstudierende als auch für Studierende, die sich an ihren Hochschulen im Bereich der Schreibberatung engagieren möchten. Ebenso richtet sich der Band an alle Studierenden und Lehrenden, die wissen möchten, worin das Geheimnis des Schreibens besteht. Gründe, sich mit dem Schreiben zu befassen, gibt es genug. Dieses Buch vermittelt Grundlagenwissen, das nach Belieben selbständig vertieft werden kann – auch in den Bereichen, die im Rahmen dieser Einführung nicht ausgeführt werden. Da der Schwerpunkt auf dem wissenschaftlichen Schreiben liegt, wird zum Beispiel das schulische Schreiben nur am Rande behandelt. Auch auf das Schreiben in einer Fremd- oder Zweitsprache wird in diesem Band nicht eingegangen, obwohl die Forschung sich in dem Bereich derzeit stark entwickelt. Hier wäre eine eigene Einführung notwendig. Außerdem wird die Erforschung der Produkte des Schreibens, also der Texte selbst, nur in Maßen dargestellt, denn hier soll es nicht darum gehen, wie ein guter Text einer bestimmten Textgattung auszusehen hat. Diese so genannten Textmerkmale sagen erwiesenermaßen nichts darüber aus, wie der Text entstanden ist, also wie der Schreibprozess im Einzelnen verlaufen ist. Daher wird diese Art der Schreibforschung nur berücksichtigt, wenn sie in Kombination mit anderen Forschungsfragen prüft, ob in den untersuchten Texten etwas über die Schreibkompetenz oder die Schreibentwicklung des Schreibers zu erkennen ist.

Nachdem geklärt ist, was dieser Band nicht leisten kann und will, soll nun der Inhalt vorgestellt werden: *Inhalt dieses Buchs*

In Kapitel II werden zunächst die Anfänge der Schreibprozessforschung in den USA und in Kanada und die weitere Geschichte bis heute nachgezeichnet.

Kapitel III stellt grundlegende Schreibprozessmodelle vor sowie Schreibentwicklungsmodelle, die nicht nur für den Schriftspracherwerb, sondern auch für das professionelle Schreiben relevant sind. Es folgen Modelle, die versuchen die Frage zu beantworten, was Schreibkompetenz ausmacht. Dann werden die Funktionen des Schreibens vorgestellt. Eine solche Funktion, die hedonistische, zeigt, dass produktives Schreiben auch Spaß machen darf!

Die Methoden der Schreib(prozess)forschung sind sehr vielfältig, da sich Experten ganz verschiedener Disziplinen zur Aufgabe gemacht haben, das Schreiben zu erforschen. Ein erster Überblick über die Methodenvielfalt wird in Kapitel IV geschaffen.

In Kapitel V wird eine Auswahl wichtiger Schreibforschungsprojekte von den 1970er Jahren bis heute vorgestellt. Die Studien befassen sich z. B. mit den Fragestellungen: Worin besteht professionelle Schreibkompetenz? Wie entwickelt sie sich und mit welchen schreibdidaktischen Interventionen kann man sie fördern? Was für Schwierigkeiten treten beim Erlernen des akademischen Schreibens auf?

In Kapitel VI findet ein Perspektivwechsel hin zur Schreibdidaktik statt: Das Kapitel beginnt mit der Geschichte der schulischen Schreibvermittlung im europäischen Mittelalter, dann folgt eine Exkursion in die amerikanische Schreibdidaktik, die viele wichtige Impulse bereitstellt. Zuletzt werden aktuelle schreibdidaktische Konzepte in der Hochschullehre angerissen.

Diese Konzepte werden in Kapitel VII ausgeführt. Hier geht es zum Beispiel um Schreibzentren, Peer Tutoring, Schreibworkshops, Schreibgruppen, schreibintensive Seminare und Portfolioarbeit.

Das letzte und VIII. Kapitel dient schließlich dazu, ganz konkrete Tipps und Methoden aufzuzeigen, die das Schreiben erleichtern. So werden z. B. Arbeitsschritte für das Schreiben akademischer Texte vorgestellt. Beschrieben werden Brainstormingtechniken und Ideensammlungsmethoden wie Freewriting, Clustering oder die Journalarbeit. Außerdem werden Tipps gegeben zur Erschließung von Aufbau und Funktionsweise verschiedener akademischer Textsorten. Es folgen eine Anleitung für hilfreiches und wirkungsvolles Textfeedback und ein Plädoyer für selbst organisierte Schreibgruppen. Zum Schluss besteht die Möglichkeit, einen kleinen Schreibtypentest durchzuführen und sich Methoden zum Umgang mit Schreibschwierigkeiten und Schreibblockaden anzueignen.

Wie in diesem Band immer wieder deutlich werden wird, sind Theorie und Praxis der Schreibforschung eng miteinander verknüpft. Es wäre schön, wenn die Lektüre dazu beitragen kann, einige der vorgestellten Theorien und Methoden in die eigene Schreibpraxis zu integrieren!

Anmerkung zur Sprache

Bevor es losgeht, noch eine Anmerkung zur Sprache: Es werden abwechselnd männliche und weibliche Formen verwendet, um weder Frauen noch Männer sprachlich zu benachteiligen. Wenn im Text also ,Schreiber' steht, können auch ,Schreiberinnen' gemeint sein, wenn von ,Didaktikerinnen' die Rede ist, können sich auch die ,Didaktiker' angesprochen fühlen. Außerdem werden, wenn es möglich ist, neutrale Formen wie ,Forschende' statt ,Forscherinnen' oder ,Forscher' genutzt.

II. Die Geschichte der Schreibprozessforschung

Wann die Geschichte der Schreibforschung beginnt, ist schwer zu beantworten. Mit der Entstehung der Schrift beschäftigten sich bereits die Philosophen der Antike und auch heute noch ist die Geschichte der Schrift und des Schreibens ein Feld für Archäologinnen, Altphilologen, Historikerinnen, Kulturwissenschaftler, Schriftlinguistinnen und andere. Im Rahmen dieser Einführung soll es allerdings nur um die Geschichte der Schreibprozessforschung gehen, d.h. die Prozesse, die beim Schreiben von Texten ablaufen, stehen im Vordergrund.

Bevor die Forschung begann, sich den Prozessen beim Schreiben zuzuwenden, stand von Beginn des 20. Jahrhunderts an bis in die 1970er Jahre hinein das Produkt des Schreibens, der Text, im Mittelpunkt des wissenschaftlichen Interesses (zur Geschichte der Schreibforschung vgl. ausführlich Feilke 1996, Nystrand 2006). Geforscht wurde vor allem aus linguistischer Perspektive mit dem Fokus auf die Syntax, also auf der Ebene des Satzbaus. Dabei galt häufig die Annahme, dass komplexe Sätze ein Zeichen für eine hohe Schreibkompetenz seien. Der Forschungsschwerpunkt lag darauf, herauszufinden, ob bestimmte Faktoren Auswirkungen auf die Komplexität der Syntax und damit auf die Schreibkompetenz haben. Es gab laut Feilke (vgl. 1996, 1178) z.B. Studien darüber, dass die syntaktische Komplexität, die Schreibende produzieren können, mit Lesehäufigkeit und Art der Lektüre zusammenhänge (vgl. Chomsky 1972), mit dem Intelligenzquotienten (vgl. LaBrant 1933; Hunt 1970), dem Geschlecht (vgl. Harell 1957; Richardson u.a. 1976; Andresen 1979) oder der sozialen Schicht (vgl. Richardson u.a. 1976; Poole 1983). Diese Sicht auf Text betrachtete den Satzbau als reines Symptom verschiedener äußerer Faktoren. Dass sich das Geschlecht oder die soziale Herkunft des Schreibenden in der Satzstruktur wiederspiegeln, ist inzwischen empirisch widerlegt worden (vgl. Feilke 1996, 1178).

Orientierung am Produkt

Erst zu Beginn der 1970er Jahre setzte sich die Erkenntnis durch, dass „die Entfaltung syntaktischen Schreibwissens nicht unabhängig von [...] einer Theorie der Entwicklung von Textkompetenzen im Schreiben zu beschreiben ist" (Feilke 1996, 1179). Es wurde also nicht mehr gefragt: Haben die Faktoren X oder Y Auswirkungen auf den Satzbau? Sondern: Wie gehen die Schreibenden beim Schreiben vor? Der Fokus verlagerte sich somit vom Schreibprodukt – dem Text – hin zum Schreibprozess und zum Textproduzenten. Soziolinguistische Ansätze wurden erweitert um Problemlösungstheorien aus der kognitiven Psychologie, die sich wiederum mit der Erforschung menschlicher Denkprozesse befasst. Dies war eine grundlegende Änderung der bislang vorherrschenden wissenschaftlichen Lehrmeinung aufgrund neuer Erkenntnisse oder neuer Perspektiven. Deshalb spricht man auch von einem ‚Paradigmenwechsel' in der Schreibforschung. Da dieser Paradigmenwechsel zuerst in Nordamerika stattfand und später nach

Orientierung am Prozess und Produzenten

Deutschland importiert wurde, werden im Folgenden zunächst die Entwicklungen in den USA und Kanada skizziert.

Entwicklung der Schreibforschung in Nordamerika

Wie Nystrand (vgl. 2006, 11) für Nordamerika aufzeigt, gab es zwar bereits zwischen 1912 und 1965 vereinzelt Artikel im *English Journal*, die das Schreiben als Prozess konzeptualisierten, es dauerte jedoch bis in die 1970er Jahre, bis sich diese Vorstellung durchsetzen konnte und es zu einer paradigmatischen Wende in der Schreibforschung und damit auch der Schreibdidaktik kam. Für diese Wende gab es drei Ursachen; nämlich didaktische Überlegungen, theoretische Neuausrichtungen im Bereich der Linguistik und politische Gründe, die hier kurz dargestellt werden sollen (vgl. ausführlich Nystrand 2006, 12 ff.):

Didaktische Überlegungen

Erstens kam es bei der *Anglo-American Conference on the Teaching of English* (auch bekannt als das Dartmouth Seminar) 1966 zu einer Positionierung jüngerer Akademiker, die aus der Anglistik, der Linguistik, der Psychologie und den Erziehungswissenschaften stammten. Sie kritisierten den schulischen Schreibunterricht, bei dem nur formelhaft Textmuster vermittelt würden. In Abgrenzung dazu betrachteten sie sowohl gesprochene als auch geschriebene Sprache als kognitiven und expressiven Prozess, der zur Verarbeitung und Erweiterung von Alltagserfahrungen diene. Bei der Vermittlung des Schreibens müsse dementsprechend „personal growth" (Dixon 1967; zitiert nach Nystrand 2006, 12), die persönliche Entwicklung, im Vordergrund stehen (ausführlich dazu siehe z.B. Britton 1970). Auch hier zeigt sich der Perspektivenwechsel weg vom Schreibprodukt, dem Text, hin zur Aktivität, zum Prozess des Schreibens. Statt zu fragen, was Sprache an sich ist, sollte nun gefragt werden, wie man Sprache am besten vermitteln und lernen könne: „The question ‚What is English?' invites a different form of answer from, say, ‚What at our best are we doing in English classes?'" (Dixon 1967, 10; zitiert nach Nystrand 2006, 13).

Theoretische Neuausrichtungen

Zweitens war diese neue akademische Generation theoretisch beeinflusst von der so genannten ‚kognitiven Wende' (engl. Cognitive Revolution). Diese wurde inspiriert von den Ideen Noam Chomskys, der die nordamerikanische Linguistik revolutionierte (Chomsky 1957, 1966, 1968). Chomsky stellte fest, dass Sprachkompetenz mehr umfassen muss, als das, was sich durch Analysen und Beschreibungen von Sprachen feststellen lässt. Sehr vereinfacht gesagt unterscheidet Chomsky zwischen der Sprachkompetenz, also der Fähigkeit, Sprache zu bilden, und der Performanz, also der tatsächlichen Bildung der Sprache. Die Kompetenz liegt der Performanz zugrunde und ermöglicht sie. Die Fähigkeit, Sprachen zu lernen, ist nach Chomsky angeboren. Zudem geht Chomsky davon aus, dass die Grammatik aller Sprachen gemeinsamen Prinzipien folgt. Weil die Fähigkeit, Sprachen zu lernen, angeboren, universell und kognitiv sei, so Chomsky, sei die Erforschung der Sprache nicht durch eine Fixierung auf beobachtbare Sprachdaten möglich. Stattdessen müsse die menschliche Kognition erforscht werden und dementsprechend sei die Linguistik in der kognitiven Psychologie anzusiedeln. Die 1953 an der Indiana University begründete Disziplin der ‚Psycholinguistik' (vgl. Osgood/Sebeok 1965) erhielt Rückenwind durch die Idee, dass die Erforschung der Sprachkompetenz beim menschlichen Gehirn und Geist ansetzen müsse. Die Psycholinguistik setzte sich zunächst an den Eliteuniversitäten der US-amerikanischen Ostküste, dem Massachusetts Institute of

Technology (MIT) und der Harvard University durch. Sie wurde forciert durch neue Forschungsprogramme an beiden Hochschulen, in denen Doktoranden und Doktorandinnen arbeiteten, die später großen Einfluss auf die Schreibforschung haben sollten (z. B. Janet Emig und James Moffet).

Drittens gab es politische Gründe dafür, dass in den USA und in Kanada Mitte der 1970er Jahre schließlich ein regelrechter Forschungsboom zu Schreibfertigkeiten und Schreibkompetenzen ausbrach (ausführlich vgl. Becker-Mrotzek 1997, Nystrand 2006). Zu dieser Zeit kam in Nordamerika die Sorge auf, dass die Schreibfähigkeiten von Jugendlichen nachlassen würden. Sowohl in den Medien als auch in der Fachliteratur wurde das Phänomen der ‚Schreibkrise‘ breit diskutiert. Besonders bekannt wurde der Newsweek-Artikel *Why Johnny can't write*, in dem die Befürchtung geäußert wurde: „the U.S. educational system is spawning a generation of semiliterates." (Sheils 1975, 58) *Politische Gründe*

Ob diese Schreibkrise real war, sei dahingestellt, denn es wurden zwar Mängel in den Schreibkompetenzen entdeckt, ob diese aber nicht früher ganz genauso vorhanden waren, konnte nicht überprüft werden, denn es gab keine Vergleichsdaten aus vergangenen Zeiten. So merken die kanadischen Schreibforscher Scardamalia und Bereiter rückblickend an, dass die Daten der US-amerikanischen Erhebung *National Assessment of Educational Progress* für die Jahre 1969 bis 1979 zwar einen Rückgang der Schreibfähigkeiten nahelegen, dieser sei jedoch nicht so gravierend gewesen, dass von einer Krise gesprochen werden könne. Vielmehr sei es wahrscheinlicher, dass mit der Ausbildung der Informationsgesellschaft die Anforderungen an die Schreibfähigkeiten in vielen Berufen gewachsen seien. Eine Adressatenorientierung, d. h. eine gezielte Ausrichtung vieler Textsorten auf spezifische Leser, und die rhetorische Aufbereitung der enthaltenen Information hatten an Wichtigkeit zugenommen und die bloße Beherrschung von Grammatik und Rechtschreibung waren nicht mehr ausreichend (vgl. Scardamalia/Bereiter 1986, 778). Auch Nystrand merkt an, dass regelmäßige Klagen über die Abnahme der Lese- und Schreibkompetenz eine beständige Begleiterscheinung in Industrieländern sind, da sich die Anforderungen an Schreib- und Lesekompetenzen dort kontinuierlich verändern: „Such claims are common during periods of demographic and class economic shifts, including our current globalizing society." (Nystrand 2006, 15)

Folgt man der Darstellung von Scardamalia und Bereiter (vgl. 1986, 778f.), gab es in den USA drei politische Strategien im Umgang mit der Schreibkrise: *Politischer Umgang mit der Schreibkrise*

- Die Entwicklung von Methoden zur großflächigen Evaluation der Schreibfähigkeit (Evaluation).
- Eine Verbesserung der Formulierung und Gestaltung von formalen Texten (Document Design). So gab es 1978 in den USA einen Erlass, nach dem alle Regierungsverordnungen in einfach verständlichem Englisch verfasst sein mussten. Außerdem wurde verstärkt zum Verhältnis von Textbedeutung und Leseverständnis geforscht.
- Eine Verbesserung der Lehrerausbildung (Instructional Improvement). Die Ursache der Schreibkrise wurde nicht bei den Schülern vermutet, sondern es wurde angenommen, dass die schlechte Qualität der Lehrbücher und

die ungenügende schreibdidaktische Ausbildung der künftigen Lehrenden ihren Anteil daran hatten.

- Die mediale Diskussion über die Schreibkrise führte zur Finanzierung zahlreicher Forschungsprojekte im Bereich der schriftlichen Sprachentwicklungsforschung in den USA und Kanada. So lauteten die Forschungsfragen des kanadischen *Eastern Ontario Language Arts Assessment Project* sogar: „Why can't Johnny write? Why can't Johnny read? Why isn't Johnny doing as well on tests as he used to?" (Nystrand 1986, 1) Diese neuen Projekte wurden in den USA als *National Writing Project* gebündelt und können als Initialzündung der neueren Schreibforschung betrachtet werden. In der ersten Finanzierungswelle wurden z.B. Linda Flower und John Hayes gefördert, deren Schreibprozessmodell die Grundlage vieler weiterer Forschungen bildete.

Infolge der verstärkten Forschungsaktivitäten ab Ende der 1970er Jahre nahmen die Schreibforscher drei wichtige Aspekte in den Fokus:
- den Schreibprozess, d.h. die beteiligten kognitiven Prozesse in Form der Schreibkompetenz;
- die Entwicklung der Schreibkompetenz;
- den Einfluss von Lehrmethoden und Unterricht auf die Entwicklung der Schreibkompetenz (vgl. Becker-Mrotzek 1997, 90).

Soziale Einflussfaktoren auf das Schreiben

Während zunächst die kognitiven Teilprozesse im Schreibprozess erforscht wurden, rückte ab den 1980ern die Erforschung sozialer Einflussfaktoren auf das Schreiben in den Vordergrund (ausführlich vgl. Nystrand 2006, 18ff.). Dies war eine direkte Auswirkung des neuen Verständnisses vom Schreibprozess: Bei den kurz zuvor entworfenen Schreibprozessmodellen wurde immer auch das soziale Umfeld mitgedacht, aber noch nicht näher spezifiziert (z.B. bei Hayes und Flower das ‚Task Environment' bzw. später bei Hayes 1996 das ‚Social Environment', siehe *Kapitel III.1, Schreibprozesse nach John R. Hayes & Linda Flower*). Nun wurde der Einfluss der „speech community" (Nystrand 1982, 17) oder der „language community" (Faigley 1985, 238) auf die Schreibkompetenzen herausgestellt und untersucht. (Diese werden heute eher als ‚discourse community' und auf Deutsch als ‚Diskursgemeinschaft' bezeichnet.) Dabei wurde davon ausgegangen, dass Menschen innerhalb einer Sprachgemeinschaft spezialisierte Diskurskompetenzen erwerben können, die es ihnen ermöglichen, Mitglied in spezialisierten Gruppen zu werden. „Within a language community, people acquire specialized kinds of discourse competence that enable them to participate in specialized groups." (Faigley 1985, 238) Das hieß konkret, dass der Sprachgebrach des weißen Mittelschichtsamerikaners nicht mehr als Norm gesetzt wurde, sondern anerkannt wurde, dass verschiedene ethnische und soziale Gruppen verschiedene ‚Dialekte' herausbilden. Auch auf einer anderen Ebene beschäftigten sich die Schreibforscher mit dem spezifischen Sprachgebrauch von Diskursgemeinschaften. Durch den Einfluss der Schreibprozessforschung waren an vielen Hochschulen ‚Writing Across the Curriculum' (wac)-Programme entstanden (vgl. *Kapitel VI.2, Writing Across the Curriclum/Writing in the Disciplines*). Durch die interdisziplinäre Diskussion über die Vermittlung des Schreibens wurde sichtbar, wie verschieden die disziplinären Anforderungen an die Texte sind und wie zahlreich die disziplinären Genres und Textsorten.

Ein weiteres Forschungsfeld, das während der 1980er Jahre in den Blick kam, war die Beziehung zwischen den Schreibenden und ihren Lesern. Sprache an sich wurde als soziales, kommunikatives Medium betrachtet. Folglich wurde auch der Prozess des Schreibens als Interaktion und dialogische Äußerung verstanden, der sich intertextuell auf eine ganz bestimmte soziale Gemeinschaft und deren Meinungen und Werte bezog. Typischerweise wurden akademische Disziplinen beforscht, die als Diskursgemeinschaften definiert wurden. Schreiben wurde nun als kognitiver Problemlösungsprozess im Rahmen einer sozial-kommunikativen Handlung in einem spezifischen diskursiven Kontext begriffen – eine Physikerin schreibt ein Laborprotokoll für ihr Forschungsteam anders als ein Lehrer, der einen Elternbrief verfasst. Beide Schreibenden müssen das Schreiben ihres Textes als soziale Handlung sehen, müssen beim Schreiben ihre Adressaten vor Augen haben und müssen den Kontext, in dem sie den Text schreiben, genau kennen.

Zu einer Übertragung der ‚kognitiven Wende‘ innerhalb der Schreibforschung in den deutschsprachigen Kontext kam es ebenfalls ab Mitte der 1980er Jahre: Die ersten Darstellungen der nordamerikanischen Schreibprozessmodelle (z. B. Hayes/Flower 1980a, Bereiter 1980) in deutscher Sprache finden sich in dem Aufsatz von Otto Ludwig *Einige Gedanken zu einer Theorie des Schreibens* (1983) und dem Forschungsbericht *Kognitive Prozesse beim Schreiben* von Sylvie Molitor (1984). Vor allem Molitor (später: Molitor-Lübbert) bereitete die nordamerikanischen, kognitionspsychologischen Ansätze der Schreibforschung ausführlich auf und beeinflusste durch diesen Wissenstransfer die weitere Entwicklung der deutschsprachigen Schreibforschung erheblich.

In Anlehnung an, aber auch in Abgrenzung zu nordamerikanischen Schreibprozess- und Schreibentwicklungsmodellen entstanden in der Anfangsphase der Rezeption weitere Modelle im deutschsprachigen Raum. Einige hier zu nennende sind die Modelle *Die Struktur des Schreibprozesses* und *Der Verlauf des Schreibprozesses* von Otto Ludwig (1983, 46, 50 ff.), das *Grundschema eines reflexiven Modells des Schreibprozesses* von Sylvie Molitor-Lübbert (1984, 44), das Modell *Kognitive Konstituenten der Textproduktion* von Gerhard Augst und Peter Faigel (1986, 175) und das *Kognitive Modell* von Helmuth Feilke und Gerhard Augst (1989, 302).

In den 1990ern schließlich blickte die Schreibprozessforschung über den Tellerrand des schulischen und akademischen Schreibens hinaus: Neue Themen waren das Schreiben am Arbeitsplatz, die Schreibkultur in sozialen Gemeinschaften oder auch privates Schreiben. Es wurden zahlreiche Projekte zum Schreiben in diversen Kontexten durchgeführt. Neu waren auch ethnografische Methoden der Forschung (vgl. Nystrand 2006, 21 f.).

In den ‚Nuller‘-Jahren haben sich die Medien, in und mit denen geschrieben wird, stark verändert, was auch Auswirkungen auf die Felder und Themen der Schreibforschung hatte. Hinzugekommen sind die Erforschung des Schreibens in den Neuen Medien und die eventuelle Veränderung des Schreibens durch die Neuen Medien, wie z. B. der breite Ansatz der *Stanford Study of Writing* zeigt (vgl. *Kapitel V.3, Stanford Study of Writing*).

Die ‚kognitive Wende‘ im deutschsprachigen Raum

III. Modelle und Theorien des Schreibens

Nach diesem ersten Überblick über die Geschichte der Schreibprozessforschung sollen nun einige Modelle und Theorien vorgestellt werden, die relevant für die Schreibprozessforschung waren und sind. Zunächst werden Schreibprozessmodelle erläutert, d. h. Modelle, die versuchen, die Komplexität von Schreibprozessen zu veranschaulichen. Dann werden Schreibentwicklungsmodelle vorgestellt, d. h. Modelle, die versuchen, die Entwicklung von Schreibkompetenz darzustellen. Doch was ist Schreibkompetenz eigentlich? Dieser Frage widmen sich Schreibkompetenzmodelle, die ebenfalls exemplarisch ausgeführt werden. Da sich Schreibkompetenz immer auch abhängig davon zeigt, warum jemand schreibt oder was beim Schreiben passiert, wird außerdem auf Theorien zu verschiedenen Funktionen des Schreibens eingegangen. Eine weitere Theorie, die sich aus der Schreibprozessforschung entwickelt hat, ist die, dass es verschiedene Schreibtypen gibt bzw. dass Menschen unterschiedliche Schreibstrategien bevorzugen. Abgeschlossen wird dieses Kapitel mit einem Blick auf Schreibprozesse, die nicht funktionieren: Hier geht es um Schreibstörungen und Schreibblockaden.

1. Schreibprozessmodelle

Wie im vorigen Kapitel bereits ausgeführt, stand lange das Produkt des Schreibens, der Text, im Zentrum der Schreibforschung. Erst ab Mitte der 1970er Jahre wurde das Schreiben als Problemlösungsprozess neu definiert:

> „In den Mittelpunkt der Aufmerksamkeit rückte zunehmend die Schreibtätigkeit als eine kognitive und kommunikative Handlung [...], in der nunmehr kognitives Problemlösen im Kontext des Schreibens als einer sozial-kommunikativen Handlung begriffen und studiert wurde" (Feilke 1996, 1179).

Mit der im vorigen Kapitel dargestellten kognitiven Wende in der Schreibforschung entstanden Modelle, die versuchten, die Komplexität des Schreibprozesses zu erklären und grafisch darzustellen. Wichtig war die Überlegung, dass der Schreibprozess aus einer Reihe von Subprozessen besteht, die wiederum einzeln beschrieben werden können. Die Modelle sind zwar sehr unterschiedlich, Einigkeit besteht aber darin, dass eine Vorstellung des Schreibprozesses als linear (z. B. als Abfolge der Tätigkeiten Planen-Formulieren-Überarbeiten) zu simpel ist.

Krings problematisiert, dass die Modelle des Schreibens eigentlich auf den Ergebnissen empirischer Forschung beruhen sollten, in der Praxis aber oft die Modelle der Forschung vorausgingen:

> „Faktisch sind die meisten Modelle aber bereits vor einer empirischen Überprüfung entwickelt worden, um für die Planung empirischer Unter-

suchungen überhaupt erst einmal eine strukturierte Vorstellung von Schreibprozessen zur Verfügung zu haben" (Krings 1992, 48).

Es ist wichtig, an dieser Stelle darauf hinzuweisen, dass ‚Modelle' nicht mit der ‚Realität' zu verwechseln sind, d. h. Modelle des Schreibens sind nicht mit dem Schreibprozess, der Schreibentwicklung oder der Schreibkompetenz identisch, sondern versuchen diese vorstellbar zu machen und in verständliche Kategorien zu fassen.

Der Psychologe John R. Hayes befasste sich in verschiedenen Studien mit der Frage, was uns beim Schreiben beeinflusst und somit den Schreibprozess modelliert. Bereits sein 1980 gemeinsam mit Linda Flower entwickeltes Modell fand viel Beachtung und wurde zum Ausgangspunkt für weitergehende Studien. 1996 veröffentlichte Hayes ein revidiertes Modell, basierend auf neueren Forschungsergebnissen. Die erste Grafik fußt auf Hayes Artikel *A New Framework for Understanding Cognition and Affekt in Writing* (1996), wählt jedoch eine weniger abstrakte Darstellung. Die Abbildung von 1996 ist der Vollständigkeit halber beigefügt.

Schreibprozesse nach Hayes & Flower

Das Schreibprozessmodell von Hayes soll im Folgenden ausführlich dargestellt werden, da es bis heute kaum eine Publikation zur Schreibprozessforschung gibt, die sich nicht darauf bezieht. Es ist immer noch das zentrale Modell der Schreibforschung.

Neu an diesem Modell war die Vorstellung vom Schreiben als einem interaktiven Problemlösungsprozess (vgl. Molitor-Lübbert 1996, 1005). Erstmals wurde das so genannte Aufgabenumfeld thematisiert, d. h. der Schreibauftrag und die bisher geschriebenen Textteile werden als Teil des Schreibprozesses mitgedacht.

Wie die Grafik zeigt, unterliegt jeder Schreibprozess sowohl Einflüssen, die in der schreibenden Person verortet sind – visualisiert durch die wolken-

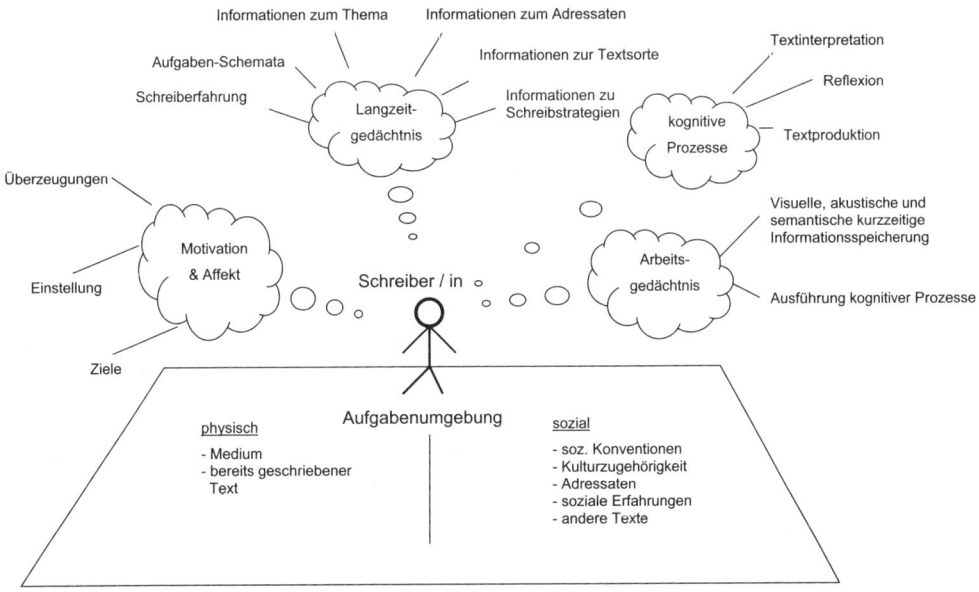

Abb. 1: Visualisierung zum Schreibprozessmodell nach Hayes 1996

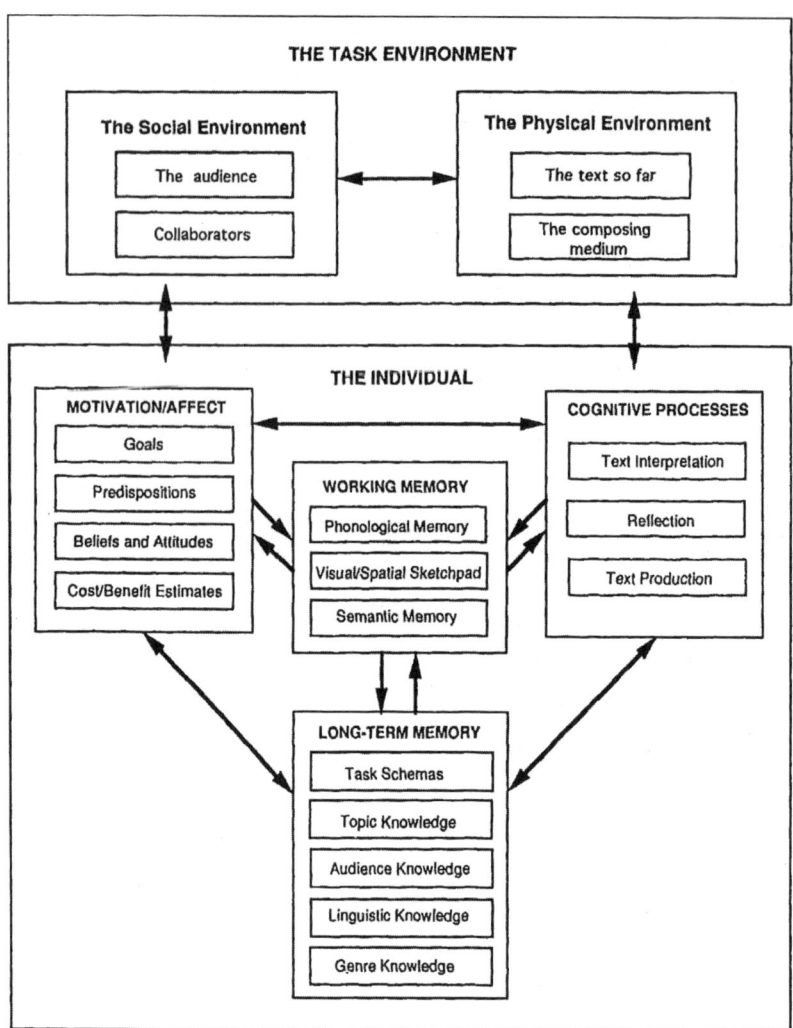

Abb. 2: The General Organization of the New Model nach Hayes 1996

förmigen Blasen – und Einflüssen, die außerhalb der schreibenden Person verortet sind – visualisiert durch das Feld, in dem die Schreiberin steht. In ihrem ersten Modell nannten Hayes und Flowers als Unterscheidungsmerkmal dieser Einflüsse, dass sie innerhalb bzw. außerhalb ‚der Haut' der schreibenden Person verortet sind.

Äußere Einflüsse auf Schreibprozesse

Die äußeren Einflüsse werden zusammengefasst als Aufgabenumgebung (‚task environment'). Diese unterteilt sich in die soziale Aufgabenumgebung und die physische Aufgabenumgebung.

Der sozialen Aufgabenumgebung wurde in der Schreibprozessforschung zunächst weniger Aufmerksamkeit geschenkt, doch inzwischen wissen wir, wie wichtig ihr Einfluss ist: Schreiben ist immer ein sozialer Prozess. Nicht nur, weil wir für Adressaten schreiben, sondern auch, weil unsere Sozialisation beeinflusst, wie wir schreiben. Wir sind geprägt durch Texte, die wir gelesen haben oder parallel zum Schreibprozess lesen. Wir sind beim Schreiben außerdem stark geprägt durch unsere Kulturzugehörigkeit: In China gelten z. B. andere Regeln in Bezug auf Verweise auf andere Texte. Was bei uns ein Plagiat wäre, gilt dort unter Umständen als Ehrenbezeugung für den Urheber eines Gedankens, der nicht genannt wird, weil es als selbstverständlich gelten sollte, dass jeder ihn kennt.

Ein weiterer Einflussfaktor, der der sozialen Aufgabenumgebung zuzuordnen ist, ist die Adressatin eines Textes. Damit ist nicht nur gemeint, dass jeder Text in dem Sinne adressatengerecht geschrieben sein muss, dass er dem Genre, der Stilebene und dem Wissensstand der Adressatin entspricht. Darüber hinaus liegt es auch auf der Hand, dass es den Schreibprozess beeinflusst, ob die Adressatin den Text z. B. benoten wird. Die Beschäftigung mit den Adressaten ist daher oft mit Emotionen verbunden, die wiederum den dem Schreiber immanenten Einflussfaktoren zuzurechnen wären.

Auch soziale Erfahrungen beeinflussen die Schreibprozesse. Wer in der Schule negative Schreiberfahrungen gesammelt hat, weil er schlecht benotet und hart kritisiert wurde, wird sich vermutlich auch beim Schreiben an der Hochschule verunsichert fühlen, da diese Erinnerungen mit dem aktuellen Schreibprozess verbunden werden. Soziale Erfahrungen können allerdings auch bewusst gesammelt und genutzt werden, um Schreibprozesse zu fördern. Hayes betont die in Studien nachgewiesenen positiven Aspekte kollaborativen Schreibens, z. B. in der Schule oder im Beruf (vgl. O'Donnell u. a. 1985).

Zur physischen Aufgabenumgebung gehört das Schreibmedium. Es beeinflusst unsere Schreibprozesse, ob wir etwas in Stein meißeln, in ein Heft schreiben, in ein E-Mail-Programm oder in ein leeres Dokument am Computer. So blicken Schreibende öfter zum Satzanfang zurück, wenn sie per Hand schreiben, als wenn sie am Computer schreiben (vgl. Kaufer/Hayes/Flower 1986). Die Überarbeitungsphase in Schreibprozessen gelingt in der Regel besser, wenn der Text auf Papier vorliegt, als am Bildschirm – wobei die Studien zu diesem Phänomen aus der Anfangszeit der Textverarbeitung stammen und neuere Untersuchungen nötig wären (vgl. Gould/Grischwosky 1984).

Hayes rechnet auch den bereits geschriebenen Text zur physischen Aufgabenumgebung hinzu. Beim Schreiben eines Textes ist nach einiger Zeit immer schon physisch etwas vorhanden – es steht Text auf dem Bildschirm oder auf dem Papier. Dieser bereits existierende Text beeinflusst den fortschreitenden Schreibprozess (vgl. Hayes/Flower 1980a).

Zusammenfassend lässt sich feststellen, dass die Aufgabenumgebung unendlich viele Aspekte beinhalten kann. Da Schreibprozesse nicht isoliert von ihrem Kontext betrachtet werden können, sind Schwierigkeiten in Schreibprozessen selten ausschließlich individuelle Schwierigkeiten, sondern immer auch von äußeren Einflüssen abhängig.

Die inneren Einflussfaktoren auf Schreibprozesse sind ebenfalls vielfältig. Dazu gehören nach Hayes: Motivation und Affekt, Langzeitgedächtnis, Arbeitsgedächtnis und kognitive Prozesse. Wie auch bei den geschilderten äußeren Einflussfaktoren ist die genaue Unterteilung, welche Teilaspekte welcher Kategorie zuzuordnen sind, nicht immer eindeutig machbar. Wir

Innere Einflüsse auf Schreibprozesse

wissen nach wie vor nicht genau, was sich beim Schreiben ‚in der Haut' eines Menschen bzw. im Gehirn abspielt. Neurologische Untersuchungen weisen zwar darauf hin, dass es im Gehirn einzelne Regionen gibt, die für verschiedene Teilaufgaben der beim Schreiben ablaufenden kognitiven Prozesse zuständig sind, aber die Forschung steckt noch in den Anfängen (vgl. *Kapitel III.6, Schreibstörungen nach Alice Flaherty*).

Motivation Motivation ist ein wichtiger Einflussfaktor auf das Schreiben, den vermutlich jeder kennt. Texte, die uns interessieren, uns herausfordern oder uns wirklich am Herzen liegen, schreiben wir anders, als Texte, die Pflichtaufgaben sind, die benotet werden oder deren Aufgabenstellung uns künstlich erscheint. Motivation ist eng verbunden mit äußeren Faktoren, wie z. B. den Adressaten eines Textes. Texte, die keinen ‚echten' Adressaten haben, gelingen oft weniger gut und können sogar zu Schreibstörungen führen. Die eigene Einstellung und die mit dem Text verfolgten Ziele spielen eine große Rolle. So motiviert beim Schreiben einer Hausarbeit nicht nur das eigene Lernziel, das man mit dem Schreiben verfolgt (die so genannte ‚intrinsische Motivation'), sondern auch die äußere ‚Belohnung', z. B. der angestrebte Studienabschluss (die ‚extrinsische Motivation'). Genauso können bestimmte Lebenssituationen, z. B. der nahende Studienabschluss, Schreibprozesse behindern – wenn die Zukunft nach dem Studienabschluss unklar ist und man ihn deshalb lieber noch ein bisschen hinauszögert, können sogar Blockaden entstehen. Zur Wichtigkeit von Motivation beim Schreiben gibt es mittlerweile zahlreiche Studien (vgl. z. B. Hidi u. a. 2007).

Affekte Mit dem Begriff ‚Affekte' sind in Hayes Modell die Einflüsse auf Schreibprozesse durch Einstellungen und Überzeugungen der Schreibenden gemeint. Als besonders interessant hat sich dabei in der neueren Forschung der Begriff ‚Selbstwirksamkeitserwartung' (self-efficacy) erwiesen. Dieser Begriff geht auf den Psychologen Albert Bandura (1997) zurück. Er bezeichnet den Glauben von Menschen an ihre eigenen Kompetenzen und Fähigkeiten, um erfolgreich handeln und etwas bewirken zu können. Menschen, die von der Wirksamkeit ihrer Handlungen und von ihren Kompetenzen überzeugt sind, haben mehr Erfolgserlebnisse, was wiederum dazu führt, dass sie sich selbst anspruchsvollere Aufgaben suchen, mit denen sie sich weiterentwickeln und noch mehr Kompetenzen und Fähigkeiten ausbilden können. Menschen mit einer niedrigen Selbstwirksamkeitserwartung in Bezug auf bestimmte Fähigkeiten erzielen oft schlechtere Ergebnisse, auch wenn sie eigentlich über die nötigen Kompetenzen verfügen.

Langzeitgedächtnis Ebenfalls zu den individuellen Einflussfaktoren auf das Schreiben ist das Langzeitgedächtnis zu zählen. Im Langzeitgedächtnis speichern wir wichtige Informationen, ohne die Schreibprozesse gar nicht stattfinden könnten. Dazu gehören beispielsweise grammatikalische Regeln, Informationen zum Genre, das Wissen zum Thema oder Wissen über unsere Adressaten. Hayes geht in den Ausführungen zu seinem Modell insbesondere auf das Wissen zu Aufgabenschemata und zu Adressaten ein sowie auf die ebenfalls im Langzeitgedächtnis abgespeicherten Schreiberfahrungen durch Übung.

Unter Aufgabenschemata versteht Hayes Routinen, in denen unsere Schreibprozesse ablaufen. Es handelt sich um im Langzeitgedächtnis gespeicherte Informationen darüber, auf welche Art und Weise bestimmte Aufgaben zu bewältigen sind. Baurmann und Weingarten (1995, 16 ff.) bezeichnen diese Schemata auch als ‚Prozeduren‘ des Schreibens. In anderen Forschungsarbeiten wird der Begriff ‚Schreibstrategien‘ verwendet (z. B. Ortner 2000; Jakobs 1995). Nach Hayes werden Schreibstrategien meist durch externe Einflüsse aktiviert. So kann ein falsch buchstabiertes Wort, auf das man im eigenen Text stößt, dazu führen, dass man in eine Art Überarbeitungsmodus umschaltet und statt weiter zu schreiben anfängt, den bereits geschriebenen Text zu überarbeiten.

Das Wissen über die Adressaten spielt ebenfalls eine wichtige Rolle für Schreibprozesse. In der Regeln fallen Schreibenden Texte leichter, die an Adressaten gerichtet sind, die ihnen persönlich bekannt sind, denn das macht es für sie einfacher, zu entscheiden, welche Informationen sie wie stark einbringen und erklären müssen. Sind die Adressaten hingegen nicht persönlich bekannt, dann neigen unerfahrene Schreibende laut Hayes u. a. dazu, sich selbst als Maßstab dafür zu verwenden, wie viel und wie explizit sie in ihren Texten Sachverhalte erklären (vgl. Hayes u. a. 1986).

Als weiterer interner Einfluss benennt Hayes die kognitiven Prozesse. Der Begriff ‚Kognition‘ kommt aus der Psychologie und ist ein Oberbegriff für unsere mentalen Prozesse. Er wird in verschiedenen Disziplinen unterschiedlich verwendet. Hayes fasst als kognitive Prozesse beim Schreiben die Textinterpretation, Reflexion und die Textproduktion zusammen. **Kognitive Prozesse**

Mit Textinterpretation meint Hayes die Interpretation jeglicher Zeichen, d. h. nicht nur Buchstaben, sondern z. B. auch Grafiken. Textinterpretation und Lesen überschneiden sich mit anderen Tätigkeiten, die mit Schreibprozessen verbunden sind, so stark, dass sie nur modellhaft getrennt werden können. Denn wir lesen nicht nur beim Schreiben von akademischen Texten, um die beim Lesen gesammelten Informationen in unsere Texte einzubinden, sondern wir lesen auch fortwährend unsere eigenen, bereits produzierten Textteile, während wir schreiben.

Reflexion umfasst jegliches Nachdenken während eines Schreibprozesses und ist nach Hayes jede Aktivität, die „mit internen Repräsentationen arbeitet, um andere interne Repräsentationen herzustellen" (Hayes 1996, 13). Mit anderen Worten: Reflexion bedeutet, dass während des Schreibens ein ständiger innerer Abgleich zwischen den neu entwickelten Ideen und den bereits gespeicherten Informationen zum Thema stattfindet. Zum Reflektieren gehören auch die Fähigkeiten, Probleme zu lösen und Entscheidungen zu treffen. So z. B. das Lösen des Problems, eine treffende Formulierung für einen Gedanken zu finden und die Entscheidung, welche Formulierung am besten passt. Die Formulierungsarbeit selbst, die immer unter dem Einfluss der Aufgabenumgebung stattfindet, wird von Hayes unter ‚Textproduktion‘ zusammengefasst und ist ebenfalls den kognitiven Prozessen zugeordnet.

Auf das Arbeitsgedächtnis legt Hayes in seinem Modell von 1996 besonderes Augenmerk. Das Arbeitsgedächtnis (working memory) ist vergleichbar mit dem Arbeitsspeicher eines Computers: Es ist an allen Prozessen beteiligt, indem es die verschiedenen ablaufenden Prozesse koordiniert und überwacht, Informationen speichert und kognitive Prozesse ausführt. Es ist für alle nicht-automatisierten Prozesse zuständig und auch dafür, dass wir am Ende eines Satzes noch wissen, wie wir ihn begonnen haben. Da Schreiben eine sehr komplexe Tätigkeit ist, kann es zu Blockierungen des Arbeitsgedächtnisses kommen, wenn ungeübte Schreiber zu viele Teilprozesse **Arbeitsgedächtnis** gleichzeitig ausführen möchten. Deshalb empfiehlt es sich, Schreibprozesse in kleine Teilschritte zu zerlegen und nicht zu viel über Formulierungen nachzudenken, während man versucht, Informationen schriftlich strukturiert darzulegen.

Nachfolgende Untersuchungen, z. B. durch Kellogg (1999), bestätigen die zentrale Rolle des Arbeitsgedächtnisses für Schreibprozesse.

Das Parallele-Prozesse-Modell

Der österreichische Linguist Robert de Beaugrande (1984) modelliert den Schreibprozess als parallelen Ablauf von Teilprozessen, die eine kognitive Beanspruchung verschiedener Gedächtnissysteme in unterschiedlichem Maße hervorrufen.

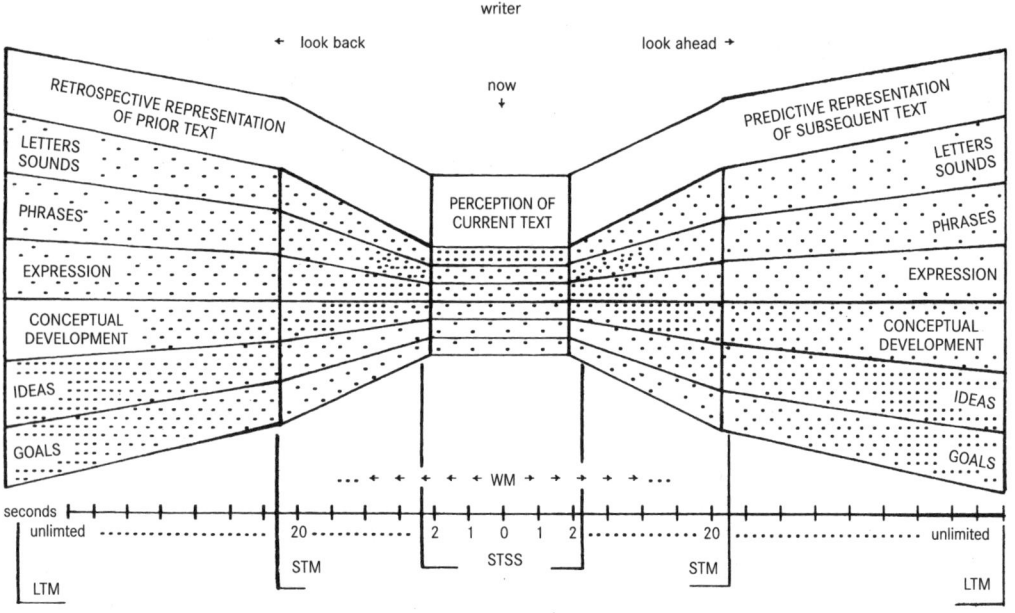

Abb. 3: Parallele-Prozesse-Modell von de Beaugrande

Als Teilprozesse definiert er die Beschäftigung mit ‚Letters and Sounds‘, ‚Phrases‘, ‚Expression‘, ‚Conceptual Development‘, ‚Ideas‘ und ‚Goals‘. ‚Goals‘ sind die gesetzten Ziele, die mit einem Text erreicht werden sollen (z. B. ‚heute ein verständliches Kapitel über de Beaugrande für ein Lehrbuch schreiben‘). Die Ziele wiederum führen zu ‚Ideas‘, also Ideen, die eine vorläufige, noch abstrakte Gesamtrepräsentation des Inhalts liefern und den Rahmen für das Thema abstecken (z. B. ‚das Konzept sollte nicht mehr als X Zeichen umfassen und sich an der grafischen Darstellung des Parallele-Prozesse-Modells orientieren‘). Die Ebene der Ideen bildet die Grundlage der weiteren konzeptionellen Entwicklung, des ‚Conceptual Development‘, in der detailliertere Vorstellungen des geplanten Textes ausgearbeitet werden (z. B. eine genaue Gliederung zum Text). Hier setzt schließlich die sprachliche Ebene ein, zu der ‚Expression‘ (Versprachlichung), ‚Phrases‘ (Satzbildung) und ‚Sounds/Letters‘ (Laut/Buchstabenbildung) gehören. Die letztere

Kategorie meint, dass sich die Schreibende die Wörter beim Lesen und Schreiben gedanklich als gesprochenes Wort (‚phonologisch') oder als Buchstabenbild (‚graphemisch') vorstellt (vgl. Wrobel 1995, 15).

Nach de Beaugrande finden diese Prozesse allerdings nicht chronologisch nacheinander, sondern parallel statt – nicht immer alle auf einmal, aber immer in Interaktion miteinander. Das heißt, dass von jeder dieser Teilprozessebenen aus auf eine andere Ebene gewechselt werden kann oder mehrere Ebenen gleichzeitig aktiv sind. Das Zusammenspiel dieser Teilprozesse nimmt die verschiedenen Gedächtnissysteme in unterschiedlichem Maße in Anspruch. Das sensorische Kurzzeitgedächtnis (in der Grafik: STSS für ‚short-term sensory storage') nimmt den Text im Prozess seines Entstehens als phonologische oder graphemische Repräsentation wahr und umfasst den Zeitraum von nur ca. vier Sekunden. Das Kurzzeitgedächtnis (STM für ‚short-term memory') ist während des Schreibens mit Formulierung und Ausdruck beschäftigt und hat eine Erinnerungskapazität von ca. 20 Sekunden. Das Langzeitgedächtnis (LTM für ‚long-term memory') hat dagegen keine zeitlichen Begrenzungen; es ist für die konzeptuelle Entwicklung, die Textziele und die Ideenentwicklung zuständig. De Beaugrande weist selbst darauf hin, dass diese Einteilung eine künstliche und modellhafte ist und sich die Prozesse und Gedächtnisfunktionen eigentlich mehr vermischen als dargestellt. Zum Beispiel muss auch das sensorische Kurzzeitgedächtnis Zugriff auf das im Langzeitgedächtnis gespeicherte inhaltliche Wissen haben oder im Langzeitgedächtnis können auch die Erinnerungen an Formulierungsmuster gespeichert sein (vgl. de Beaugrande 1984, 127). Als ‚Arbeitsgedächtnis' (WM für ‚working memory') schließlich werden die aktuell ablaufenden Prozesse bezeichnet – vom Prinzip her vorstellbar wie der Arbeitsspeicher eines Computers. Die Punktdichten in der Grafik sollen anzeigen, welcher Teil des Gedächtnissystems mit welcher Aufgabe besonders beansprucht wird: So ist das sensorische Kurzzeitgedächtnis hauptsächlich mit dem phonologischen und/oder graphemischen Durchlaufen der aktuell geschriebenen Wörter beschäftigt.

Die Schreibende muss sich mit der Erinnerung an den bereits geschriebenen Text (retrospective representation of prior text), der Wahrnehmung des aktuellen Textes (perception of current text) und der Vorstellung über den weiteren Verlauf des Textes (predictive representation of subsequent text) beschäftigen. Sie muss zwischen diesen verschiedenen Zeitebenen, die das sensorische Kurzzeitgedächtnis, das Kurzzeitgedächtnis und das Langzeitgedächtnis fordern, hin- und herspringen. Gleichzeitig muss sie in der Lage sein, zwischen den verschiedenen Prozessebenen zu wechseln und Verbindungen herzustellen. Um die hohe Belastung und die geringe Kapazität des sensorischen Kurzzeitgedächtnisses während des Schreibens deutlich zu machen, ist hier der Prozessstrang grafisch am engsten dargestellt. Solche Engpässe in der kognitiven Verarbeitung nennt de Beaugrande „bottlenecks" (1984, 96). Wie Molitor-Lübbert (vgl. 1989, 283) feststellt, hängen nach de Beaugrandes Modell die kognitiven Belastungen davon ab, wie gut oder schlecht die Schreibende mit rückblickenden und vorwärts gerichteten Repräsentationen des Textes umgehen kann. Mit anderen Worten: Hat sie die Gesamtgestalt des Textes im Blick? Weiß sie, was sie zuvor geschrieben hat, was sie aktuell schreiben muss und worauf sie im Laufe des Textes hi-

Parallel ablaufende Prozesse

Kognitive Belastungen

naus will – und kann sie ständig zwischen diesen Ebenen springen, um den Überblick zu behalten?

Flaschenhals-Metapher

De Beaugrandes Modell ist weniger bekannt als das von Hayes, jedoch durch die Flaschenhals-Metapher (bottleneck) besonders anschaulich. Es verdeutlicht stärker als andere Modelle, warum es bei komplexen Schreibaufgaben zu kognitiven Überlastungen oder, wie Molitor-Lübbert es ausdrückt, zu „Engpässe[n] bei der kognitiven Verarbeitung" (1989, 283) kommen kann und warum gerade akademisches Schreiben als so schwierig und anstrengend empfunden werden kann.

Knowledge-Telling, Knowledge-Transforming

Die kanadischen Kognitionspsychologen Carl Bereiter und Marlene Scardamalia konzeptualisierten zwei grundsätzlich verschiedene Schreibstrategien, das ‚Knowledge-Telling' und das ‚Knowledge-Transforming' (Bereiter/Scardamalia 1987). Der Schreibprozess wird auch hier als kognitiver Prozess verstanden. Dementsprechend sind die geistigen Aktivitäten während des Schreibens Informationsverarbeitungsprozesse, die in Teilschritten ablaufen und in deren Verlauf es zu einem Erkenntniszuwachs kommt. Bereiter und Scardamalia führten in den 1980ern Versuche an der University of Toronto durch, mit denen sie erforschen wollten, welche kognitiven Teilprozesse beim Verfassen von Texten ablaufen.

Unter anderem nutzen sie dafür die ‚Think-aloud Protocols', also so genannte ‚Protokolle lauten Denkens'. Bei dieser Methode werden die Probanden gebeten, sich während des Schreibvorgangs dazu zu äußern, was sie sehen, denken, tun und fühlen. Es wird davon ausgegangen, dass die gleichzeitige mündliche Kommentierung des Handelns Rückschlüsse auf Entscheidungsprozesse zulässt, die während des Handelns – in dem Fall des Schreibens – ablaufen. Die Äußerungen werden entsprechend aufgezeichnet, transkribiert und ausgewertet.

Bereiter und Scardamalia befragten drei Altersgruppen: acht Schülerinnen der Jahrgangsstufe 4, acht Schüler der Jahrgangsstufe 6 und drei Erwachsene. Eine Analyse der Think-aloud-Protokolle ergab, dass sich zwei unterschiedliche Herangehensweisen finden lassen, aus denen Bereiter und Scardamalia zwei grundsätzlich verschiedene Modelle des Schreibprozesses ableiteten: ‚Knowledge-Telling' und ‚Knowledge-Transforming', in etwa übersetzbar mit ‚Wissenswiedergabe' und ‚Wissenstransformation'.

Knowledge-Telling

Das Modell des ‚Knowledge-Telling' kann am besten am Beispiel eines Schreibprojekts dargestellt werden. Am Anfang steht eine Schreibaufgabe: in einem Essay soll diskutiert werden, ob Jungen und Mädchen in Mannschaftssportarten in gemischten Teams spielen sollten. Der Schreibende hat sowohl Vorwissen über das Thema als auch über die verlangte Textsorte, den Essay. Beim ‚Knowledge-Telling'-Modell laufen folgende Teilprozesse ab:

Zunächst werden das Thema und die Textsorte vom Schreiber genauer identifiziert. Stichpunkte, die das Thema genauer fassen, könnten z. B. ‚Jungen', ‚Mädchen', ‚Schulsport', ‚Vereinssport' oder ‚Gleichberechtigung' sein. Diese Stichwörter (cues) lösen beim Schreiber kognitive Aktivitäten aus: Relevante Informationen werden aus dem Gedächtnis abgerufen. Auf die gleiche Art und Weise führt das Stichwort ‚Essay' dazu, Wissen über die Anforderungen an diese Textsorte aus dem Gedächtnis abzurufen, z. B. dass

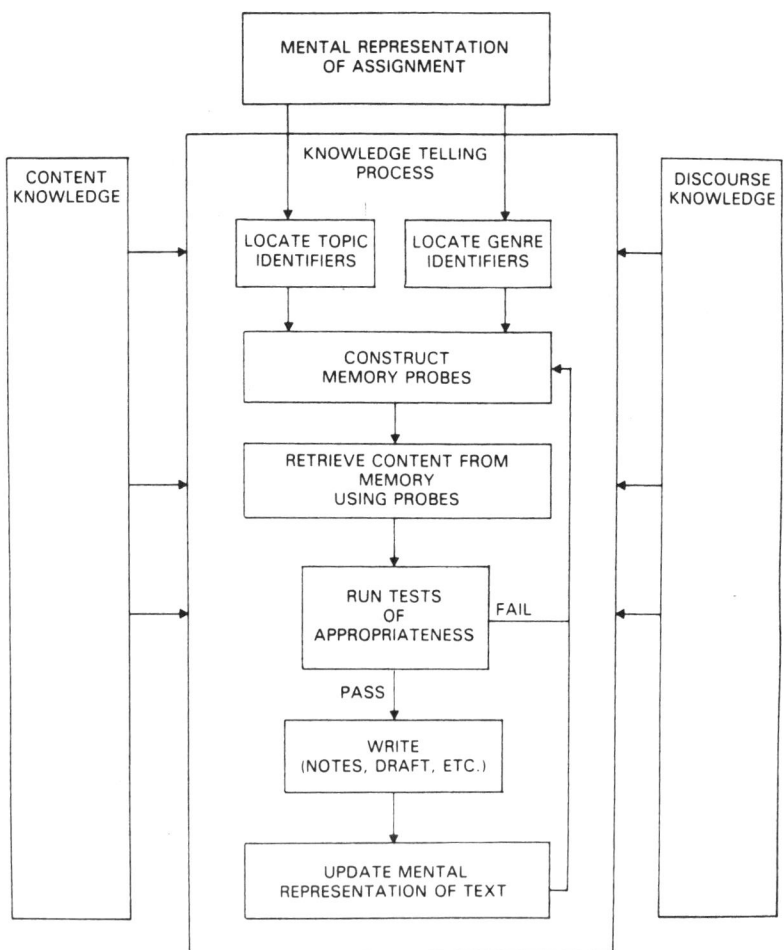

Abb. 4: Struktur des Knowledge-Telling-Modells nach Bereiter & Scardamalia

es sich um einen argumentativen Text handelt oder dass Thesen formuliert und am Beispiel belegt werden müssen.

Sobald Informationen, die sich entweder auf das Thema oder auf die Textsorte beziehen, aus dem Gedächtnis abgerufen werden, werden sie auf ihre Eignung hin überprüft. Dieser Eignungstest könnte z. B. darin bestehen, dass sich der Schreiber fragt, ob der Begriff oder die Idee in Bezug auf die Aufgabe und den bereits verfassten Text ‚richtig klingen‘. Etwas komplexer könnte auch nach der Aktualität der These, der Argumentationskraft, der Eignung für die Textsorte etc. gefragt werden. Wenn die Idee die Tests besteht, wird sie in den Text aufgenommen, d. h. verschriftlicht und eine neue Runde der Inhaltserzeugung (content generation) beginnt.

Wichtig bei diesem Modell ist die Vorstellung, dass nur bereits vorhandenes Wissen oder bereits vorhandene Meinungen über ein Thema aus dem Gedächtnis abgerufen und verschriftlicht werden. Die Strategie des ‚Knowledge-Telling' fanden Bereiter und Scardamalia vorrangig bei Schreibanfängern, betonen jedoch, dass dieses Verfahren durchaus auch für komplexere Texte angewendet werden kann: „Hence it should be little wonder if such an approach to writing were to be common among elementary school students and to be retained on into university and career" (Bereiter/Scardamalia 1987, 10). Die Qualität der Texte hängt bei ‚Knowledge-Tellers' davon ab, wie viel Wissen sie über das jeweilige Thema und die jeweilige Textsorte bereits gespeichert haben und dementsprechend abrufen können.

Knowledge-Transforming

Das eben geschilderte ‚Knowledge-Telling' ist Teil des wesentlich komplexeren ‚Knowledge-Transforming'. Hier sind die eben geschilderten kognitiven Teilprozesse zusätzlich eingebettet in einen Problemlösungsprozess, der sich in zwei unterschiedliche Problembereiche aufteilt: Den so genannten Inhaltsbereich und den rhetorischen Bereich. Im Inhaltsbereich werden Vorstellungen, Meinungs- und Wissensfragen ausgearbeitet. Im rhetorischen Bereich dagegen werden die Textziele der Textsorte angemessen umgesetzt – also erzählend, berichtend oder argumentierend. Der Output des einen Bereichs kann als Input für den anderen dienen; es ist ein Wechselspiel.

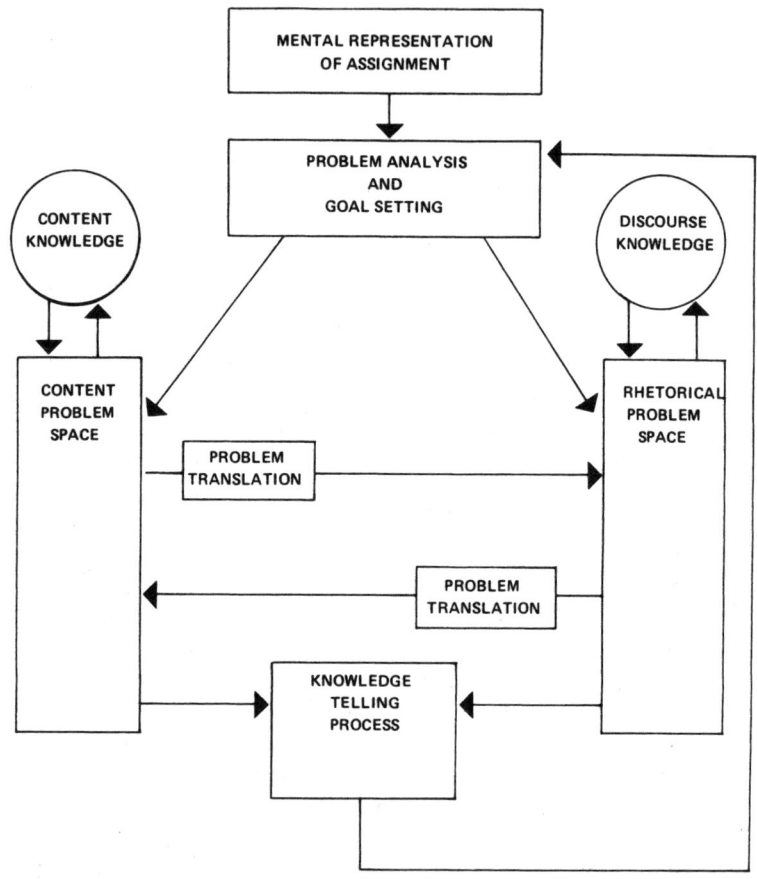

Abb. 5: Struktur des Knowledge-Transforming-Modells nach Bereiter/Scardamalia

Ein Beispiel: Wenn eine Schreiberin versucht, den Text argumentativ klar nachvollziehbar zu gestalten, arbeitet sie im rhetorischen Bereich. Sagen wir, das Thema eines Essays lautet: *Facebook und die Öffentlichkeit von privaten Daten*. Die Autorin entscheidet sich, ihre Argumentation auf dem Konzept der ‚Verantwortung‘ aufzubauen. Nun entdeckt sie, dass sie ‚Verantwortung‘ genauer definieren muss, bevor sie damit weiter arbeiten kann – und schon befindet sie sich im ‚Inhaltsbereich‘. Während sie sich mit dem Konzept der ‚Verantwortung‘ näher befasst, entdeckt sie, dass dieses Konzept gar nicht so treffend für Ihre Argumentation ist, wie sie annahm. Stattdessen erkennt sie, dass es ihr vielmehr um das ‚Urteilsvermögen‘ geht. Wenn sie dieses neue Konzept in das rhetorische Feld mit hinübernimmt, könnte es sein, dass sie den gesamten Text mit dem Blick auf das ‚Urteilsvermögen‘ neu überarbeiten muss, was wiederum neue inhaltliche Fragen aufwirft und so weiter. Am Schluss wird ein Text vorliegen, der nicht nur die aktuellsten Gedankengänge der Schreiberin zum Thema beinhaltet, sondern über das von ihr vorher Gewusste weit hinausgeht – ein Erkenntnis- und Lernprozess hat durch das Schreiben stattgefunden. Ein Beispiel

Die geschilderte Interaktion zwischen den Problembereichen bildet die Basis für das reflexive Denken beim Schreiben. Mit der Strategie des ‚Knowledge-Transforming‘ ist es möglich, Probleme zu formulieren und zu lösen; die Entwicklung neuen Wissens und neuen Textes bedingen sich gegenseitig. Hier wird nicht vorher Gedachtes aufgeschrieben, sondern „the thoughts come into existence through the composing process itself“ (Bereiter/Scardamalia 1987, 10). In seinem Schreibentwicklungsmodell bezeichnet Carl Bereiter diese Form des wissensgenerierenden Schreibens als epistemisches (erkenntnisförderndes) Schreiben (vgl. *Kapitel III.2, Schreibentwicklungsmodell nach Carl Bereiter*). Epistemisches Schreiben

Was diese absichtsvoll einsetzbaren Fähigkeiten von denen des ersten Modells unterscheidet, ist, dass sie eben nicht automatisiert ablaufen. Sie beinhalten die strategische Kontrolle über Teilprozesse des Schreibens, die beim ‚Knowledge-Telling‘ vernachlässigt werden oder noch nicht ausgebildet sind.

Schreiben ist im ‚Knowledge-Transforming‘-Modell eine Aufgabe, die umso komplexer wird, je weiter sich die Fähigkeiten der Schreiberin entwickeln. Das bedeutet, dass mit wachsender Kompetenz frühere Schwierigkeiten nicht mehr auftreten, dafür aber neue. Bereiter/Scardamalias ‚Knowlegde-Transforming‘-Modell zeigt, wie der Schreibprozess zu einer Weiterentwicklung des Wissens führen kann und erklärt gleichzeitig, warum Schreiben auch für Schreibexperten oft harte Arbeit ist (vgl. Bereiter/Scardamalia 1987, 339).

In anderen Texten, die sich auf Bereiter/Scardamalias Modelle beziehen, wird die ‚Knowledge-Telling‘-Strategie oft Schreibanfängern zugesprochen, das ‚Knowledge-Transforming‘ erfahrenen Schreibern. Das ‚Knowledge-Transforming‘-Modell wird zwar allein durch die Anzahl der kognitiven Teilschritte als das komplexere Modell dargestellt und Bereiter und Scardamalia räumen ein, dass ‚Knowledge-Telling‘ tendenziell bei Anfängern zu finden ist, aber sie betonen immer wieder: „It is possible to write well or poorly following either model“ (Bereiter/Scardamalia 1987, 5). Fazit

Umgekehrt ist ihnen bewusst, dass im ‚Knowledge-Telling‘-Modell auch schon ‚Knowledge-Transforming‘-Prozesse ablaufen könnten: So habe ja bereits das sprachliche Formulieren der aus dem Gedächtnis abgerufenen Wissenselemente vermutlich den Charakter von Wissenstransformation (vgl. Bereiter/Scardamalia 1987, 29). Sie weisen außerdem darauf hin, dass es nicht möglich ist, vom fertigen Textprodukt auf die vorher angewandte Schreibstrategie rückzuschließen:

> „You cannot tell by reading this chapter whether we have engaged in problem-solving and knowledge-transforming operations while writing it or whether we have simply written down content that was already stored in memory in more or less the form presented here." (Bereiter/Scardamalia 1987, 13)

Kritisieren kann man die kleinen Fallzahlen (die allerdings in der Psychologie nicht ungewöhnlich sind) und die ungleiche Verteilung der Stichprobe: Bereiters und Scardamalias Annahmen fußen auf den Think-aloud-Protokollen von 16 Kindern und nur drei Erwachsenen. Andererseits betonen die beiden Forscher mehrfach, dass sie ihre zwei Modelle als Grundlage für weitere Diskussionen verstanden wissen wollen – und vor allem, dass die im Buch geschilderten Studien nicht als Beleg für die Modelle missverstanden werden sollen: „The research reported in this book is not intended as verification of the knowledge-telling and knowledge-transforming models." (Vgl. Bereiter/Scardamalia 1987, 25).

2. Schreibentwicklungsmodelle

Viele Schreibentwicklungsmodelle beziehen sich ausschließlich auf den Schriftspracherwerb und die Entwicklung der Schreibkompetenz innerhalb der Schulzeit und werden deshalb im folgenden Kapitel nicht vorgestellt. Die zwei im Folgenden ausgeführten Modelle von Bereiter (1980) und Kellogg (2008) setzen zwar beim Schriftspracherwerb an, die Schreibentwicklung kann allerdings bis zu einem professionellen Niveau weitergedacht werden.

Schreibentwicklung nach Carl Bereiter Carl Bereiter entwickelte nicht nur das ‚Knowledge-Telling/Knowledge-Transforming', um den Schreibprozess zu modellieren, sondern auch ein Stufenmodell zur Entwicklung der Schreibfähigkeit. Er unterscheidet fünf Stufen der Schreibentwicklung und bezeichnet sie als assoziatives Schreiben, normorientiertes Schreiben, adressatenorientiertes Schreiben, kritisches Schreiben und epistemisches Schreiben.

Jede Entwicklung in Richtung eines höheren Niveaus bedeutet die vorhergehende Ausbildung neuer Teilfähigkeiten, bis diese in das Repertoire der Schreibkompetenz integriert werden und automatisiert während der Schreibhandlung ablaufen. Es geht dabei nicht um die meisterliche Beherrschung der Teilfähigkeiten eines Niveaus, sondern vor allem um deren Automatisierung, so dass das Ausführen keine oder wenig Aufmerksamkeit des Schreibenden in Anspruch nimmt (vgl. Bereiter 1980, 89).

Baurmann schlägt vor, Bereiters Stufen nicht getrennt voneinander zu denken, denn auf jedem Niveau stehen den Schreibenden die vorangegangenen Niveaus ebenfalls zur Verfügung. Wenn sich die für ein Niveau benötigten Teilfähigkeiten eingeschliffen haben, kommen neue hinzu, die in den bereits bestehenden Schreibmodus integriert werden (vgl. Baurmann 1996, 246).

Die hier verwendeten deutschen Übersetzungen der Stufen sind an den Vorschlägen von Antos (1997, 45) orientiert, weichen aber im Einzelfall etwas davon ab.

Beim ‚assoziativen Schreiben' steht der Schreib- und Gedankenfluss im Vordergrund; der Prozess ist geprägt vom ‚Knowledge-Telling'. Ideen werden ausgelöst von Stichwörtern (cues) und spontan und in der Reihenfolge, in der sie dem Schreiber in den Sinn kommen, aufgeschrieben. Der Text wird nicht im Hinblick auf zukünftige Leser strukturiert. Es fehlen nicht nur Mittel zur rhetorischen Gestaltung des Textes, oft ist der Text auch wenig kohärent und unvollständig (vgl. Bereiter 1980, 83). In der Terminologie von Flower sind dies ‚schreiberzentrierte Texte' („writer-based-prose", Flower 1979, 1 ff.).

> Assoziatives Schreiben (Associative Writing)

Zum ‚assoziativen Schreiben' kommt nun das Wissen um stilistische Konventionen hinzu. Bereiter betont, dass bei Schreibanfängern der Schritt vom assoziativen zum ‚normorientierten Schreiben' die Integration vieler neuer Teilfähigkeiten erfordert, z. B. Rechtschreibung, Zeichensetzung und den bewussten Einsatz bestimmter Formulierungen. Auf dieser Stufe besteht die Herausforderung darin, sich gleichzeitig mit dem Inhalt des zu Schreibenden und mit Teilaspekten der Textgestaltung beschäftigen zu müssen.

> Normorientiertes Schreiben (Performative Writing)

‚Adressatenorientiertes Schreiben' zielt auf eine beabsichtigte Wirkung beim Leser ab. Zum normorientierten Schreiben kommt hier das Bewusstsein über die soziale Einbettung von Texten hinzu.

> Adressatenorientiertes Schreiben (Communicative Writing)

Auf dieser Stufe werden nicht nur die Adressaten mitgedacht, sondern dem Schreiber gelingt es, den eigenen Text als Lesender, d. h. mit kritischem Abstand zu betrachten. Ein „writing-reading feedback loop" (Bereiter 1980, 87) wird etabliert. Der Schreiber bildet die Fähigkeit aus, in die Leserperspektive zu wechseln und die eigenen Texte kritisch zu revidieren. Auf diesem Niveau entwickelt der Schreiber sowohl einen persönlichen Standpunkt als auch einen individuellen Stil. Die Möglichkeiten, den Text rhetorisch zu gestalten, werden bewusst angewendet. Schreiben ist nicht mehr nur ein zweckmäßiges Instrument, sondern wird zum schöpferischen Handwerk.

> Kritisches Schreiben (Unified writing)

‚Epistemisches Schreiben' bedeutet ‚erkenntnisförderndes Schreiben'. Das Schreiben selbst wird zum Erkenntnismedium, wenn sich auf dieser Stufe die Fähigkeit zum reflexiven Denken entwickelt. Bereiter stellt hierfür eine anschauliche Gleichung bereit, wobei ‚Skill System' als ‚Fähigkeiten' verstanden werden kann:

„Unified Writing + Skill system for reflective thought = reflective thinking." (Bereiter 1980, 88)

Schreiben ist auf diesem Niveau nicht mehr nur ein schriftliches Zeugnis des Gedachten, sondern ein Werkzeug, mit dessen Hilfe gedacht wird – neues Wissen wird geschaffen (vgl. auch Bereiters Modell des ‚Knowledge-Transforming').

> Epistemisches Schreiben (Epistemic Writing)

Die Kritik an Bereiters Modell bezieht sich auf die Metapher der Stufen: es gibt immer noch eine zusätzliche Fähigkeit zu erlernen und zu integrieren, woraufhin eine jeweils hierarchisch höher stehende Ebene der Schreibkompetenz erklommen wird. Die Krönung der Schreibkompetenz besteht in ‚epistemischem', d. h. wissensgenerierendem oder auch erkenntnisförderndem Schreiben. Dies lässt außer Acht, dass auch andere Stufen des Schrei-

> Fazit

bens Wissen generieren können oder dass es durchaus Mischformen geben könnte. Gudrun Spitta, die die Schreibentwicklung von Grundschulkindern untersucht und sich an Bereiters Stufenmodell orientiert, weist darauf hin, dass epistemisches Schreiben kein Privileg erwachsener, professioneller Schreiber sei, sondern durchaus schon bei Drittklässlern auftrete. Dies gilt ihrer Beobachtung nach nicht nur für besonders begabte Kinder, sondern ereignet sich häufig, wenn Kinder über Themen schreiben, die sie persönlich betreffen (vgl. Spitta 1992, 87).

Schreibentwicklung nach Ronald T. Kellog

Der Psychologe Ronald T. Kellogg (2008) ergänzt Bereiter und Scardamalias Schreibprozessmodelle (1987, s. o.) des ‚Knowledge-Telling' und ‚Knowledge-Transforming' um ein drittes, das ‚Knowledge-Crafting'. Um es noch einmal zusammenzufassen: Beim ‚Knowledge-Telling' werden schreibend bereits bekannte Inhalte und Textmuster abgerufen und wiedergegeben, beim ‚Knowledge-Transforming' wird schreibend gedacht: Inhalte werden nicht nur abgerufen, sondern schreibend neu miteinander verknüpft und weiterentwickelt. Kellogg betrachtet Bereiter und Scardamalias Schreibprozessmodelle als Schreibentwicklungsstufen, die beim Aufbau von Schreibkompetenz nacheinander durchlaufen werden.

‚Knowledge-Crafting'

Auf der dritten Stufe, beim ‚Knowledge-Crafting', ist die Schreiberin schließlich in der Lage, während des Schreibens gleichzeitig zu reflektieren, was sie für Gedanken ausdrücken möchte, was der bis zu diesem Zeitpunkt geschriebene Text von diesen Ideen schon transportiert und wie der Text von zukünftigen Lesern interpretiert werden wird. Sie kann sich also während des Schreibens in die Perspektive eines Lesers hineinversetzen. Beim akademischen Schreiben ist dies nur dann effektiv möglich, wenn die Schreiberin weiß, wie ihre Diskursgemeinschaft aussieht: Wie ist der Wissensstand meiner Disziplin über meinen Gegenstand?

Die Stufe des ‚Knowledge-Crafting' erreichen Schreibende laut Kellogg erst nach zwanzig Jahren Schreiberfahrung. Er führt aus, dass Schreiben eine sehr komplexe Kulturtechnik ist, die man, anders als die mündliche Sprache, nur durch bewusstes Üben beherrschen kann. Er vergleicht Schreiben mit anderen komplexen Tätigkeiten, wie z. B. dem Spielen einer Violine. Violinisten brauchen mindestens zehn Jahre, bis sie ihr Instrument professionell beherrschen. Die besten haben in dieser Zeit ca. 10.000 Stunden lang einzeln geübt, Amateure immerhin ca. 1.500 Stunden (vgl. Ericsson u. a. 1993; nach Kellogg 2008, 2). Musiker mit langjähriger Erfahrung müssen nicht mehr darüber nachdenken, welche Griffe sie ausführen oder in welcher Tonart sie gerade spielen. Dadurch werden in ihrem Gehirn Kapazitäten frei für anspruchsvollere Aufgaben und sie können kreativ werden im Umgang mit ihrem Instrument. Ähnlich ist es auch beim Schreiben: Während des Schreibens ist das Gehirn mit vielen Teilaufgaben gleichzeitig beschäftigt. Es müssen motorische Aufgaben erledigt werden, wie das Formen von Buchstaben auf dem Papier, es müssen die richtige Wörter gefunden und Sätze formuliert werden, es muss Wissen abgerufen werden, die Aufgabenstellung verstanden werden und vieles mehr. Insbesondere das Arbeitsgedächtnis ist beim Schreiben sehr beansprucht durch die vielen Entscheidungen, die ständig getroffen werden müssen. Kellogg verweist auf Forschungen, die belegen, dass Schreiben das Arbeitsgedächtnis sehr viel stärker beansprucht als andere komplexe Tätigkeiten. So reagierten konzentriert Schreibende in Experimenten später auf Impulse, die sie aus ihrer Konzentration rissen, als andere Menschen, die ebenfalls mit komplexen Tätigkeiten beschäftigt waren (vgl. Olive u. a. 2002; Piolat u. a. 2004).

Mit zunehmender Schreiberfahrung werden diese Entscheidungsprozesse und auch die motorischen Fähigkeiten allmählich zur Routine und belasten das Arbeitsgedächtnis nicht mehr so stark. Dadurch werden Kapazitäten frei. Diese können Schreibende dann auf der Schreibentwicklungsstufe des ‚Knowledge-Crafting' nutzen, um während des Schreibens nicht nur ihre eigenen inhaltlichen Absichten und den entstehenden Text im Blick zu haben, sondern sich gleichzeitig vorzustellen, wie die künftigen Leserinnen den Text interpretieren werden. So können schon während des Schreibens fortlaufend Revisionen vorgenommen werden und der Schreibprozess verläuft insgesamt flüssiger.

Schreibroutine

Kellogg macht die Schreibentwicklungsstufen nicht nur an der Schreiberfahrung fest, sondern auch am Lebensalter. So entwickele das Gehirn erst in der zweiten Dekade des Lebens stärkere Steuerungsfähigkeiten und abstrakteres Denken. Zusammenfassend gesagt erreichen nach Kellogg Schreibende, beginnend ab dem Schriftspracherwerb, erst nach 20 Jahren Schreiberfahrung eine professionelle Schreibkompetenz. Folgt man Kellogg, dann ist es nicht verwunderlich, dass Studierende mit Anfang 20 noch Schwierigkeiten mit dem akademischen Schreiben haben.

Das gilt erst recht, wenn man bedenkt, dass sie noch gar nicht genug Wissen über ihre Diskursgemeinschaft erworben haben, um einschätzen zu können, wie die Adressaten ihrer akademischen Texte diese lesen und interpretieren können. Dieses Wissen müssen sich Studierende erst erarbeiten und sie müssen es während des Schreibens im Arbeitsgedächtnis verfügbar machen, weil sie es noch nicht schnell abrufbar im Langzeitgedächtnis verankert haben. Dadurch wird das Arbeitsgedächtnis zusätzlich belastet. Eine von Kelloggs Schlussfolgerungen ist daher, dass Studierende sich ein möglichst domänenspezifisches Wissen erarbeiten sollten. Das heißt, sie sollten möglichst vertraut werden mit den Konventionen und Regeln ihrer Disziplin. Hier ließe sich einwenden, dass längst nicht alle Studierenden vorhaben, später in der Wissenschaft zu arbeiten und es daher eigentlich nötig wäre, auch andere Diskursgemeinschaften, z. B. in der freien Wirtschaft, in den Blick zu nehmen.

Domänen-spezifisches Wissen

Es sollte nach Kellogg auch im Blick behalten werden, dass Schreibende durch die Beobachtung anderer Schreibender Routinen aufbauen. Er schlägt ein Mentorensystem vor, durch das sich beobachten lässt, wie viel Zeit und Mühe erfahrene Schreiber auf Revisionen und Adressatenorientierung verwenden. Allerdings berücksichtigt ein solches Modell nicht, dass Schreiben sehr individuell und typabhängig ist (vgl. *Kapitel III.5, Die zehn Schreibstrategien nach Hanspeter Ortner*).

Mentoren

Kelloggs Modell unterstreicht, dass Lernende überfordert sind, wenn sie alle Anforderungen an Schreibprozesse gleichzeitig bewältigen sollen. Es ist deshalb wichtig, sie anzuleiten, komplexe Schreibprozesse in kleinere Teilprozesse zu zerlegen und das schriftliche Generieren von Ideen zu trennen von dem Vorgang, diese Ideen adressatengerecht aufzubereiten. Der Vorgang der adressatengerechten Überarbeitung ist nach Kellogg erst auf der Stufe des ‚Knowledge-Crafting' integrierter und automatisierter Bestandteil

Komplexe Prozesse in Teilprozesse zerlegen

von Schreibprozessen. Überarbeitung findet dann zu jeder Zeit im Schreibprozess statt. Für Lernende kann es dagegen eine große Hilfe sein, wenn sie nach dem Schreiben einer Rohfassung Hilfe dabei bekommen, ihren Text zunächst strukturell und erst dann stilistisch zu revidieren.

Konzentration   Ein weiterer wichtiger Punkt, der durch Kelloggs Darstellung deutlich wird, ist die hohe Konzentration, die der komplexe Schreibprozess nachweislich erfordert. Professionell Schreibende schrieben deshalb nicht mehr als höchstens ein paar Stunden am Tag, so Kellogg, statt wie Schreibanfänger kurz vor dem Abgabetermin Nachtschicht um Nachtschicht einzulegen (vgl. Kellogg/Raulerson 2007; nach Kellogg 2008, 18). Studierende müssten zu einem entsprechenden Schreibverhalten angeleitet werden.

Schreibintensive Lehre   Generell plädiert Kellogg dafür, Studierenden viele Schreibanlässe innerhalb ihrer Disziplin zu bieten und verweist auf Studien, die zeigen, dass schreibintensive Seminare maßgeblich zur Entwicklung von Schreibkompetenz beitragen (vgl. Johnstone u. a. 2002; nach Kellogg 2008, 18). Studierende brauchen nach Kellogg klare und kleinteilige Schreibanleitungen und häufige Rückmeldung; auch durch Kommilitonen (vgl. Kellogg 2008, 19).

3. Schreibkompetenzmodelle

Kompetenzen sind nach einer gängigen Definition:

> „die bei Individuen verfügbaren oder durch sie erlernbaren kognitiven Fähigkeiten und Fertigkeiten, um bestimmte Probleme zu lösen sowie die damit verbundenen motivationalen, volitionalen und sozialen Bereitschaften und Fähigkeiten, um die Problemlösungen in variablen Situationen erfolgreich und verantwortungsvoll nutzen zu können" (Weinert 2002, 27 f.).

‚Motivationale Bereitschaften' meint hierbei die Zielgerichtetheit, mit der man etwas verfolgt und ‚volitionale Bereitschaften' den Willen, mit dem das Ziel verfolgt und erreicht wird. Wichtig für diese Aspekte von Kompetenz ist die so genannte ‚Selbstwirksamkeitserwartung' (self efficacy): das Wissen und das Selbstvertrauen einer Person, dass sie bestimmte Handlungen mit Erfolg durchführen kann.

Selbstwirksamkeitserwartung   In verschiedenen Studien wurde untersucht, welchen Einfluss Selbstwirksamkeitserwartung auf Schreibprozesse und deren Produkte hat. Frank Pajares (2003) kommt in einer Metastudie zu dem Schluss, dass eine hohe Selbstwirksamkeitserwartung sowohl auf die Motivation zum Schreiben als auch auf die Ergebnisse erheblichen positiven Einfluss hat. Für die Förderung der Schreibkompetenz müsste eine Einbeziehung affektiver Lernziele folgen, die auf eine positive Veränderung von Einstellungen dem eigenen Schreiben gegenüber zielen. Zum Beispiel könnten Studierende ihre Einstellung zum Schreiben von Hausarbeiten positiv ändern, wenn sie sich bewusst machen würden, dass Hausarbeiten schreiben ein Privileg ist, nicht nur eine Prüfungsaufgabe. Die Rolle von Affekten in Schreibprozessen führt außerdem zu der didaktischen Konsequenz, dass Reflexionen über das eigene Schreibverhalten und die eigenen Erwartungen in Bezug auf das Schreiben wichtig sind.

Die bisher besprochenen Modelle des Schreibens beschäftigten sich mit dem Schreibprozess und mit der Schreibentwicklung. Weitere Modelle fragen danach, worin eigentlich Schreibkompetenz besteht.

Otto Kruse, ein auf Schreibdidaktik spezialisierter Psychologe, beschäftigt sich mit Schreibkompetenzen in Schule und Hochschule. In ersten Modellen bezieht sich Kruse auf Flower und Hayes (z. B. Kruse/Jakobs 1999), später formuliert er die ‚Dimensionen der Textproduktion' (Kruse 2003), aus denen er Kompetenzmodelle ableitet. Die vier Dimensionen der Textproduktion bezeichnet Kruse als ‚Kontent', ‚Prozess', ‚Produkt' und ‚Kontext' (vgl. Kruse 2007, 130 ff.). Schreibkompetenz
nach Otto Kruse

Kontent bedeutet ‚Inhalt' – d. h., um einen Text zu schreiben, benötigt man Wissen über das, was man schreiben will oder zumindest Wissen darüber, wo man das, was man noch nicht weiß, findet oder wie man es erforscht. Hier sind Fach-, Recherche- und Forschungskompetenzen gefragt. Subjektiv formuliert geht es um die Fragen: Worüber schreibe ich? Wie finde ich das benötigte Wissen? Kontent

Im Schreibprozess steht die Koordination von Schreiben und Denken im Vordergrund. Schreibende sollten ihre eigenen Schreibstrategien kennen und Vorstellungen von den notwendigen Arbeitsschritten im Schreibprozess entwickeln – dazu gehören auch Zeitplanung und Projektmanagement. Wichtig ist außerdem die Kenntnis von Methoden, die bei Schwierigkeiten im Schreibprozess eingesetzt werden können. Hier stellen sich die Fragen: Wie gehe ich vor? Wie organisiere ich mich? Prozess

Das Produkt des Schreibprozesses ist der Text. Dieser muss nicht nur eine ganz bestimmte Form haben, damit er der angestrebten Textsorte entspricht, es müssen auch ganz spezifische sprachliche Mittel dafür eingesetzt werden. In Bezug auf akademisches Schreiben ist hier z. B. die Verwendung allgemeiner schriftsprachlicher Normen, Zitierkonventionen, Wissenschaftssprache, Fachterminologie und rhetorischer Kompetenz gefordert. Die Leitfragen lauten: Wie muss mein Text aussehen? Welche sprachlichen Mittel verwende ich? Produkt

Der Kontext beschreibt die soziale und kommunikative Seite des Schreibens. An wen sind die Texte gerichtet, wer sind die Adressaten? In welcher Diskursgemeinschaft bewegt man sich mit dem gewählten Inhalt und der gewählten Textsorte? Im Bereich des Kontextes geht es um Fragen der Zugehörigkeit, der adressatenspezifischen Textwirksamkeit und auch der Identität der schreibenden Person. Hier kann gefragt werden: In welchem Diskurs wird mein Text wirksam? Wer bin ich, wenn ich schreibe? Kontext

Um die vorgestellten vier Dimensionen der Textproduktion in Kompetenzen zu übersetzen, schlägt Kruse die Begriffe ‚Prozesskompetenz' (für Prozess), ‚Text- und Sprachkompetenz' (für Produkt), ‚Sozialkompetenz' (für Kontext) und ‚Fachkompetenz' (für Kontent) vor (vgl. Kruse 2007, 133).

Die genannten Kompetenzfelder können nicht einzeln oder unabhängig voneinander entwickelt werden, sondern sind aufeinander bezogen. Umgekehrt können Schreibprobleme in jeder dieser vier Dimensionen ihren Ursprung haben und entweder auf einer fehlenden Wissensbasis oder ungenügender Prozesskompetenz oder ungenügend ausgebildeten sprachlichen Kompetenzen oder auch Defiziten im sozialkommunikativen Bereich beruhen (vgl. Kruse 2007, 134). Fazit

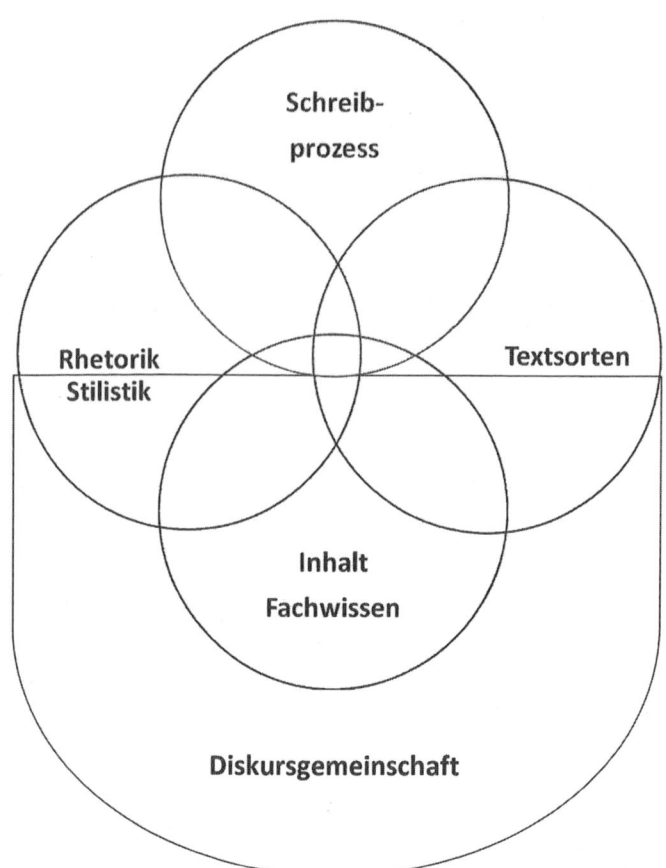

Abb. 6: Wissensbereiche des professionellen Schreibens nach Beaufort

Schreibkompetenz nach Anne Beaufort

Anne Beaufort (2005, 2007), eine US-amerikanische Schreibforscherin, untersuchte im Rahmen einer ethnografischen Studie ein Jahr lang vier professionell Schreibende. Aus ihren Erkenntnissen leitete sie ein Schreibkompetenzmodell mit fünf Dimensionen ab: Rhetorisches Wissen, Genrewissen, thematisches/fachliches Wissen, Schreibprozesswissen und Wissen um die Erwartungen und Regeln der Diskursgemeinschaft.

Beaufort bezeichnet die fünf Dimensionen als Kategorien des ‚Wissens‘, aber genau betrachtet geht es um die Fähigkeiten, dieses Wissen auch in Handlungen umzusetzen, also um ‚Kompetenzen‘. Beaufort kommt zu einem ähnlichen Modell wie Kruse, wobei das Wissen um die Diskursgemeinschaft bei ihr einen anderen Stellenwert besitzt, da es die anderen Kompetenzbereiche ‚durchdringt‘, wie in der Abbildung zu sehen ist. Im Folgenden werden die Kompetenzbereiche kurz vorgestellt:

Fachwissen

Fachwissen bedeutet, dass die Schreiberin Wissen über bestimmte Themen, fachlich wichtige Konzepte und angemessene Methoden zur Analyse relevanter Themenbereiche besitzt.

Rhetorisches Wissen

Rhetorisches Wissen ist das Handwerkszeug, mit dem die Schreiberin auf sprachlicher und argumentativer Ebene einen Text so ausgestaltet, dass er den Erwartungen und Bedürfnissen eines spezifischen Publikums oder spezifischer Adressaten entspricht.

Die Kenntnis der Diskursgemeinschaft bedeutet, dass man die übergreifenden Kommunikationsziele innerhalb einer Fachgemeinschaft kennt. Man teilt das Wissen um die grundlegenden Werte, die die Kommunikation prägen, z. B. ob persönliche, mündliche Kommunikation per Telefon bevorzugt wird, ob es angemessen ist eine SMS zu schreiben, eine Mail oder einen mit der Hand unterschriebenen Brief. Nach Beaufort besteht die Diskursgemeinschaft aus denjenigen, die durch geschriebene Texte miteinander in Kommunikation treten. So hat Beaufort herausgefunden, dass Personen, die Projektanträge schreiben, um für NGOs (Interessensverbände, die sich sozial- oder umweltpolitisch engagieren, z. B. Amnesty International) Gelder einzuwerben, die Regeln und Normen von mindestens drei verschiedenen Diskursgemeinschaften verstehen müssen: der Bundesregierung, der Landesregierung und der von Stiftungen – d. h., dass in allen drei Fällen die Anträge unterschiedlich gestaltet, formuliert und thematisch gewichtet werden müssen, weil die Menschen, die über die Anträge entscheiden, diese jeweils mit der ‚Brille‘ ihrer Diskursgemeinschaft lesen. Ein Genre muss also auch im Hinblick darauf verstanden werden, inwiefern es den Kommunikationszielen der Diskursgemeinschaft dient.

Diskursgemeinschaft

Das Genrewissen umfasst alle Aspekte, die für die Produktion eines Textes zusammenfließen müssen. Hier kommen die rhetorischen Ziele, spezifische inhaltliche Vorgaben, vorgegebene textstrukturelle Merkmale und linguistische Elemente zusammen. Professionelle Genrekompetenz erfordert ein grundlegendes Wissen über die Diskursgemeinschaft, innerhalb derer das Genre genutzt wird sowie Expertise im Fachwissen, das dem jeweiligen Genre und der jeweiligen Diskursgemeinschaft angemessen ist.

Genrewissen

Mit dem Wissen über den Ablauf des eigenen Schreibprozesses kann dieser bewusst gesteuert und gestaltet werden, ebenso kann bei auftretenden Problemen gezielt mit bestimmten Methoden gegengesteuert werden (vgl. *Kapitel VIII.1, Schreibprojekte Schritt für Schritt*). Ein Bewusstsein über verschiedene Phasen im Schreibprojekt führt z. B. dazu, dass die Schreiberin ihre Ideenfindungsphase durch eine Brainstormingmethode wie das Freewriting unterstützt. Das Wissen über den Schreibprozess ist dabei notwendig, um verschiedene Schreibaufgaben und neue Textsorten überhaupt bewerkstelligen zu können.

Schreibprozesswissen

Alle fünf Dimensionen greifen ineinander: Ohne Fachwissen gibt es keinen Inhalt, mit dem ein Fachtext gefüllt werden kann. Ohne Genrewissen, rhetorisches Wissen und Wissen über die Diskursgemeinschaft gibt es keine Möglichkeit, Informationen so auszuwählen, zu strukturieren und sprachlich darzubieten, dass sie in einem spezifischen sozialen Kontext ihre Wirkung entfalten. Und ohne das Wissen um den eigenen Schreibprozess könnten sich Ideen, Informationen und Bilder gar nicht in kohärenter Form in einem vorgegebenen Zeitrahmen materialisieren.

Fazit

4. Funktionen des Schreibens

Um Schreibprozesse erforschen und verstehen zu können ist es wichtig, sich bewusst zu machen, dass Schreiben mit ganz verschiedenen Funktionen verbunden sein kann. Die unterschiedlichen Funktionen des Schreibens haben wiederum Einfluss darauf, wie Schreibprozesse verlaufen. Dementsprechend hängt Schreibkompetenz ebenfalls damit zusammen, auf welche Funktionen des Schreibens sie sich bezieht und wie gut es Schreibenden gelingt, verschiedene Funktionen des Schreibens zu integrieren.

Was sind Funktionen des Schreibens? Hinter dem Begriff ‚Funktionen' steht die Feststellung, dass Schreibprozesse in unterschiedlicher Absicht ausgeführt werden bzw. unterschiedliche Effekte haben können (vgl. dazu auch Ossner 1995; Baurmann 2002). So hat beispielsweise das Schreiben eines Einkaufszettels oder einer To-Do-Liste eine gedächtnisstützende Funktion. Das Schreiben eines Briefes hingegen kann die Funktion haben, dem Adressaten Informationen zu übermitteln. Hier erfüllt das Schreiben also eine Wissen darstellende Funktion. Darüber hinaus kann es sein, dass das Schreiben des Briefes dem Absender dabei hilft, sich über eigene Gedanken bewusst zu werden und eigene Gefühle zu klären. Das Schreiben hat dann zugleich eine persönliche, entlastende Funktion. Wie dieses Beispiel zeigt, kann Schreiben verschiedene Funktionen erfüllen, ohne dass diese intendiert werden: Die Schreiberin beabsichtigt vielleicht gar nicht von vorneherein, den Schreibprozess zu nutzen, um Gedanken zu klären und Emotionen zu bewältigen. Vielleicht will die Schreiberin im Brief Wissen über bestimmte Sachverhalte vermitteln, doch möglicherweise kommuniziert sie ungeplant zusätzliche Informationen. So könnte es, trotz Bemühungen um einen sachlichen Tonfall, sehr gut möglich sein, dass sich Emotionen wie Ärger oder Enttäuschung aus dem Brief herauslesen lassen – ‚zwischen den Zeilen', wie man so schön sagt. Der Brief hat dann nicht nur eine Wissen darstellende, sondern neben der beabsichtigten auch eine unbeabsichtigte kommunikative Funktion. Das Schreiben eines Textes hat in den seltensten Fällen nur eine Funktion. Alle Funktionen zu erfassen, die mit Schreiben verbunden sind, wird daher nur schwer möglich sein. Auch die Bezeichnungen der verschiedenen Funktionen variieren in der Forschung, wie der folgende Überblick zeigt:

Funktionen nach James Britton u. a.
James Britton und seine Kollegen Tony Burgess, Nancy Martin, Alex McLeod und Harold Rosen (1975) unterscheiden zwischen ‚transactional writing', ‚poetic writing' und ‚expressive writing'. ‚Transactional writing' ist jenes Schreiben, das die Funktion hat, sachliche, möglichst eindeutige Informationen adressatengerecht zu kommunizieren. Diese Funktion des Schreibens ist nach Britton und Kollegen in Schulen und an Hochschulen überproportional stark verbreitet. ‚Poetic writing' ist jenes Schreiben, das literarisch-imaginativ und künstlerisch ist. Durch ‚poetic writing' entstehen Texte, die nicht nur eindeutige Informationen, sondern auch Gefühle vermitteln wollen, z. B. durch Sprachbilder. Das ‚expressive writing' schließlich hat die Funktion, Gedanken und Gefühle des Schreibers für ihn selbst zu klären, d. h. es ist nicht an einen externen Adressaten gerichtet. Nach Britton u. a. ähnelt ‚expressive writing' der mündlichen Sprache, weil es assoziativ ist und nicht notwendigerweise präzise und kohärente Text produziert.

Funktionen nach Janet Emig und Peter Elbow
Janet Emig (1971) unterscheidet die ‚reflexive' und die ‚extensive' Funktion des Schreibens. Die extensive Funktion entspricht dem ‚transactional writing' bei Britton: Der Schreibprozess ist nach außen gerichtet und hat das Ziel, Wissen präzise und strukturiert zu vermitteln. Die reflexive Funktion entspricht Brittons ‚expressive writing'. Dabei dient das Schreiben dazu, Ge-

danken zu entwickeln und sie miteinander zu verknüpfen. Der Text, der dabei entsteht, muss nicht an Adressaten gerichtet sein, sondern kann auch nur der Selbstverständigung der schreibenden Person dienen.

Nach Bräuer (1996) hat sich aus der Bezeichnung ‚expressive writing‘ eine ‚expressionist rhetoric‘ in der US-amerikanischen Schreibpädagogik entwickelt. Als einer ihrer Hauptvertreter gilt Peter Elbow, der in seinem Buch *Writing without Teachers* (1973) dafür plädiert, die expressive Funktion des Schreibens gezielt als ersten Schritt der Textproduktion einzusetzen, um dann im zweiten Schritt transaktionale Texte leichter verfassen zu können.

Otto Ludwig (1980) nimmt die schulische Aufsatzdidaktik zum Anlass, um sich mit verschiedenen Funktionen des Schreibens auseinanderzusetzen. Ihm ist es wichtig, dass Schreiben nicht nur als Kommunikation begriffen wird: „Schreiben läßt sich nicht in jedem Fall, vielleicht auch nicht in den meisten Fällen als spezifische Form der Kommunikation begreifen." (Ludwig 1980, 90f.) Stattdessen könne Schreiben zwischen zwei Polen angesiedelt werden: zwischen einerseits einem Schreiben, das gar nicht adressatenorientiert ist und auf der anderen Seite einem Schreiben, das sehr stark auf Leser ausgerichtet ist. Zwischen diesen beiden Extremen skizziert Ludwig (vgl. 1980, 85ff.) folgende Funktionen, die Schreiben haben kann:

Funktionen nach Otto Ludwig

- Die Funktion, etwas aus sich heraus zu schreiben (Schreiben, um sich selbst zu entlasten).
- Die Funktion, sich etwas bewusst zu machen (Schreiben, um etwas gedanklich zu durchdringen und zu verstehen).
- Die intellektuelle Funktion des Schreibens (Operatives Schreiben, bewusst eingesetzt, um Lösungen für Probleme zu finden).
- Die Funktion, sich selbst etwas zu vermitteln (Schreiben, um mit sich selbst in Kontakt zu treten, z.B. wenn Menschen im Tagebuch sich selbst ihre Gedanken mitteilen, die sie mit niemandem sonst teilen möchten).
- Die formulierende Funktion (Schreiben, um etwas in einer Präzision auszudrücken, die in der mündlichen Sprache oft nicht gegeben ist).
- Die konzipierende Funktion (Schreiben, um längere Äußerungen zu konzipieren, z.B. Stichworte für eine Rede oder Skizzen für einen Text).
- Die konservierende Funktion (Gedanken oder Sachverhalte schriftlich festhalten, um sie später parat zu haben, z.B. Erinnerungen, aber auch Abmachungen wie Verträge).
- Die transferierende Funktion (Schreiben, um Wissen für andere Menschen schriftlich festzuhalten, z.B. in Büchern).
- Die kommunikative Funktion (strategisches Schreiben, um Leserinnen zu beeinflussen und zu überzeugen).

Girgensohn (2007) arbeitete in einer empirischen Studie heraus, welche Funktionen des Schreibens studentische Teilnehmer autonomer Schreibgruppen an der Hochschule erlebten und schlussfolgerte, dass das Erleben dieser Funktionen wichtig für das Schreiben im Hochschulkontext ist. Es handelt sich um folgende fünf Funktionen:

Funktionen nach Katrin Girgensohn

- Die rhetorische Funktion des Schreibens, die dazu dient, Wissen adressaten- und normgerecht darzustellen.
- Die kommunikative Funktion des Schreibens dient darüber hinaus dazu, Gemeinschaft zwischen Schreibenden und Lesenden herzustellen.

- Die heuristische Funktion des Schreibens ermöglicht ein Entdecken und Verknüpfen von Gedanken während des Schreibprozesses. Es handelt sich, wie bei Hermanns (1988) dargestellt, um ein schreibendes Denken.
- Die persönlichkeitsfördernde Funktion, die das Schreiben zur persönlichen emotionalen Entlastung und Weiterentwicklung nutzt.
- Die hedonistische Funktion des Schreibens, die „Genuss und Lustgewinn hervorbringt und so zur Triebfeder des Schreibhandelns wird" (Girgensohn 2007, 191).

Girgensohns Schlussfolgerungen zeigen, wie wichtig es ist, das Schreiben in verschiedenen Funktionen an der Hochschule zu fördern, damit Studierende eine umfassende Schreibkompetenz aufbauen können: Je vielfältiger die Erfahrungen sind, die Studierende mit unterschiedlichen Schreibfunktionen sammeln, desto umfassender sind die Schreibkompetenzen, die sie aufbauen.

Fazit   Der Begriff ‚Funktionen‘ des Schreibens bringt also eine weitere Facette ein in die Möglichkeiten, wie man über Schreiben nachdenken kann. Je nachdem, in welcher Funktion geschrieben werden soll oder geschrieben wird, ist das Schreiben möglicherweise unterschiedlich schwer, weil verschiedene Teilaspekte hineinspielen (siehe Schreibprozessmodelle), verschiedene Schreibentwicklungsstufen erreicht sein müssen (siehe Schreibentwicklungsmodelle) oder verschiedene Teilkompetenzen nötig sind.

5. Schreibstrategien

Eine weitere Sichtweise auf das Schreiben ist die Unterscheidung verschiedener Schreibstrategien. Theoretisch ist diese Sichtweise deshalb, weil sie zwar auf beobachtbaren Daten, also auf Empirie beruht, aber ebenso wie die zuvor vorgestellten Konzepte Abgrenzungen vornimmt, die nur theoretisch vorhanden sind, weil wir beim Schreiben nie nach nur einer Strategie vorgehen.

Die zehn Schreibstrategien   Der Linguist Hanspeter Ortner geht davon aus, dass in Theorien zum Schreiben zu wenig die Beziehung zwischen Schreiben und Denken thematisiert werde, obwohl seiner Beobachtung nach für viele Schreibende das Schreiben und das Denken eng zusammenhängen. Um etwas darüber zu erfahren, was in Schreibenden beim Schreiben vorgeht, sieht Ortner sich an, was Schriftsteller selbst über ihre Schreibprozesse erzählen. Dabei bezieht er sich in erster Linie auf ‚Meta-Aussagen‘ von Schriftstellern in publizierten Interviews, Werkberichten oder Tagebuchaufzeichnungen, nicht aber auf fiktionalisierte Berichte über Schreibprozesse, wie sie in literarischen Texten häufig auftauchen. Ortner sieht in seinem Vorgehen gegenüber anderen Methoden mehrere Vorteile:

- Das Material liegt aufbereitet vor.
- Die Befragten sind als professionell Schreibende in der Lage, sich gut zu artikulieren.
- Sie haben als Schriftsteller eine gute Beobachtungskompetenz.
- Sie beobachten sich bei vielen Gelegenheiten, nicht nur während eines einmaligen Schreibprozesses.

- Es gibt nicht nur einen Interviewer (was zu Verfälschungen führen kann), sondern viele.
- Die Vielzahl der Frageanlässe führt zu weniger Suggestionen, weil immer vor anderem Hintergrund gefragt wurde (vgl. Ortner 2000, 116 ff.).

Er ist sich aber auch folgender Nachteile bewusst:

- Selbsttäuschungen der Autoren aus verschiedensten Gründen.
- Verschiedenen Benennungen der gleichen Phänomene.
- Die Vielzahl der Befrager mindert die Vergleichbarkeit.
- Möglicherweise verzerrte Erinnerungen/Rekonstruktionen.
- Unvollständige und einseitige Auskünfte (vgl. Ortner 2000, 119 f.).

Ortner hat ca. 6000 Selbstaussagen ausgewertet, dabei aber auch solche von Studierenden herangezogen, um aus deren Perspektive einen ‚unverbrauchteren' Blick auf das Verhalten von Schreibenden während ihrer Schreibprozesse zu bekommen. Die breite Materialbasis ist ihm sehr wichtig. Seine Ergebnisse illustriert er an zahlreichen Beispielen:

> „Ich habe mich für eine ‚beweisführende Weitschweifigkeit' [… entschieden: für Beispiele, Beispiele, Beispiele. […]. Beispiele sind die beste Arznei gegen die Egozentrik des Wissenschaftlers. Sie stimulieren das Mitdenken des Lesers. Deshalb muß man die richtigen und überzeugendsten wählen. Und man muß seine Behauptungen so gestalten, daß sie sich nicht schon vor den eigenen Beispielen blamieren." (Ortner 2000, 125)

Ortners wichtigstes Ergebnis ist die Feststellung, dass es kein Modell des Schreibprozesses geben könne, weil Schreibprozesse sehr unterschiedlich verlaufen. Um die verschiedenen Selbstaussagen dennoch greifbar machen zu können, sortiert er diese quasi in zehn verschiedene Schubladen. Im Grunde stellt er eine Typologie auf, hadert aber mit dem Begriff ‚Typ', weil Typenbildung nach „allzu starr gefaßtem, genetisch vorprogrammierten Verhaltenstyp" (Ortner 2000, 351) klingt. Ortner will deshalb lieber von Verhaltensstrategien sprechen. Die zehn Strategien, in denen er die Selbstaussagen zusammenfasst, sind also keine angeborenen Schreibstrategien, sondern von einzelnen Personen erprobte und bewährte Verfahren zur Bewältigung von Schreibaufgaben. Ortner benutzt dennoch in seinen Überschriften den Begriff Typ. Er meint damit Schreibende, die sich besonders häufig einer Strategie entsprechend verhalten. Zusammengefasst konnte Ortner zehn verschiedene Verhaltensstrategien bzw. Schreibertypen identifizieren.

„Schreibstrategie 1: (Scheinbar) nicht-zerlegendes Schreiben. Schreiben in einem Zug, Schreiben im Stil der pensée parlée, écriture automatique. Typ des Aus-dem-Bauch-heraus- (= Flow-)Schreibers" (Ortner 2000, 356). Diese Schreiber schreiben assoziativ und ohne Nachdenken einfach drauflos. Es gibt weder ein einheitliches Thema noch eine leitende Idee, vielmehr werden Ideen ‚erschrieben'. Diese Methode ähnelt dem Freewriting (vgl. *Kapitel VIII.2, Ideen generieren mit Freewriting und Clustering*) oder auch dem ‚automatischen Schreiben' (Ecriture Automatique) der Surrealisten. Bekannte Vertreter sind z. B. André Breton und Paul Nizon.

„Schreibstrategie 2: Einen Text zu einer Idee schreiben. Typ des Einzigtext-, des Einen-Text-zu-einer-Idee-Schreibers" (Ortner 2000, 391). Diese

[Marginalie:] Nicht-zerlegendes Schreiben

[Marginalie:] Ein Text zu einer Idee

Schreiber schreiben ebenfalls drauflos, allerdings haben sie eine leitende Idee oder ein Motiv, an dem sie sich orientieren. Zu der noch vagen Idee wird ein einziger fortlaufender Text verfasst, das Thema oder die Handlung entwickeln sich erst während des Schreibens. Der Unterschied zur ersten Strategie besteht darin, dass die Aufmerksamkeit immer wieder zum Thema oder zu der ersten Idee zurückkehrt. Bekannte Vertreter sind z.B. Martin Walser oder Georges Simenon.

Mehrere Versionen *„Schreibstrategie 3: Schreiben von Textversionen zu einer Idee. Typ des Mehrversionenschreibers, des Versionenneuschreibers" (Ortner 2000, 408).* Diese Schreiber verfassen mehrere Textversionen zu einer Idee. Ähnlich wie bei der zweiten Strategie entwickelt sich die Leitidee oder Handlung sukzessive während des Schreibens. Dabei wird aber nicht ein einziger Text geschrieben, sondern mehrere Versionen, in denen sich der Autor der Realisierung seiner Vorstellung immer mehr annähert. Jede Version wird zügig und ohne konzeptuelle Änderungen linear vorwärts geschrieben. Die alten Versionen werden weggelegt oder sogar weggeworfen, so dass die neuen Versionen nicht nur überarbeitete Versionen der vorhergehenden sind. Friedrich Dürrenmatt soll ganze Bücher neu geschrieben haben. Andere Autoren wie Heinrich Böll oder Raymond Chandler haben zumindest Textteile mit dieser Strategie mehrfach neu geschrieben.

Redaktionelle Arbeit am Text *„Schreibstrategie 4: Herstellen von Texten über die redaktionelle Arbeit an Texten (Vorfassungen), von verbesserten Versionen durch Arbeit am vorliegenden Text. Typ des Text-aus-den-Korrekturen-Entwicklers" (Ortner 2000, 428).* Hier entsteht der Text durch viele Korrekturdurchläufe. Der Text entwickelt sich von der ersten Version bis zur Endfassung durch viele Überarbeitungen, die dem Auftragen von Farbschichten in der Malerei ähneln. Vertreter dieses Verhaltens sind z.B. Honoré Balzac oder Karl Kraus.

Planendes Schreiben *„Schreibstrategie 5: Planendes Schreiben (Plan = eine Version in Kurzschrift). Typ des Planers" (Ortner 2000, 440).* Vor dem Schreiben wird ein schriftlicher Plan des Textes in Kurzform erarbeitet – z.B. mehr oder weniger genau ausgeführte Stichpunkte über den Verlauf der Handlung, eine thematische Gliederung oder auch eine ausformulierte Skizze. Die Textproduktion besteht also aus zwei Phasen – der schriftlichen Erarbeitung der Planung und der Ausführung des Textes. Vertreter dieser Methode sind z.B. Alfred Andersch und Emile Zola.

Im Kopf ausarbeiten *„Schreibstrategie 6: Einfälle außerhalb eines Textes weiterentwickeln. Konzeptuell extralingual + niederschreibend. Typ des Niederschreibers" (Ortner 2000, 462).* Von diesen Schreibenden wird in einer oft langen Phase vor Beginn des Schreibens der Text im Kopf entwickelt. Der ‚Text im Kopf' ist entweder eine Skizze der Handlung oder wird tatsächlich in ganzen Passagen schon im Kopf ausformuliert, so dass das Schreiben nur noch ein Aufschreiben ist. Peter Handke, Herrmann Hesse, Jean Jacques Rousseau oder Uwe Johnson sind so vorgegangen.

Schritt für Schritt *„Schreibstrategie 7: Schrittweises Vorgehen – der Produktionslogik folgend. Typ des Schritt-für-Schritt-Schreibers" (Ortner 2000, 484).* Hier wird der Produktionsprozess in mehrere und manchmal auch viele Schritte zerlegt, die linear aufeinander folgen. Dieses Verfahren wird in zahlreichen Schreibratgebern empfohlen: erst orientieren, dann recherchieren, dann strukturieren, dann gliedern, dann formulieren, dann edieren und schließlich redigieren – ein Schritt folgt jeweils linear auf den vorigen. Laut Ortner verfährt allerdings keiner der Schreibprofis so. Eine mögliche Erklärung wäre, dass bei dieser Zerlegung des Prozesses zumindest bei längeren Texten die Gefahr besteht, den Gesamttext aus den Augen zu verlieren. (Trotzdem kann diese Strategie sehr hilfreich sein, wenn man dazu neigt, beim Schreiben den Überblick zu verlieren: Man kann sich dann besser orientieren, welcher Schritt sinnvollerweise als nächstes ansteht.)

„Schreibstrategie 8: Synkretisch-schrittweises Schreiben. Typ des Synkretisten" (Ortner 2000, 491). Auch dieser Schreibprozess wird in viele kleine Schritte zerlegt, die allerdings überhaupt keiner erkennbaren Logik folgen. Ortner wählt für diese nicht erkennbare Logik den Begriff ‚Synkretismus' und erklärt ihn folgendermaßen: Synkretisch
schreiben

> „Ich verwende den Begriff *synkretisch* als Gegenbegriff zu *linear geordnet-fortschreibend-diskursiv*. In der Literatur wird er dagegen als Gegenbegriff zu *logisch* verwendet. Wygotski z. B. glaubte, daß Kinder solange synkretisch […] denken, als sie unfähig sind, ‚zusammenhängend und logisch zu denken' […] Doch ist es nicht so, daß das Kind in einem Chaos ungeordneter Erscheinungen, in einer blühenden, summenden Konfusion (W. James) lebt. Es lebt nur in einer anders, nach anderen Prinzipien geordneten Welt – ebenso wie der Schreiber, der synkretistisch zu arbeiten beginnt." (Ortner 2000, 496 f.; Herv. i. Org.)

Die synkretisch Schreibenden beginnen an irgendeiner Stelle des Textes und schreiben mal nach diesem und mal nach jenem Verfahren. Sie integrieren alle bislang genannten Strategien, so wie es ihnen gerade passt. Die dabei produzierten Ideen und Textteile haben zunächst scheinbar nichts miteinander zu tun, es herrscht „working by chaos" (Ortner 2000, 491). Es kommt vor, dass auch die endgültigen Texte teilweise aus nebeneinander stehenden Fragmenten bestehen. So gearbeitet haben z. B. Ingeborg Bachmann, Heinrich Böll, Paul Valéry, Alfred Döblin, Günter Grass oder Robert Musil.

„Schreibstrategie 9: Moderat produktzerlegend. Das Schreiben von Produktsegmenten. Typ des Textteilschreibers" (Ortner 2000, 540). Es werden einzelne, zunächst nicht zusammenhängende Textteile geschrieben: für sich stehende Szenen oder Kapitel entstehen. Der Autor entwickelt erst im Laufe des Schreibprozesses die Handlung, die diese einzelnen ‚Textinseln' zusammenhält. Vertreter sind z. B. Joyce Cary oder Franz Kafka. Produkt zerlegen

„Schreibstrategie 10: Schreiben nach dem Puzzle-Prinzip. Extrem produktzerlegend. Typ des Produkt-Zusammensetzers" (Ortner 2000, 543). Hier verfassen die Schreibenden viele Kurztexte, die ein Thema umkreisen. Dabei nehmen sie verschiedene gedankliche Positionen ein, um sich mit dem Thema auseinanderzusetzen. Das Schreiben nähert sich dem Denken an. Es entsteht am Ende kein endgültiger, zusammenhängender Text, selbst wenn die Autoren das ursprünglich vorhatten. Möglicherweise ist der Gegenstand dafür zu komplex. Ein Vertreter ist bezeichnenderweise der Philosoph Wittgenstein, ein anderer Georg Christoph Lichtenberg, dessen unzählige Aphorismen und Gedankensplitter erst nach seinem Tod veröffentlicht wurden. Puzzle-Prinzip

Abschließend soll noch einmal hervorgehoben werden, dass die Beschreibung der ‚Strategien' oder ‚Typen' dazu dient, die Verfahren beim Schreiben plastisch darzustellen – es gibt aber natürlich viele Schreibende, Fazit die nach einer Mischform verschiedener Strategien vorgehen. Franz Kafka z. B. war sowohl ein Flow-Schreiber als auch ein Textteilschreiber, je nachdem, was für einen Stoff er bewältigen wollte. Wichtig ist vor allem die Erkenntnis, dass es viele Wege gibt, um zu gelungenen Texten zu kommen. Wer über ein Repertoire an Schreibstrategien verfügt, kann diese auch flexibel einsetzen. Übungsmöglichkeiten dafür finden sich bei Girgensohn (2007b) und im Praxisteil dieser Einführung.

6. Schreibstörungen und Schreibblockaden

Ein Einblick in Erkenntnisse zu Schreibstörungen und Schreibblockaden bildet den Abschluss dieses Kapitels. Schreibstörungen oder zumindest Schreibschwierigkeiten sind den meisten Schreibenden bekannt. Und genau da setzt die Theorie an: Was sind ‚normale' Schreibschwierigkeiten? Was sind ernsthafte Schreibstörungen? Wann spricht man von Blockaden? Mit diesen Fragen haben sich viele Forschende beschäftigt. Im Folgenden sollen zwei Arbeiten genauer vorgestellt werden, die beide auf empirischen Untersuchungen basieren: eine aus den USA (Rose 1984) und eine aus Deutschland (Keseling 2006). Ergänzt werden sie um Ansätze aus neurologischer Perspektive.

Schreibblockaden nach Mike Rose   Der US-amerikanische Bildungswissenschaftler Mike Rose war der erste, der Schreibblockaden nicht ausschließlich auf psychische oder emotionale Störungen zurückführte, sondern deren kognitive Dimension in den Blick nahm. Rose definiert Schreibblockaden als Unfähigkeit mit dem Schreiben zu beginnen oder es fortzuführen. Die Stärke der Blockade bemisst sich dabei nicht nach der Dauer des Nicht-Schreibens (denn auch Recherche- oder Planungsphasen sind ein produktiver Teil des Schreibprozesses), sondern nach der Dauer der eingeschränkten Produktivität beim Schreiben (vgl. Rose 1984/2009, 3).

Typisch für Schreibblockaden sind nach Rose verpasste Abgabetermine, begleitet von Gefühlen wie Angst, Frustration, Wut oder Verwirrung. Eine Blockade kann sich in ganz unterschiedlichem Schreibverhalten äußern: Blockierte Schreibende bringen entweder kaum einen Satz zustande oder schreiben im Gegenteil sehr viel, wobei der produzierte Text unbrauchbar ist, weil er aus Fehlstarts, Wiederholungen, Sackgassen oder inkohärenten Fragmenten besteht. Andere wiederum schreiben einen passablen Text bis zur Hälfte, sind aber unfähig, ihn weiterzuschreiben und zu Ende zu bringen.

Kognitive Störungen   Die Ursache für Schreibblockaden liegt nach Rose weder in mangelnder Schreibfähigkeit noch in mangelndem Engagement begründet. Nach der Beschäftigung mit ersten kognitiven Modellen des Schreibens (u. a. dem in *Kapitel III.1, Schreibprozesse nach John R. Hayes & Linda Flower* vorgestellten Modell) war Roses These, dass viele Schreibprobleme auf kognitive Störungen während des Schreibprozesses zurückzuführen sein müssten: „blocking is a composing process dysfunction" (Rose 1984/2009, 3). Dementsprechend müssten diese Probleme im Prozess zu identifizieren und durch ein verändertes Verhalten zu lösen sein.

Die Studie von Mike Rose   Für seine 1984 publizierte Studie verfolgte Rose einen ‚Mixed Methods' Ansatz (vgl. *Kapitel IV.1, Qualitative und quantitative Forschungsmethoden*).

Zunächst nahm er eine Reihe von Fragebogenerhebungen zu Schreibblockaden bei Studierenden vor, wobei er nach jeder Erhebungswelle zusätzlich einige Interviews führte. Aus der letzten Erhebungswelle (351 Studierende) wählte er zehn Studierende aus, die gebeten wurden, an einem Experiment teilzunehmen. Vier dieser Studierenden waren durch den Fragebogen als ‚wenig blockiert‘ und sechs als ‚stark blockiert‘ identifiziert worden. Rose wollte herausfinden, ob die ‚high-blockers‘ und die ‚low-blockers‘ während des Schreibens unterschiedlich vorgehen. Man bat die Studierenden, innerhalb einer Stunde einen Essay zu einem vorgegebenen Thema zu verfassen. Mit zwei Videokameras wurden der Oberkörper der Probanden und die Schreibbewegungen der Hand auf dem Papier aufgezeichnet, so dass sowohl das Verhalten der Probanden als auch die Entstehung des Textes analysiert werden konnten. Direkt im Anschluss an den Schreibprozess interviewte Rose die Studierenden mit der ‚stimulated recall‘-Methode. Dafür wurden beide Videos gleichzeitig im Splitscreen (zwei Filme auf einem Monitor) vorgeführt, und die Probanden konnten ihr eigenes Vorgehen beim Schreiben kommentieren. Bei der ‚stimulated recall‘-Methode wird angenommen, dass durch einen Stimulus (die Videoaufzeichnungen) die Erinnerung an die Gefühle und Gedanken während des dokumentierten Prozesses wieder aufgerufen und akkurat wiedergegeben werden oder durch gezieltes Nachfragen des Forschers zumindest rekonstruiert werden können. Diese Interviews wurden transkribiert und ausgewertet.

Als dritte Facette der Studie ließ Rose die entstandenen Essays durch zwei unabhängige Bewerter benoten, wobei sich bestätigte, dass die Texte von Personen mit Schreibschwierigkeiten im Schnitt schlechtere Ergebnisse erzielten als die Texte von Personen ohne Schreibschwierigkeiten. Es gab allerdings auch stark blockierte Personen, die qualitativ hochwertige Texte produzierten. (Eine knappe Zusammenfassung der methodischen Herangehensweise und der Ergebnisse der Studie findet sich bei Rose 1985, 227 ff.)

Der von Rose und seinem Team ausgewertete Datenkorpus bestand in den Fragebögenergebnissen, den Evaluationen der Essays, den Videoaufzeichnungen des Schreibprozesses und den stimulated-recall-Interviews mit den Studierenden. Aus den Videos wurden auch quantitative Daten extrahiert: Informationen über die Zeiteinheiten, die beim Schreiben auf Entwürfe, Pausen und Planen verwendet werden oder Informationen über die beim Schreiben produzierten und verworfenen Wörter. Eine Analyse der Videoaufzeichnungen und Interviews ermöglichte schließlich eine Kategorisierung kognitiver Prozesse, die beim Schreiben ablaufen und von denen einige zu einer Blockade beitragen können.

Ursachen für Schreibblockaden können nach Rose (1984/2009, 4 ff.) sein:

Ursachen für
Schreibblockaden

1. *Die Regeln, die während des Schreibens befolgt werden, werden zu starr, unangemessen oder falsch angewendet.*
   Mit ‚Regeln‘ sind linguistische, formale oder prozessbezogene Schreibanweisungen gemeint. Eine stilistische Regel wie ‚die Satzlänge sollte variieren‘ im ersten Textentwurf zu befolgen kann den Formulierungsfluss zum Stocken bringen – eine korrekte Schreibanweisung wird hier zum falschen Zeitpunkt im Schreibprozess angewendet.

2. *Die Vorannahmen über das Schreiben führen den Schreibenden in die Irre.*

Gemeint sind alle Vorannahmen und Glaubenssätze über die Art und Weise, wie Schreiben am besten funktionieren sollte. Wenn die Studentin z. B. glaubt, dass es nur dann sinnvoll ist zu schreiben, wenn sie ein Gefühl der Inspiration verspürt, wird sie vielleicht niemals mit dem Text beginnen.

3. *Der Schreibende überarbeitet den Text in einem zu frühem Stadium des Schreibprozesses.*

Wenn der Schreiber zu früh immer wieder die sprachliche Oberfläche des Textes (Grammatik, Orthografie und Ausdruck) überarbeitet, kann er die argumentative Gesamtstruktur des Textes und die inhaltliche Stimmigkeit aus den Augen verlieren. Das Schreiben verläuft stockend, weil immer wieder überarbeitet wird, d. h. der Text hat eventuell keinen roten Faden.

4. *Dem Schreibenden fehlen passende Planungs- und Argumentationsstrategien oder er verlässt sich auf unflexible und unpassende Strategien.*

Ein Studierender soll z. B. einige Texte interpretieren und miteinander vergleichen, hat aber nicht gelernt, wie er die relevante Information aus einem Text herausfiltert und diese analysiert. Stattdessen schreibt er ausführliche Inhaltsangaben und kapituliert irgendwann, weil er nicht weiß, wie er die vielen unterschiedlichen Informationen zueinander ins Verhältnis setzen und vergleichen soll.

5. *Der Schreibende versucht gleichzeitig widersprüchliche Regeln, Vorannahmen und Planungsstrategien zu befolgen.*

Eine Studentin versucht gleichzeitig zwei stilistische Regeln für das Verfassen wissenschaftlicher Texte zu befolgen: ,Vermeide das ,Ich" und ,vermeide das ,Passiv". Wenn die Studentin nicht in der Lage ist, flexibel mit Regeln umzugehen oder eine Regel zu priorisieren, wird sie beim Formulieren stecken bleiben.

6. *Das eigene Schreiben wird mit unangemessenen Kriterien oder falsch verstandenen Kriterien bewertet.*

Die Bewertung des eigenen Schreibens beruht auf den subjektiven Erfahrungen, die bislang mit dem Schreiben und der Bewertung der Texte durch andere gemacht wurden. Wenn diese internalisierten Kriterien und Ansprüche überzogen sind, kann es zu Blockaden kommen.

Ein wichtiges Ergebnis der Studie ist der Unterschied zwischen stark zu Blockaden und wenig zu Blockaden neigenden Schreibenden: Die blockierten Schreiber haben zu viele starre Regeln und Annahmen im Kopf, wie sie beim Schreiben vorgehen sollten und wie der Text aussehen sollte. „As we've seen, rigid rules focus the writer's mind too narrowly, don't allow him to work effectively with the large issues of the writing task." (Rose 1984/2009, 90) Nicht blockierte Schreibende dagegen reagieren flexibel auf die jeweilige Schreibsituation und entscheiden, an welche ,Regeln' sie sich halten und an welche im Einzelfall nicht – ihre Priorität ist, dass der Schreibprozess weiterläuft.

Emotionen und sozialer Kontext

Rose betont in späteren Schriften, dass seine Studien zwar die bis dahin unbekannte kognitive Dimension von Schreibblockaden offengelegt hätten, aber kein Schreibprozess rein kognitiv sei. Er plädiert für einen dreifachen kognitiv/affektiv/sozialkontextuellen Ansatz, in dem auch die emotionalen

Faktoren und der soziale Kontext berücksichtigt werden (vgl. Rose 1985, 232). Die sozialkontextuelle Dimension nach Rose entspricht in etwa der Diskursgemeinschaft nach Beaufort (vgl. *Kapitel III.3, Schreibkompetenzmodell nach Anne Beaufort*): Mit dem Erlernen des Schreibens werden gleichzeitig auch spezifische Meinungen und Vorurteile über das Schreiben erlernt (z. B. ‚man braucht eine besondere Begabung, um wirklich gute Texte zu schreiben.').

Rose gibt zu bedenken, dass Emotionen und kognitive Aspekte gerade im Schreibprozess eng miteinander verbunden seien: Z. B. könnten Selbstzweifel in Bezug auf das Schreiben zu unflexiblen Planungsstrategien führen. Um die Verknüpfung der beiden Dimensionen sichtbar zu machen, schlägt er vor, Formulierungen wie ‚vorrangig kognitiv' (z. B. Planungsstrategien) oder ‚vorrangig emotional' (z. B. Schreibangst) zu nutzen.

Der Akt des Schreibens kann sowohl positive Gefühle (z. B. Aufregung, Freude, ‚Flow'-Gefühl) als auch negative (z. B. Unlust, Angst, Wut, Depression) hervorrufen. Die unangenehmen Gefühle können sich negativ auf das Textprodukt auswirken, z. B. durch einen nervösen oder langweiligen Stil, die Unfähigkeit, etwas zu Papier zu bringen oder Prokrastinationsverhalten (Aufschubverhalten) im extremen Maße. Diese Reaktionen können zwar persönlichkeitsbedingt sein, sind aber genauso oft situationsabhängig, d. h. bedingt durch die Umgebung, die Schreibaufgabe und das Thema.

Roses detaillierte und fundierte Beschäftigung mit Schreibblockaden hat wichtige Grundlagen geschaffen für alle, die sich mit diesem Thema wissenschaftlich beschäftigen wollen. Viele nachfolgende Forschende, aber auch viele Lehrende, beziehen sich auf Rose. Ein gutes Beispiel dafür ist das empfehlenswerte Werk *Understanding Writing Blocks* von Keith Hjortshoj (2001).

Fazit

Schreibstrategien sind, wie oben gezeigt, individuell unterschiedliche Vorgehensweisen im Schreibprozess, an deren Ende ein Textprodukt steht. Der Germanist Gisbert Keseling befasste sich in seiner Arbeit nicht nur mit erfolgreichen (in seiner Terminologie ‚geglückten') Schreibprozessen, sondern auch mit ‚nicht geglückten' – also mit Schreibschwierigkeiten, die zu Schreibblockaden führen (vgl. Keseling 2004, 11).

Schreibstörungstypen nach Keseling

Doch was sind Schreibblockaden und inwiefern unterscheiden sie sich von Schwierigkeiten beim Schreiben, die viele haben?

Keseling definiert in Anlehnung an den amerikanischen Schreibforscher Mike Rose Schreibblockaden als Unfähigkeit, den Schreibprozess zu beginnen oder fortzusetzen, wobei diese weder durch mangelnde Schreibfähigkeit noch durch mangelndes Engagement begründet werden kann. Das Ausmaß einer Blockade zeigt sich dabei durch die Dauer der unproduktiv verbrachten Zeit, in der weder geplant noch geschrieben wird (Rose 1984/2009, 3).

Definition Schreibblockaden

Keselings Hauptthesen lauten:
1. Die meisten Schreibstörungen sind auf ineffektive Schreibstrategien zurückzuführen.
2. Die Störungen lassen sich beheben, wenn es gelingt, ineffektive Strategien durch effektivere zu ersetzen (Keseling 2006, 197 f.).

Keselings Thesen

Keselings Anlehnung an Rose und sein daraus folgendes Verständnis von Schreibblockaden als Schreibprozesse, in denen der Situation unangemessene Strategien angewendet werden, waren im deutschsprachigen Raum neu. Bis dahin war man davon ausgegangen, dass Schreibblockaden entweder durch mangelndes Wissen über das jeweilige Textmuster und die erforderlichen Arbeitsschritte hervorgerufen werden (vgl. Kruse 1993, 7) oder auf psychischen Problemen beruhen, die dementsprechend psychotherapeutisch behandelt werden sollten (ein Überblick über psychologische Erklärungsansätze für Schreibblockaden findet sich bei Keseling 2004, 14).

Keseling stimmt mit anderen bekannten Schreibdidaktikern und Schreibdidaktikerinnen (z. B. Kruse 1993) darin überein, dass in vielen Fällen Defizite in der universitären Ausbildung zu Problemen führen können. Zum Beispiel kommt es häufig zu Schwierigkeiten beim Schreiben einer Hausarbeit, weil der Student von seinen Dozenten keine Informationen über das verlangte Textmuster erhält. Er weiß nicht, dass er nicht nur ein Thema braucht, sondern auch eine Fragestellung an das Thema; er hat noch nie geübt, Thesen zu bilden und argumentativ zu belegen und die vielen verschiedenen Zitationsstile können ebenfalls verwirren. Diesen Schwierigkeiten kann durch eine gründliche Ausbildung im wissenschaftlichen Schreiben vorgebeugt werden. Keseling würde sie daher eher als Anfängerschwierigkeiten bezeichnen und nicht mit Schreibblockaden gleichsetzen.

Schreibstörungen versteht Keseling als kognitive Störung, die aus mindestens vier voneinander unterscheidbaren Elementen besteht:

> „Den beobachtbaren *Symptomen*, einem häufig schwer definierbaren *Gefühl* von Unbehagen, Unzufriedenheit, Ärger oder Frust und den damit meistens verbundenen negativen Gedanken […], einem *neuralgischen Punkt*, oder einer *Schwierigkeit*, bei der der Abbruch etc. erfolgt und dem *Fehlverhalten*, mit Unterlassungen auf der einen Seite und ineffektiven Aktivitäten auf der anderen Seite." (Keseling 2004, 62; Herv. i. Org.)

Um diese nicht geglückten kognitiven Teilhandlungen näher zu bestimmen, wertete Keseling 114 Beratungsfälle aus dem Schreiblabor der Universität Marburg qualitativ aus. Als Datengrundlage dienten dabei erstens die Audiomitschnitte der wöchentlichen Schreibgruppensitzungen (in der Regel bestehend aus sieben Klienten und einer Leiterin) zwischen 1993 und 2000, aus denen ausführliche Protokolle erstellt wurden (vgl. Keseling 2004, 34f.). Hinzu kamen Gedächtnisprotokolle von Einzelinterviews und Erstberatungen.

Störungsphänomene Keseling destilliert typische Schreibstörungsphänomene heraus, die er in die zwei Hauptgruppen ‚Störungen beim Planen' und ‚Störungen beim Formulieren' unterteilt und in insgesamt fünf ‚Blockadetypen' klassifiziert. (In seiner Studie *Die Einsamkeit des Schreibers. Wie Schreibblockaden entstehen und erfolgreich bearbeitet werden können* von 2004 stellt er die Typen ausführlich anhand von Fallbeispielen vor.)

Erste Hauptgruppe: Störungen beim Planen

1. Konzeptbildungsprobleme bei frühzeitigem Starten (Anzahl: 16)
2. Probleme beim Zusammenfassen (Anzahl: 15)

Zweite Hauptgruppe: Störungen beim Formulieren

3. Unstimmige Konzepte, verbunden mit spätem Starten (Anzahl: 31)
4. Probleme mit dem inneren Adressaten (Anzahl: 14)
5. Der nicht verfügbare Adressat (Anzahl: 15)

Im Folgenden sollen die von Keseling beschriebenen fünf häufigsten Störungsformen kurz dargestellt werden. Sie schließen einander nicht aus, sondern können gemischt auftreten, wobei meist eine Form dominiert. (Die von Keseling angegebenen Fallzahl 60 für die Störungstypen stimmen nicht mit den von ihm angegebenen 114 Beratungsfällen überein.)

Frühzeitiges Starten kann nicht generell als problematische Herangehensweise bezeichnet werden. Produktiv ist es vor allem für Schreibende, denen die besten Einfälle während des Schreibens kommen. Problematisch wird es, wenn es zu keiner Phase der Konzeptbildung oder Textstrukturierung kommt. Im Ergebnis entstehen dann unzusammenhängende Textfragmente, die um einzelne Ideen herum geschrieben wurden. Der rote Faden und eine kohärente Argumentation fehlen jedoch. Schwierig wird es auch, wenn der Text frühzeitig und motiviert begonnen wird, dann aber liegenbleibt, wenn die erste Inspiration verflogen ist. Auf die nächste Phase der Inspiration zu warten ist gefährlich – denn meistens stellt sie sich nicht ein. Führt das frühe Starten zu Schreibblockaden, kommen nach Keseling folgende Merkmale zusammen:

> *1. Konzeptbildungsprobleme bei frühzeitigem Starten*

• Dem Autor fällt es leicht, schriftlich zu formulieren.
• Er ist allerdings nur motiviert, solange ihm Formulierungen sofort einfallen und er sich im Schreibfluss befindet.
• Solange ihm etwas Neues einfällt, vermeidet er es, das bislang Geschriebene zu lesen, d. h. der Text wird nicht überarbeitet.
• Bleiben die neuen Einfälle ganz aus, versucht er durch das Lesen der bereits verfassten Textpassagen neue Einfälle herbeizuführen und entdeckt dabei zwar Unzulängliches, tut sich aber schwer damit, den Text zu ändern.
• Auch wenn beim Lesen Mängel entdeckt werden, zieht er es vor, weiter zu schreiben, anstatt zu überarbeiten. Das Lesen dient hauptsächlich dazu, ins Schreiben zu kommen.
• Die in den Texten häufig vorhandenen logischen Brüche werden vom Autor nicht oder sehr spät bemerkt (vgl. Keseling 2006, 206 f.).

Diese Störungsform betrifft den Umgang mit wissenschaftlicher Literatur, die in die eigene Arbeit eingearbeitet werden soll. Oft wird zu viel aus der Sekundärliteratur herausgeschrieben und die Kernaussagen werden dabei nicht erfasst. Statt sich argumentativ mit dem Inhalt eines Textes auseinanderzusetzen, wird dieser nur referiert oder ‚abgeschrieben‘ – im ungünstigsten Fall als eine inhaltlich unzusammenhängende Zitatensammlung. Der Sinn der Referenztexte geht dabei oft verloren. Kernaussagen können nicht herausgefiltert werden, eigene Ideen werden nicht oder kaum entwickelt. Laut Keseling leidet dieser Schreibstörungstyp „unter einem zu großen Respekt vor dem Wortlaut des fremden Textes und unter einem zu geringen Vertrauen in die eigenen Fähigkeiten, fremde Texte zu rezipieren und zu verstehen" (Keseling 2006, 211). Folgende Phänomene lassen auf die geschilderte Störung schließen:

> *2. Probleme beim Zusammenfassen*

- Der Sinn des rezipierten Textes wird nicht zur Kenntnis genommen.
- Der Sinn des rezipierten Textes geht verloren.
- Der Sinn des rezipierten Textes wird in viele ‚Einzelsinne‘ zerlegt.

3. Unstimmige Konzepte bei spätem Starten

Im Gegensatz zu den Frühstartern bereiten die Spätstarterinnen ihren Text gründlich vor. Sie recherchieren und arbeiten sich in das Thema ein, haben aber Probleme mit dem Schreiben zu beginnen und geraten meist unter großen Zeitdruck. Ihnen fehlt ein stimmiges Konzept, eine Struktur, an der sie sich orientieren können. Keseling unterscheidet dabei drei Varianten: Bei der ersten liegt ein Thema vor, aber keine Fragestellung, mit der dieses Thema in sinnvollem Umfang bearbeitet werden könnte. Dies resultiert in einer Vielzahl von möglichen Konzepten oder Gliederungen, zwischen denen sich die Autorin nicht entscheiden kann. In der zweiten Variante liegt zwar zu Beginn eine klare Fragestellung vor, diese ändert sich jedoch im Laufe des Ausformulierens, so dass der entstehende Text immer weniger mit der ursprünglichen Fragestellung zu tun hat und inkohärent wird. Bei der dritten Variante wird eine der Textform unangemessene Strategie gewählt: Z. B. wird ein Praktikumsbericht so bearbeitet, als sei er eine Hausarbeit – und nicht ein persönlicher Erfahrungsbericht mit Darstellung des Lernprozesses. Typisch für diese Schreibstörung sind:

- Langsames Vorankommen,
- Viele verschiedene Gliederungen oder Konzepte,
- Das Thema ist nicht eingegrenzt, ‚alles‘ soll untergebracht werden.

4. Probleme mit dem inneren Adressaten

Die drei ersten Störungen lassen sich auf Probleme beim Planen zurückführen, während die letzten beiden Unstimmigkeiten zwischen den Autoren und ihren Adressaten zur Ursache haben. Viele Autoren stellen sich beim Schreiben zwar keine konkreten Personen vor, aus ihrem Schreibverhalten lässt sich nach Keseling jedoch schließen, dass sie ein bestimmtes Bild von ihren zukünftigen Lesern verinnerlicht haben, den so genannten ‚inneren Adressaten‘. Dieser kann wohlwollend sein – wenn er es jedoch nicht ist, kann er (oder sie) jedoch die Rolle eines inneren Zensors einnehmen und den Schreibprozess verlangsamen oder sogar blockieren. Der innere Zensor kann sich sowohl in einer ‚eigenen‘ unzufriedenen inneren Stimme äußern als auch das Gesicht einer konkreten Person, z. B. der Betreuerin einer Abschlussarbeit annehmen. Das Schreiben wird aufgeschoben und als qualvoll empfunden, um die ‚richtige‘ Formulierung wird gerungen. Es entsteht kein Schreibfluss und der Autor nimmt eine überkritische Haltung der eigenen Arbeit gegenüber ein. Typisch für diese Schreibstörung sind folgende Merkmale:

- Es wird spät mit dem Schreiben begonnen.
- Durch viele Pausen und häufig unterbrochenes Schreiben kommt kein Schreibfluss auf.
- Der Schreibende vergleicht sich mit vermeintlich erfolgreicheren Autoren.
- Während des Schreibens wird so häufig überarbeitet, dass es den Schreibfluss hemmt.
- Der Autor weiß, was er schreiben möchte, findet aber keine passenden Formulierungen.
- Das Schreiben wird als quälend empfunden und macht keinen Spaß.

Autorinnen, die unter der Störung leiden, die Keseling als ‚nicht verfügbarer Adressat' bezeichnet, können eigentlich schreiben. Sie formulieren flüssig und sobald sie in einer Situation schreiben, die einen sozialen Rahmen schafft (z. B. eine Schreibgruppe), fällt ihnen das Schreiben leicht. Zu Hause und auf sich allein gestellt sind sie jedoch unfähig, weiterzuarbeiten. Nach Keselings Beobachtungen lässt sich dieses Phänomen auf fehlende Anerkennung für die geleistete Arbeit und eine daraus resultierende Unlust zurückführen. Diese Autorinnen befällt eine nahezu unüberwindbare Demotivation, wenn sie Texte schreiben, von denen sie annehmen, dass sie nicht zeitnah geteilt und anerkannt werden. Sie finden es sinnlos, Texte zu produzieren, für die sich ihrer Meinung nach niemand interessiert. Diese Autorinnen sind in der Regel in der Schule gut oder sehr gut gewesen, haben aber von ihren Eltern keine Anerkennung für ihre Leistungen erhalten. Sie können nur mit einem anerkennenden Publikum schreiben. Typisch für diese Schreibstörung sind folgende Merkmale:

Marginalie: 5. Der nicht verfügbare Adressat

- Es wird spät mit dem Schreiben begonnen.
- Die Schreiberinnen können zwar in einer Schreibgruppe gut, aber auf sich alleine gestellt gar nicht schreiben.

Keselings Verdienst ist es, die Annahme zu widerlegen, dass es eine einzige typische Form der Schreibblockade gibt. Mit Fallbeispielen aus der Beratungspraxis zeigt er anschaulich, dass sich die ungeeigneten Schreibstrategien, die zu einer Blockade führen (können), stark voneinander unterscheiden. Bei den Störungstypen gibt es, wie auch bei den Schreibtypen, Mischformen. Zum Beispiel kann eine Studentin gleichzeitig Probleme beim Zusammenfassen und Probleme mit dem inneren Adressaten haben.

Marginalie: Fazit

Es gibt dabei keine von vorneherein ineffektiven oder effektiven Strategien. Ob eine bestimmte Strategie nützlich oder hinderlich ist, hängt von der jeweiligen Schreibaufgabe, der Textsorte und natürlich der Schreiberin oder dem Schreiber ab (vgl. Keseling 2006, 199). Schreibende stoßen während des Schreibprozesses oft auf Schwierigkeiten, die den Prozess zum Stocken bringen und Ideen versiegen lassen. Blockierte Schreibende kapitulieren an dieser Stelle, während sich ein geübter und nicht blockierter Schreiber zu helfen weiß und durch bestimmte Methoden oder eine andere Schreibstrategie den Schreibprozess in Gang halten kann.

Die Neurologin Alice W. Flaherty (2004) befasst sich mit medizinisch erklärbaren Fällen von Schreibblockade und Schreibrausch, um Informationen über Schreib- und Kreativitätsprozesse zu sammeln.

Marginalie: Schreibstörungen

Aus neurowissenschaftlicher Sicht sind bestimmte Schreibstörungen Abweichungen von den ‚normalen' Funktionen des Gehirns. Eine Arbeitshypothese der Neurowissenschaften ist es, dass unser Gehirn modular aufgebaut ist, d. h. dass verschiedene Teilbereiche des Gehirns für verschiedene Aufgaben zuständig sind. Diese These wird bestätigt durch Menschen mit Gehirnverletzungen, die zum Ausfall bestimmter Fähigkeiten führen und andere unberührt lassen, statt alle Fähigkeiten gleichmäßig ein bisschen einzuschränken. Das gilt auch für Schreibfähigkeiten. Manche Gehirnverletzungen können dazu führen, dass Menschen nicht mehr in der Lage sind, zu schreiben (Agraphie). Andere führen dazu, dass Menschen wie besessen schreiben (Hypergraphie). Manchen Verletzten fällt das Schreiben sehr

Marginalie: Neurowissenschaftliche Sicht

schwer und sie haben Schwierigkeiten, Buchstaben und Worte aneinander zu reihen (motorische Agraphie). Bei anderen ist das Schreiben zwar flüssig, aber die Texte ergeben keinen Sinn (sensorische Agraphie). Es gibt sogar das seltene Phänomen, dass Menschen nach einer Verletzung zwar noch schreiben, aber nicht mehr lesen können, obwohl der Sehsinn intakt ist (Alexie ohne Agraphie). Daraus lassen sich Rückschlüsse auf die Lokalisierung von – medizinisch gesprochen – Schreibzentren im Gehirn ziehen. Allerdings muss relativierend hinzugefügt werden, dass Fähigkeiten immer miteinander vernetzt sind und dementsprechend voneinander abhängen. Um einen Satz zu schreiben, muss ich z.B. auch in der Lage sein, ein Schreibgerät in die Hand zu nehmen und zu bedienen, was andere Bereiche im Gehirn aktiviert als die Formulierungstätigkeit. Die Schreibfähigkeiten sind hauptsächlich in der Gehirnrinde, dem Kortex, lokalisiert. Dabei sind insbesondere die Schläfenlappen interessant. Die so genannte Schläfenlappen-Epilepsie kann – neben anderen Symptomen – Schreibrausch auslösen (Sachdev/Waxman 1981). Berühmt gewordene Schläfenlappen-Epileptiker waren Fjodor Dostojewskij und Gustave Flaubert. Für die Motivation und für weitere für das Schreiben wichtige Funktionen wie Lernen, Erinnern, soziale Bindungen und vor allem für Emotionen ist das limbische System zuständig. Nach derzeitigem Forschungsstand scheint es auch keine Gehirnregionen zu geben, die eindeutig und ausschließlich der Schreibfähigkeit dienen (vgl. Flaherty 2004, 241).

Fazit   Diese neurologische Perspektive auf Schreibblockaden kann eine interessante Ergänzung zu den oben dargestellten Theorien bieten, nach denen Schreibblockaden Koordinationsstörungen im Prozessablauf sind, die sich durch effektivere Strategien handhaben lassen. Es besteht also auch die Möglichkeit, dass Schreibblockaden mit Störungen von Gehirnregionen zusammenhängen, die medizinische Ursachen haben. Flaherty schließt nicht aus, dass die Stimulation bestimmter Gehirnregionen durch magnetische Impulse dazu beitragen könnte, Schreibblockaden zu behandeln. Die Mühe des Texteverfassens wird indes wohl auch in Zukunft niemandem erspart bleiben.

IV. Einführung in Methoden der Schreibprozessforschung und der Schreibdidaktikforschung

Die Fragestellungen, mit denen sich die Schreibprozessforschung und die Schreibdidaktikforschung (im Folgenden: Schreibforschung) beschäftigen, sind so vielfältig wie die Methoden, mit denen sie bearbeitet werden und die Disziplinen, die sich mit dem Schreiben beschäftigen. Forschende stammen z. B. aus der Psychologie, der Soziologie, der Erziehungswissenschaft, der Linguistik, der Literaturwissenschaft, der Ethnografie oder den Neurowissenschaften.

So könnte man, um die Frage zu beantworten, ob und inwiefern während eines Studiums eine Entwicklung der Schreibkompetenzen stattfindet, beispielsweise die Selbsteinschätzung der Studierenden untersuchen, indem man sie jedes Semester bittet, einen Fragebogen auszufüllen oder indem man sie in regelmäßigen Abständen interviewt. Stattdessen oder zusätzlich könnten aber auch die Texte, die die Studierenden verfassen, analysiert werden.

Im Folgenden werden verschiedene methodische Ansätze vorgestellt und ergänzt um ein kurzes Glossar typischer Methoden.

1. Qualitative und quantitative Forschungsmethoden

Die Schreibforschung gehört zu den so genannten ‚empirischen Wissenschaften'. Als empirisch bezeichnet man „Aussagen oder Aussagensysteme, die sich direkt oder indirekt auf Erfahrungen beziehen und an ihnen überprüfen lassen" (Fuchs u. a. 1988, 186), d. h. es werden Daten erhoben und ausgewertet. (Nicht-empirische Wissenschaften sind z. B. die Mathematik oder die Philosophie, da in diesen Disziplinen Erkenntnisse gewonnen werden, ohne auf Erfahrungen zurückzugreifen, d. h. ohne Daten aus der realen Welt zu untersuchen.) Schreibforschung als empirische Wissenschaft

Grundsätzlich wird in der empirischen Forschung zwischen quantitativen und qualitativen Forschungsverfahren unterschieden (vgl. z. B. Diekmann 2011).

Quantitative Forschung untersucht Phänomene, die sich in Zahlen fassen und statistisch auswerten lassen. Fragebögen mit vorgegebenen Ankreuzmöglichkeiten sind typische Instrumente der quantitativen Forschung. Generell kann alles, was zählbar ist, quantitativ ausgewertet werden. In der quantitativen Schreibforschung könnte man z. B. die Noten, die Studierende auf Hausarbeiten erhalten haben, miteinander vergleichen, um zu überprüfen, ob in den Texten über mehrere Semester hinweg eine Entwicklung der Schreibkompetenz stattfindet. Oder man könnte die vorliegenden Texte quantitativ auswerten, indem man zählt, wie oft bestimmte Wörter vorkommen. Auch die neurolinguistische Schreibforschung geht quantitativ vor: Quantitative Forschung

Z. B. können Tastenanschläge (Keystrokes) am Computer untersucht werden, die Hirnaktivität beim Schreiben, oder die Augenbewegungen am Bildschirm (Eyetracking). In der quantitativen Forschung wird in der Regel angenommen, dass jedes Phänomen bestimmte Ursachen hat (Kausalitätsprinzip), wie z. B., dass die Ursache für Pausen beim Tippen komplexe Denkvorgänge sein könnten oder dass komplexe Satzkonstruktionen auf hohe Schreibkompetenzen hindeuten könnten.

Qualitative Forschung

Die qualitative Forschung geht dagegen eher davon aus, dass soziale Phänomene nicht durch kausale Gesetze bestimmt werden, sondern dass Menschen aufgrund von Bedeutungen handeln, die sie bestimmten Dingen beimessen und die sie in der Interaktion mit anderen Menschen ausgehandelt und entwickelt haben. Nach Marotzki (1999) möchte die qualitative Sozialforschung die einzelnen Menschen und ihre Bezüge zur alltäglichen Lebenswelt verstehen. Sie möchte den subjektiv gemeinten Sinn oder objektive Bedeutungen aufdecken, die mit Handlungen einhergehen und aus der Perspektive des Subjekts nachvollziehen, welche Regeln hinter dessen Handlungen stehen. Die qualitative Forschung würde also eher danach fragen, warum eine einzelne Schreiberin sehr komplexe Satzstrukturen verwendet. Sie würde versuchen zu rekonstruieren, welchen Sinn diese einzelne Schreiberin darin sieht, komplexe Sätze zu konstruieren und wie sie zu diesem Sinnverständnis kam. Die Forschungsmethoden in der qualitativen Forschung bilden daher ein breites Spektrum: von sehr offenen Forschungsstrategien wie der Grounded Theory (Strauss/Corbin 1996) oder der Ethnografie (Lillis 2008) bis hin zu sehr regelgeleiteten Analysemethoden wie der qualitativen Inhaltsanalyse (Mayring 2008).

Mixed Methods

In der deutschsprachigen Soziologie werden quantitative und qualitative Methoden häufig als Gegensatz betrachtet (vgl. Kelle/Erzberger 2003, 299). Die Schreibforschung ist in dieser Hinsicht pragmatischer und es finden sich in vielen Forschungsdesigns Mischformen, die auch als ‚mixed methods design‘ bezeichnet werden. Außerdem wird in vielen Schreibforschungsprojekten ‚trianguliert‘, d. h. die gleiche Fragestellung wird mit unterschiedlichen Methoden untersucht.

2. Datenerhebung

Die Daten werden mit verschiedenen Mitteln festgehalten und dokumentiert: Typisch sind Audio- und Videoaufzeichnungen, die meist transkribiert und zur Auswertung aufbereitet werden. Auch handschriftliche Notizen der Forscherin zum Geschehen im Seminarraum sind wichtige auszuwertende Daten.

Art der erhobenen Daten

Die für die Schreibforschung erhobenen Daten können also sehr unterschiedlich sein:

- Schreibproduktdaten, also Texte. Dass aufgrund von Texten Rückschlüsse auf Schreibprozesse gezogen werden können, ist inzwischen widerlegt (vgl. Krings 1992, 52). Man kann Texte aber z. B. dafür nutzen, die Entwicklung der Schreibenden über mehrere Texte hinweg nachzuvollziehen oder die Schreibkompetenz verschiedener Schreiber miteinander zu vergleichen.

- Observationale Prozessdaten, also Daten, die aus der Beobachtung des Schreibprozesses gewonnen werden; z. B. könnten die Handbewegungen beim Schreiben gefilmt werden (vgl. Rose 1984).
- Verbale Prozessdaten, z. B. mit der Methode der ‚Think-aloud-Protokolle‘ oder der ‚Retrospektive Protocols‘, siehe unten.
- Zusatzdaten, die nicht schreibbezogen sind, z. B. Intelligenztests, Abiturnoten etc.

Das Setting der Datenerhebung kann ebenfalls sehr verschieden sein: Extreme stellen die reine Laborforschung und die reine Feldforschung dar. Bei der Laborforschung gibt es klassischerweise eine ‚Versuchsgruppe‘, die einer experimentellen Manipulation ausgesetzt wird, und eine ‚Kontrollgruppe‘, die mit dieser Maßnahme nicht konfrontiert wird. Durch den Vergleich der beiden Gruppen lässt sich daher die Effektivität der Maßnahme ermitteln. Feldforschung bedeutet in der soziologischen Terminologie, dass man ‚ins Feld‘ geht, also einen sozialen Kontext unter seinen gewöhnlichen Bedingungen betrachtet. Zum Beispiel geht eine Schreibforscherin ‚ins Feld‘, wenn sie am Deutschunterricht teilnimmt, um herauszufinden, wie das Schreiben in der Schule gelehrt wird. Die Reaktionen des Feldes auf die Forscherin (also in dem Fall die Reaktionen der Schüler und Schülerinnen und des Lehrers) werden von der Forscherin reflektiert und miteinbezogen. *(Randspalte: Laborforschung und Feldforschung)*

Auch die Schreibenden selbst spielen eine wichtige Rolle bei der Datenerhebung. Welche Schreibenden im Mittelpunkt der Untersuchung stehen, hängt stark von der Fragestellung ab: Werden die Ergebnisse einer einzelnen Person miteinander verglichen, um eine Schreibentwicklung festzustellen? Oder werden die schwachen und starken Schreiberinnen miteinander verglichen, um Kompetenzniveaus zu definieren? Welche und wie viele Menschen werden mit welchem Ziel untersucht? Sind die Versuchspersonen alle in einem Alter, z. B. Studienanfänger? Haben sie alle den gleichen Beruf? Haben sie einen ähnlichen Grad der Schreibkompetenz? Abgesehen von der sozialen Zusammensetzung der Versuchspersonen werden Studien differenziert nach der Anzahl der untersuchten Personen: Werden Einzelfälle exemplarisch herausgegriffen, z. B. drei Studierende, die die Schreibberatung aufgesucht haben? Gibt es eine Versuchsgruppe, die beobachtet wird, z. B. ein Seminar, in dem bestimmte schreibdidaktische Methoden ausprobiert wurden? Oder gibt es eine ganze Kohorte, d. h. eine größere Gruppe, die zu einem bestimmten Zeitpunkt eine biografische Gemeinsamkeit aufweist, wie z. B. die Studienanfängerinnen des Jahres 2012? *(Randspalte: Schreibende als Forschungssubjekte)*

Die Verwendung eines bestimmten Schreibmediums und dessen Einfluss auf den Schreibprozess oder die Textsorte ist ebenfalls ein Thema der Schreibforschung. Zum Beispiel gibt es Untersuchungen darüber, ob das Schreiben mit vielen Abkürzungsformen oder Emoticons wie Smileys in elektronischen Medien negative Auswirkungen auf die Schreibkompetenz hat. (Hat es nicht ☺, vgl. *Kapitel V.3, Stanford Study of Writing*). *(Randspalte: Schreibmedium)*

Und nicht zuletzt ist die Schreibaufgabe selbst wichtig. Werden Schreibprozesse und Textsorten untersucht, die den Versuchspersonen bereits vertraut sind oder werden sie mit völlig unbekannten Schreibaufgaben konfrontiert? (Vgl. *Kapitel V.2, Carol Berkenkotter: Decisions and Revisions. The Planning Strategies of a Publishing Writer*). *(Randspalte: Schreibaufgabe)*

Datenerhebung　Die empirische, auf Datenauswertung beruhende Schreibforschung geht also einerseits davon aus, dass der Schreibprozess aus Handlungen besteht, die beobachtbar sind, wie z. B. dem Lesen, dem Nachschlagen und natürlich dem Schreiben selbst. Andererseits gibt es nicht-beobachtbare mentale Prozesse wie die Suche nach Inhalten oder geeigneten Formulierungen (vgl. Becker-Mrotzek 1997, 99). Um diese nicht-beobachtbaren mentalen Prozesse fassbar zu machen, hat die Schreibforschung einige spezielle Methoden entwickelt. Zum Beispiel werden die Schreibpausen (deren Lage und Länge) gemessen, weil davon ausgegangen wird, dass während des Innehaltens mentale Prozesse stattfinden (vgl. Becker-Mrotzek 1997, 99).

Im Folgenden werden einige methodische Werkzeuge der Datenerhebung vorgestellt, die oft in Schreibforschungsprojekten genutzt werden.

Fragebogen-
erhebungen　Es gibt Fragebögen mit so genannten ,offenen' oder ,geschlossenen' Fragen. Bei offenen Fragen wird ein individueller Fließtext geschrieben, z. B. zur Beantwortung der Frage „Wie gehen Sie beim Schreiben vor?" Bei geschlossenen Fragen sind die Antwortmöglichkeiten vorgegeben, z. B. ,ja' oder ,nein' auf die Frage „Haben Sie schon einmal eine Hausarbeit abgebrochen?" Mehrstufige Antwortmöglichkeiten – oft als ,Likert-Skalen' bezeichnet – prüfen persönliche Einschätzungen. Die Aussage „Ich hole mir für meine Hausarbeiten Textfeedback von Kommilitonen." kann auf einer Fünfer-Skala z. B. mit ,trifft ganz genau zu', ,trifft eher zu', ,teils, teils', ,trifft eher nicht zu' und ,trifft gar nicht zu' beantwortet werden (vgl. Diekmann 2011).

Interviews　Interviews unterscheiden sich danach, wie wenig oder stark sie strukturiert sind. So gibt es offene Formen wie ,narrative Interviews', halb strukturierte Formen wie ,problemzentrierte Interviews' und stark strukturierte Formen wie ,Leitfadeninterviews' (vgl. Marotzki 1999).

Narrative Interviews　Für die Schreibforschung könnten sich die genannten Formen folgendermaßen unterscheiden: Bei narrativen Interviews ist der Verlauf völlig offen, es gibt lediglich eine Einstiegsfrage, die als Aufforderung für den Befragten dient, mit der Erzählung (Narration) über ein bestimmtes biografisches Thema zu beginnen. Eine solche Frage könnte lauten „Wie gehen Sie beim Schreiben vor?" Wenn der Befragte von sich aus mit der Erzählung fertig ist (und erst dann!), kann die Interviewerin Verständnisfragen stellen oder zusätzliche Aspekte ansprechen, die ihr wichtig erscheinen.

Problemzentrierte
Interviews　Problemzentrierte Interviews sind Interviews, die ein bestimmtes Problem umkreisen, ohne dass ein Fragenkatalog komplett abgearbeitet werden muss (vgl. Witzel 2000). Vielmehr versucht die Forscherin ein Gespräch so zu lenken und zuzuspitzen, dass ein Dialog zum Thema entsteht. Beim problemzentrierten Interview würde die Forscherin also nicht nur die Eingangsfrage stellen („Wie gehen Sie beim Schreiben vor?"), sondern könnte darüber hinaus jederzeit Verständnisfragen formulieren oder weitere Aspekte einbringen, die ihr aufgrund ihres Vorwissens wichtig erscheinen.

Leitfadeninterviews　Bei Leitfadeninterviews bildet die Forscherin vorher Hypothesen, aus denen sie Interviewfragen entwickelt und verschriftlicht, den so genannten ,Leitfaden'. Die Fragestellung eines Schreibforschungsprojekts lautet z. B.: „Besteht ein Zusammenhang zwischen Schreibblockaden und schulischen Schreiberfahrungen?" Die vorher entwickelten Hypothesen sind z. B., dass es für die Entwicklung der Schreibkompetenz förderlich ist, positive Rückmeldungen zu erhalten. Daraufhin formuliert die Forscherin Fragen für das

Leitfadeninterview, z. B.: „Was ist Ihre früheste Erinnerung an das eigene Schreiben?", „Welche Erfahrungen haben Sie mit Lehrern in Bezug auf Ihr Schreiben gemacht?", „Wie haben Ihre Eltern auf Ihre schulischen Texte reagiert?", etc.

Es gibt noch viele weitere Interviewformen innerhalb dieses Spektrums. So sind biografische Interviews eine spezielle Form narrativer Interviews. Dabei berichtet der Interviewte über spezifische biografische Erfahrungen, wie etwa über wichtige Stationen des eigenen Schreiblernprozesses. *Biografische Interviews*

Experteninterviews sind eine Methode, mit der das implizite Wissen von Experten expliziert werden soll. Als Experten gelten Menschen, die eine Expertise zur Lösung bestimmter Probleme in bestimmten Verantwortungsbereichen haben. In der Schreibprozessforschung können beispielsweise wissenschaftliche Mitarbeiterinnen, die regelmäßig bestimmte Texte bewerten müssen, als Experten für die Beurteilung eines Textes gelten und aus den Interviews mit ihnen können dann Kriterien für die Bewertung von Texten abgeleitet werden (vgl. Bogner u. a. 2009). *Experteninterviews*

Gruppendiskussionen nutzen die kommunikative Situation in einer Gruppe, um kollektive Meinungen zu erfragen. Durch eine möglichst natürliche Gesprächssituation innerhalb der Gruppe, bei der die Forscherin am besten nur einen anfänglichen Gesprächsimpuls gibt, sollen im Gespräch Orientierungen, Meinungen und Einstellungen der Gruppe zutage treten. So könnten etwa durch eine Gruppendiskussion unter studentischen Schreibberatern andere Daten generiert werden als in Einzelinterviews, weil deutlich werden könnte, welche Erfahrungen und Einstellungen diese spezielle Gruppe Studierender teilt – oder auch nicht teilt (vgl. Bohnsack 1997). *Gruppendiskussionen*

Um die erhobenen Daten auswerten zu können, ist es wichtig, sie aufzuzeichnen. Interviews werden in der Regel als Audiodateien aufgenommen, Schreibsituationen können aber auch (audio-)visuell dokumentiert werden: Bei Videoaufzeichnungen werden Schreibende während des Schreibens aufgenommen. Dies kann in natürlichen Schreibsituationen geschehen (z. B. während des Schulunterrichts), aber auch in experimentellen Settings im Labor. *Aufzeichnungsmethoden*

Bei Think-aloud-Protokollen, bei Janet Emig auch Compose-aloud-Protokolle genannt, verbalisieren die Schreibenden alles, was sie sehen, denken, tun und fühlen. Dabei wird davon ausgegangen, dass die gleichzeitige mündliche Kommentierung einer Handlung – in diesem Fall des Schreibens – Rückschlüsse auf die parallel ablaufenden kognitiven Entscheidungsprozesse zulässt. Think-aloud-Protokolle werden in der Regel visuell aufgezeichnet und oft im Anschluss von den Schreibenden noch einmal kommentiert. Eine Alternative zum gleichzeitigen Schreiben und Verbalisieren (wegen der Gleichzeitigkeit auch Concurrent Think-aloud genannt) stellt das Retrospective Think-aloud dar, bei dem nicht bereits beim Schreiben ‚laut gedacht' wird, sondern im Anschluss, während die Probanden sich die Aufzeichnung ihres Schreibprozesses ansehen (auch bezeichnet als retrospective protocol oder retrospective report). *Think-aloud-Protokolle*

Verfeinerte Aufzeichnungsmethoden sind Keystrokeaufzeichnungen, bei denen notiert wird, welche Tasten der Tastatur wann genutzt wurden (und auch mit welchem Druck) und Eyetrackingaufzeichnungen, bei denen die Augenbewegungen darüber Aufschluss geben, wie oft Schreibende auf den *Keystrokeaufzeichnungen*

Text zurückblicken und wohin. Ziel dabei ist es, herauszufinden, wie die kognitiven Prozesse Schreibender ablaufen, wenn sie etwa den nächsten Satz oder das nächste Wort planen.

Elektroenzephalografie

Aufzeichnen kann man auch Aktivitäten des Gehirns. So wird bei der Elektroenzephalografie (EEG) die elektrische Spannung an der Kopfhautoberfläche gemessen. Bei der funktionellen Magnetresonanztomografie (fMRT) kann man feststellen, in welchen Gehirnbereichen erhöhte Aktivitäten zu verzeichnen sind, da diese durch verstärkte Durchblutung und erhöhten Sauerstoffverbrauch gekennzeichnet sind. Aufzeichnungen von Gehirnaktivitäten bei Schreibprozessen sollen Aufschluss darüber geben, welche Bereiche unseres Gehirns zusammenarbeiten, während wir schreiben.

Beobachtungen

Beobachtungen ermöglichen es Forschenden, sich selbst ein Bild zu machen, statt den Umweg über verbale oder schriftliche Darstellungen der Schreibenden zu nehmen. Unterschieden werden Beobachtungen, bei denen die Forschenden außen stehen, von so genannten teilnehmenden Beobachtungen, bei denen die Forschenden selbst Teil des Forschungsfeldes werden. So sind beobachtende Schreibforschende in Schulklassen eher Außenstehende. In Schreibzentren könnten sie dagegen selbst Schreibberatungen in Anspruch nehmen, um sich ein Bild davon zu machen, wie sie funktionieren. Beobachtungen sind damit verbunden, dass die Forschenden sich umfangreiche Notizen machen (oft als ‚dichte Beschreibungen' bezeichnet) und ihre eigene Rolle reflektieren.

Texte

In der Schreibforschung sind insbesondere die entstehenden oder bereits entstandenen Texte selbst Daten. Allerdings besteht seit längerem Konsens darüber, dass die Analyse von Texten keinen Aufschluss über die Schreibprozesse geben kann: „Zwischen Schreibprozessen und Schreibprodukten bestehen [… keine linearen Beziehungen. Das heißt: Die Produkte sagen wenig oder gar nichts darüber aus, welche Prozesse ihnen vorausgegangen sind." (Krings 1992, 48). Auch wenn sich aus einem fertigen Text keine Rückschlüsse darauf ableiten lassen, wie dieser entstanden ist, kann man doch verschiedene Versionen miteinander vergleichen, Streichungen und Umstellungen in Manuskripten zurückverfolgen oder unterschiedliche Texte derselben Schreibenden in verschiedenen Entwicklungsstadien vergleichen. Verglichen werden auch Texte, die in experimentellen Schreibsituationen entstehen, z. B. nach bestimmten Anleitungen. So könnte untersucht werden, ob ein Text besser wird, wenn die Schreibenden vorab eine Gliederung erstellen oder wenn sie vor dem Schreiben in einer Videoaufzeichnung sehen können, in welchen Schritten ein anderer Schreiber eine ähnliche Aufgabe bewältigt. Allerdings stellt sich die Frage, anhand welcher Kriterien bewertet werden soll, ob ein Text nach einer Intervention ‚besser' ist als vorher. Manchmal werden dafür Rating-Verfahren genutzt (siehe unten).

3. Analysemethoden

Textanalysen

Textanalysemethoden umfassen die Auswertung sowohl von Studierendentexten als auch von Notizen oder Memos der Forscherin sowie von transkribierten Interviews oder Videoaufnahmen. Auch diese können quantitativ oder qualitativ orientiert sein. Viele linguistische Methoden sind quantitativ,

z. B. werden bestimmte Wortgruppen definiert, ausgezählt und statistisch ausgewertet. Meist geschieht dies mit Hilfe von Software, z. B. der Statistiksoftware SPSS.

Bei qualitativen Textanalysen werden oft Kategorien gebildet. Die Kategorien werden dann nach und nach auf immer abstrakteren Niveaus zusammengefasst. Von welchen Regeln man sich bei der Kategorienbildung und Abstraktion leiten lässt, hängt ab von der gewählten Methode der qualitativen Textanalyse. Bei der qualitativen Inhaltsanalyse entstehen oft umfangreiche Tabellensysteme, aus denen Aussagen abgeleitet werden. Bei der Grounded Theory dagegen können verschiedenen Kreativitätstechniken genutzt werden. Während der Datenanalyse entstehen dabei z. B. auch Grafiken. Auch qualitative Textanalysen werden oft mit Hilfe von Software durchgeführt, damit die Forschenden den Überblick über die vielen Kategorien und Forschungsnotizen behalten können (z. B. MaxQDA oder ATLASti).

Ratingverfahren sind eine quantitative Methode zur Einschätzung der Qualität von Texten. Das heißt, dass den so genannten ‚Ratern' Texte vorgelegt werden, die diese korrigieren und bewerten. In der Regel wird jeder Text von mehreren Ratern geprüft, damit verglichen werden kann, ob die Einschätzung der Textqualität ähnlich ist und ein Wert für die Textqualität errechnet werden kann. Statistisch kann man mit der Errechnung der ‚Interraterreliabilität', also der Zuverlässigkeit der Rater im Vergleich zueinander, überprüfen, ob die Rater gut gearbeitet haben. Dies ist die Voraussetzung dafür, vorhandene Zusammenhänge ermitteln zu können (vgl. Wirtz/Caspar 2002, 15 ff.). Die Rater sind entweder erfahrende Korrektoren (Schullehrer oder Universitätsdozentinnen) oder Personen, die für das Textrating speziell geschult wurden. Für die *Aufsatzstudie Ost* (Hartmann, Jonas 1996) oder die *Hamburger Aufsatzstudie* (Harmann 1989) rateten Lehrer, während für das *Zürcher Sprachfähigkeitenprojekt* (Nussbaumer/Sieber 1994) auch Studierende geschult wurden. Es werden entweder Schulnoten oder Punkte vergeben oder auch ‚Rating Scales' oder Bewertungsraster verwendet, die ausgehend von den Anforderungen an den Text entwickelt wurden. Diese können allgemeine Kategorien enthalten wie ‚Rechtschreibung', ‚Grammatik', ‚These und Argumentation' und ‚Stil' (Rose 2009/1984) oder auch globale, auf den Inhalt bezogene wie ‚Gesamtidee', ‚thematische Entfaltung', ‚Grad an Implizitheit/Explizitheit', ‚Rezipientenführung' und ‚ästhetische Angemessenheit' (Nussbaumer/Sieber 1994).

Textrating wird in der Regel eingesetzt, um zu prüfen, auf welchem Stand der Schreibkompetenz sich eine bestimmte Gruppe von Schreibenden zu einem bestimmten Zeitpunkt befindet. Diese Gruppe könnte dann mit einer anderen Gruppe verglichen werden (z. B. Studierende der Wirtschaftswissenschaften in den Universitäten A, B und C). Eine andere Variante ist, Texte einer Gruppe zu verschiedenen Zeitpunkten zu überprüfen, um nachzuvollziehen, ob eine Entwicklung der Schreibkompetenz stattfindet (z. B. Texte von Studierenden der Wirtschaftswissenschaften in Universität A im 1., im 3. und im 5. Semester).

Die Entwicklung von Schreibkompetenz bei Studierenden untersuchen z. B. Diedrich (1974) oder Haswell (2000); die Entwicklung von Textsortenkompetenz in der Grundschule Augst u. a. (2007).

Text-Rating

V. Schreibforschungsprojekte

Dieses Kapitel stellt Studien vor, die zeigen, wie einige der im vorangegangenen Kapitel erläuterten Methoden eingesetzt wurden.

1. Quantitative Studien

Die Daten quantitativer Studien, die Schreibkompetenz untersuchen, werden meist durch Fragebögen erhoben bzw. bestehen aus Texten (Text Korpora), die in natürlichen Situationen oder in experimentellen Settings entstanden sind. Oft gibt es auch gemischte Textkorpora. Darüber hinaus werden oft Rating-Verfahren eingesetzt, in denen die Texte von Experten eingeschätzt werden (vgl. *Kapitel VI.1, Qualitative und quantitative Forschungsmethoden*).

Verfasserreferenz

Ein Beispiel für eine vorwiegend quantitative, textbasierte Studie ist die Untersuchung von Thorsten Steinhoff (2007). 296 Hausarbeiten von 72 Studierenden aus unterschiedlichen sozial- und geisteswissenschaftlichen Fächern bildeten hier die Datenbasis. Diese wurden mit zwei weiteren Textkorpora verglichen, die aus wissenschaftlichen und journalistischen Texten bestanden. Für die quantitative Analyse wurden in den Texten Belege für bestimmte sprachliche Phänomene gesucht und ausgezählt, so dass man beispielsweise sehen konnte, wie oft eine so genannte Verfasserreferenz ("ich", "meines Erachtens" etc.) pro 1000 Wörter Text vorkam. Um statistisch fundierte Aussagen treffen zu können, wurden zusätzlich Standardabweichungen berechnet (Steinhoff 2007, 161). Anhand dieser sprachlichen Phänomene nahm Steinhoff Einschätzungen darüber vor, wie sich wissenschaftssprachliche Schreibkompetenz bei Studierenden entwickelt. Kontrolliert wurden diese Einschätzungen zusätzlich durch ein Rating-Verfahren. Ergänzend wurde außerdem eine qualitative Sprachgebrauchsanalyse durchgeführt, der Einsicht folgend, dass "sich zahlreiche Phänomene des wissenschaftlichen Sprachgebrauchs nicht einfach ‚auszählen' lassen" (Steinhoff 2007, 162). Gezeigt werden konnte auf diese Weise, dass sich im Laufe des gesamten Studiums eine Entwicklung der Schreibkompetenz vollzieht und dabei drei Stufen durchläuft: von Imitationen wissenschaftlicher Stilmittel über das Verständnis der Funktion solcher Stilmittel hin zu einem kontextadäquaten Sprachgebrauch.

Textvergleich im ersten und dritten Studienjahr

Ähnlich wie Steinhoff war auch Richard Haswell (2000) für eine Studie vorgegangen, bei der er Texte derselben Studierenden aus dem ersten und dritten Collegejahr daraufhin verglich, wie sie bestimmte Sprachhandlungen vollzogen und diese mit Texten von Profis abglich. Auch Haswell wollte zeigen, wie sich eine normale Entwicklung der Schreibkompetenz von Studierenden mit statistischen Mitteln abbilden lässt. Er stellte fest, dass bei den meisten Studierenden eine Entwicklung stattfindet, dass sich aber auch einige unter denselben Bedingungen wie ihre Kommilitonen kaum entwickeln

(Haswell 2000, 333). Abschließend stellt er fest, dass die Abbildung großer Zahlen den Blick auf einzelne Schreibende verstellen kann und plädiert dafür, dass quantitative Verfahren und qualitative Verfahren einander ergänzen sollten. Tatsächlich finden sich in den meisten quantitativen Erhebungen auch qualitative Anteile, wie oben für Steinhoff beschrieben oder auch bei Fragebogen-Erhebungen in Form von ergänzenden, offenen Fragen.

Im Folgenden werden drei überwiegend quantitativ ausgerichtete Studien genauer vorgestellt, die sich in der Größe und Art der Stichprobe, aber auch der Methodik voneinander unterscheiden: die *National Survey of Student Engagement* (NSSE) von 2008, die *Freiburger Studie zu Schreibproblemen im Studium* von 2000 und die *Studie zur Erforschung Literaler Kompetenzen von Studierenden* an der Universität Bielefeld (2009–2011).

Viele Studien in den USA untersuchen die Auswirkungen von schreibintensiver Lehre sowohl bei Studierenden als auch bei Lehrenden. Eine quantitative Studie, die unter anderem die Entwicklung von Schreibkompetenzen abfragt, ist die US-amerikanische NSSE-Studie (National Survey of Student Engagement) von 2008.

Die NSSE-Studie 2008

Die NSSE untersucht seit 2000 jährlich, wie BA-Studierende an Hunderten von Hochschulen in den USA ihre Studienzeit verbringen und was sie aus ihrem Studium mitnehmen. Die Ergebnisse werden in Relation gesetzt zu den von den Institutionen gewünschten Lernergebnissen der Studiengänge, um festzustellen, welche Studienmodelle gut funktionieren und welche verbessert werden müssten. Die Studie arbeitet mit Fragebögen, wobei die Items (Aussagesätze oder Fragen) auf den Fragebögen jährlich auf der Basis empirisch gesicherter Ergebnisse zu ,good practices' erstellt werden. Das heißt, sie basieren auf aktuellen Erkenntnissen der Lehr-Lernforschung darüber, was ,gutes Lernen' ausmacht. Als Kernkategorien für gute Lernmöglichkeiten wurden festgehalten:

- Akademisches Niveau
- Aktives und kollaboratives Lernen
- Interaktionen zwischen Lehrenden und Studierenden
- Bereichernde Bildungserfahrungen
- Unterstützungsangebote der Universität (vgl. http://www.nsse.iub.edu/ und http://comppile.org/wpa+nsse/index.htm)

Die Studie wurde anfangs mit Stiftungsgeldern finanziert und kann sich mittlerweile selber tragen, da die Hochschulen für ihre Teilnahme bezahlen müssen. Die Hochschulen nutzen die Ergebnisse einerseits, um ihre Arbeit zu evaluieren und andererseits, um bei guten Ergebnissen damit werben zu können. Im Jahr 2008 nahmen an der Studie 774 Hochschulen teil und es wurden insgesamt 380.000 zufällig ausgewählte Studierende befragt.

Für die Studie im Jahr 2008 gab es eine Zusammenarbeit der NSSE-Forscher mit dem *Council of Writing Program Administrators* (WPA), um in der Befragung mehr Erkenntnisse über den Zusammenhang von Schreiben und Lernen zu gewinnen. Der gemeinsam erarbeitete Fragenkorpus wurde im Rahmen der NSSE-Studie an 82 zufällig ausgewählten Hochschulen eingesetzt. Er soll dazu dienen, herauszufinden,

- wie an den Hochschulen schreibend unterrichtet wird oder Schreiben unterrichtet wird,

- wie Studierende an Hochschulen schreiben,
- wie Schreiben und Lernergebnisse zusammenhängen,
- und wie viel an Hochschulen geschrieben wird (vgl. http://comppile.org/ wpa+nsse/docs/WPA2008_NSEE-WPA_Handout.pdf)

Die Studie von 2008 zeigt, dass die Studierenden tiefergehende Lernaktivitäten ausführen, wenn Seminare umfangreiche und herausfordernde Schreibaktivitäten beinhalten. Dazu gehören:
- Analysen,
- Synthesen,
- Quellenarbeit.

Studierende schreibintensiver Seminare setzen sich gründlicher mit den Inhalten auseinander – sowohl im Seminar selbst als auch außerhalb des Seminarraums. Darüber hinaus berichten sie von größeren Lerneffekten und stärkerer Entwicklung auf persönlicher, sozialer, praktischer und intellektueller Ebene. Die NSSE-Studie hat damit einen eindrücklichen Beweis für den Nutzen von schriftlichen Lernaktivitäten erbracht.

Freiburger Studie zu Schreibproblemen im Studium

Die erste größere quantitative Studie zu Schreibproblemen im Studium in Deutschland wurde an der Albert-Ludwigs-Universität Freiburg im Breisgau durchgeführt (Dittmann u. a. 2003). Die Studie hatte zum Ziel, Schreibprobleme im Studium genauer zu erfassen.

Theoretisch orientierte sich der Fragebogen am Schreibprozessmodell von Hayes und Flower (Hayes/Flower 1980, vgl. *Kapitel III.1, Schreibprozesse nach John R. Hayes & Linda Flower*): Schreibprobleme wurden definiert als Schwierigkeiten mit den kognitiven Prozessen, die den Schreibakt steuern (vgl. Dittmann u. a. 2003, 160). Demzufolge wurden die Schreibstörungstypen nach Keseling mit einbezogen (Keseling 1997, vgl. *Kapitel III.5, Die fünf Schreibstörungstypen nach Gisbert Keseling*). Die Aussage „Ich beginne zu früh mit dem Schreiben" stand z. B. für die ‚Frühstarter'. Die abgefragten Aspekte von Schreibkompetenz lehnten sich außerdem an ein Modell von Kruse und Jakobs (1999) an, die Schreibkompetenz in fünf Dimensionen denken: Textsortenkompetenz, Stilkompetenz, rhetorische Kompetenz, Fähigkeit zur Herstellung von Text-Text-Bezügen und schließlich Lese- und Rezeptionskompetenz.

Der Freiburger Fragebogen

Der Freiburger Fragebogen enthielt 25 Fragen zu den Erfahrungen mit dem akademischen Schreiben und acht Fragen zur Person. Verglichen wurden die Fächer Volkswirtschaftslehre (VWL, 85 Studierende), Neuere deutsche Literaturwissenschaft (NDL, 90 Studierende), Germanistische Linguistik (LING, 37 Studierende) und Psychologie (PSY, 71 Studiernde). Insgesamt beantworteten 283 Studierende den Fragebogen, ihr Durchschnittsalter betrug 24 Jahre, die Semesterzahl lag zwischen 1 und 19 Semestern. Der Frauenanteil lag bei insgesamt 59% (vgl. Dittmann u. a. 2003, 165f.). Zum Zeitpunkt der Erhebung war keiner der Studiengänge auf das BA/MA-System umgestellt.

Bereits die erste Frage „Haben Sie schon einmal Probleme beim Schreiben einer Hausarbeit o. Ä. gehabt?" trennte zwischen den Gruppen der Studierenden mit und ohne Schreibproblemen, wobei ein hoher Prozentsatz (81,3%) angab, bereits Probleme gehabt zu haben – geschlechtsspezifische

Unterschiede gab es dabei keine. Nur die Studierenden mit Schreibproblemen wurden gebeten, alle folgenden Fragen zu beantworten, während die Studierenden ohne Schreibprobleme nur nach ihren Erfahrungen mit der Vermittlung von akademischen Schreibkompetenzen befragt wurden. Aufgrund dieser ersten Filterfrage erklären sich die starken Tendenzen im Antwortverhalten, da die Fragen ausschließlich von Studierenden mit Schreibproblemen bearbeitet wurden.

Im Folgenden werden die Ergebnisse kurz zusammengefasst (vgl. Dittmann u. a. 2003, 177, 179 ff.): Bringt man die Probleme in eine Rangfolge, steht an erster Stelle die Befürchtung, den Anforderungen nicht gerecht zu werden (63,3%). An zweiter folgt ein Planungsproblem: Die Studierenden haben zu viel Material gesammelt und Schwierigkeiten, es zu organisieren (58,9%). Den Einstieg finden 54,2% nicht, allein gelassen fühlen sich 51,3%, enttäuscht über das Resultat ihrer Bemühungen sind 51%. Probleme, den wissenschaftlichen Stil zu treffen haben 49,5%, Probleme, die Forschungsliteratur zusammenzufassen haben 43,8% der Studierenden und Probleme, die Forschungsliteratur einzuordnen 43,3%. Nicht termingerecht fertig werden 43,1%.

Die Fragen wurden je nach Studiengang sehr unterschiedlich beantwortet. So hatten ca. 70% der VWL, PSY und LING-Studierenden Befürchtungen, den Anforderungen nicht gerecht zu werden, aber ,nur' 53,2% der NDL-Studierenden – immerhin noch über die Hälfte. Probleme, das Material zu organisieren hatten 67,3% der PSY-Studierenden, aber ,nur' 48,5% der LING-Studierenden. Die VWL-Studierenden hatten mit 60,7% am ehesten das Gefühl, mit der Schreibaufgabe allein gelassen zu werden.

Wichtige Erkenntnisse der Freiburger Studie sind: Studierende haben, entgegen des verbreiteten Vorurteils von Lehrenden, nicht in erster Linie Probleme mit dem Verstehen der Fachliteratur (diese nehmen Rang 11 von 15 ein!), sondern Schwierigkeiten mit der Organisation und Durchführung der Schreibaufgabe (vgl. Dittmann u. a. 2003, 181).

Entsprechend hoch ist die Abbruchquote bei schriftlichen Arbeiten (21,9%) – eine Zahl, die Dittmann u. a. als „viel zu hohen Prozentsatz" (2003, 168) werten. Betrachtet man die Schreibprobleme nach Fächern differenziert, haben Studierende der Fächer LING und NDL häufiger Probleme als VWL-Studierende, wobei die PSY-Studierenden am wenigsten Probleme haben (vgl. Dittmann u. a. 2003, 167). Aus der Studie lässt sich außerdem schließen, dass sich das unterschiedliche Antwortverhalten der Studierenden mit den Unterschieden in der jeweiligen Schreibkultur und (Schreib) Lehrkultur in den Fächern erklären lässt – also einerseits, wie leicht oder schwer die jeweiligen Fachsprachen und Stile für Studierende erlernbar sind und andererseits, ob seitens der Dozenten eine Einführung oder Beratung in das akademische Schreiben stattfindet.

Eine Studie zur Erfassung von Schreibkompetenzen und Schreibproblemen im BA-Studium wurde zwischen 2009 und 2011 an der Universität Bielefeld durchgeführt (vgl. Sennewald/Mandalka 2012). Per Fragebogen wurden BA-Studierende der Germanistik und der Physik um ihre Selbsteinschätzung gebeten. Das dem Fragebogen zugrunde liegende Schreibkompetenzmodell orientierte sich an Anne Beaufort (2005). Demnach bestehen die fünf Wissensbereiche für professionelles Schreiben in rhetorischem Wissen,

Ergebnisse

Bielefelder Studie zur Selbsteinschätzung der Schreibkompetenz

Schreibprozesswissen, Fachwissen, Genrewissen und dem Wissen um die Erwartungen der Diskursgemeinschaft (vgl. *Kapitel III.3, Schreibkompetenzmodell nach Anne Beaufort*). Befragt wurden 345 Studierende der Germanistik und 185 Studierende der Physik. Der Fragebogen hatte insgesamt 65 Items, von denen hier nur eine Auswahl vorgestellt wird. In der Auswertung wurden einerseits die beiden Studiengänge verglichen, andererseits wurde unterschieden zwischen den Studierenden, die angaben, Schreibprobleme zu haben und den Studierenden, die ihrer Einschätzung nach keine Schreibprobleme hatten. Die folgenden Zahlen beziehen sich nur auf die Gruppe, die angibt, Schreibprobleme zu haben.

Schreibprobleme und ihre Ursachen

Schreibprobleme betrafen 38 % der Germanistik-Studierenden und 34% der Physik-Studierenden. Den ersten Platz nimmt mit 51,2% in der Germanistik das Problem „Es fällt mir schwer, eine wissenschaftliche Fragestellung zu entwickeln" ein, während die Entwicklung einer wissenschaftlichen Fragestellung 33,3% der Physiker schwerfällt. Sennewald und Mandalka sehen hier ein Defizit im methodischen Fachwissen. Die stärksten Schwierigkeiten, die Studierende im Bereich des Schreibprozesses haben, beziehen sich auf Aufschubverhalten (50% Germanistik, 52,5% Physik), Zeitdruck (43,4% Germanistik, 59,35% Physik) und Schreibblockaden (47,7% Germanistik, 37,7% Physik). Fragen, die sich auf die Betreuungssituation beziehen, ordneten Sennewald und Mandalka dem Bereich der Diskursgemeinschaft zu. In beiden Fächern fühlte sich ein Drittel der Studierenden bei Schreibaufgaben „nicht gut angeleitet und unterstützt" (35,1% Germanistik, 35,6% Physik). „Ich habe im letzten Semester von TutorInnen/DozentInnen in der Germanistik/Physik keine produktiven Rückmeldungen auf meine Texte bekommen" gaben 44,1% in der Germanistik an und 39% in der Physik. „Ich weiß meistens nicht, was die Anforderungen der TutorInnen/DozentInnen an den Text sind" traf auf 30,2% der Germanistik-Studierenden und auf 23,3% der Physik-Studierenden mit Schreibproblemen zu. Den Studierenden ohne Schreibprobleme (28,5% in der Germanistik, 22,5% in der Physik) ging es allerdings genauso.

Ein weiterer Schwerpunkt der Auswertung lag auf der Frage, wie sich Studierende über Anforderungen an das Schreiben im Studium informieren. Die ersten drei Nennungen sind in der Germanistik und der Physik identisch: Zuerst werden Freunde und Kommilitonen gefragt, dann die studentischen Tutoren und an dritter Stelle wird im Internet recherchiert.

Auch die Abfrage der von den Studierenden am häufigsten verfassten Textsorten verweist auf elektronische Medien: Auf den vorderen vier bis fünf Plätzen liegen E-Mails, SMS, Chat-Kommunikation und Beiträge in Internet-Communities wie facebook. Nur die Mitschrift schafft es als universitäre Textsorte in der Physik auf Platz eins (79,8%) und in der Germanistik auf Platz vier (57,1%).

Studierende mit Schreibproblemen	
Germanistik	Physik
1 Es fällt mir schwer, eine wissenschaftliche Fragestellung zu entwickeln. (51,2%)	Ich fange zu spät mit dem Schreiben an und gerate unter Zeitdruck. (59,3%)
2 Ich schiebe das Schreiben auf und tue stattdessen etwas völlig anderes. (50%)	Ich schiebe das Schreiben auf und tue stattdessen etwas völlig anderes. (52,5%)
3 Ich habe manchmal Schreibblockaden, die dazu führen, dass ich nicht mehr weiterarbeiten kann. (47,7%)	Ich habe gute Gedanken, aber ich kann sie schriftlich einfach nicht ausdrücken. (42,6%)
4 Ich habe im letzten Semester von TutorInnen/DozentInnen in der Germanistik KEINE produktiven Rückmeldungen auf meine Texte bekommen. (44,1%)	Ich habe im letzten Semester von TutorInnen/DozentInnen in der Physik KEINE produktiven Rückmeldungen auf meine Texte bekommen. (39%)
5 Ich fange zu spät mit dem Schreiben an und gerate unter Zeitdruck. (43,4%)	Ich habe manchmal Schreibblockaden, die dazu führen, dass ich nicht mehr weiterarbeiten kann. (37,7%)

(Sennewald, Mandalka 2012)

Sennewald und Mandalka schlussfolgern, dass viele der von den Studierenden erlebten Schwierigkeiten „leicht durch die gezielte Einführung in Studiertechniken und in Methoden des wissenschaftlichen Arbeitens und Schreibens behoben werden" (2012, S. 163) könnten. Das Problem läge nicht in dem Lernunfähigkeiten der Studierenden begründet, sondern darin, dass die erforderlichen und geforderten Techniken des wissenschaftlichen Arbeitens wie Thesenbildung oder das Entwickeln einer wissenschaftlichen Fragestellung nicht ausreichend und nicht systematisch gelehrt werden würden – wie sich an der Unzufriedenheit der Studierenden mit ihrer Betreuungssituation zeigt. Sie schlagen vor, das Lern- und Informationsverhalten der Studierenden zu nutzen, z. B., indem studentische Peer Tutoren für die Schreibberatung ausgebildet werden und indem elektronische Lernmedien verstärkt im universitären Unterricht genutzt werden.

Schlussfolgerungen aus der Bielefelder Studie

2. Qualitative Studien

Viele der eher qualitativ ausgerichteten Schreibprozess-Forschungsarbeiten sind Fallstudien. Das heißt, sie beziehen sich auf einzelne schreibende Personen oder Gruppen innerhalb eines bestimmten Kontexts. Die Handlungen dieser Personen oder Gruppen werden mit verschiedenen Methoden intensiv untersucht. Die Methoden stammen häufig aus den Disziplinen der Ethnografie oder den Sozialwissenschaften. Die Forschenden sind sich der Subjektivität ihrer Wahrnehmungen und Beobachtungen bewusst, thematisieren sie und beziehen ihre eigenen Erfahrungen oft ausdrücklich mit in die Forschung ein. Sie behandeln auch die an ihren ,Fällen' beteiligten Menschen nicht als ,Daten', wie der Begriff ,Datenerhebung' suggerieren könnte, sondern sehen sie als Forschungssubjekte, also als Menschen, zu denen sie in eine Beziehung treten. Manchmal werden die Forschungssubjekte sogar mit in die Erstellung des Forschungsberichts einbezogen, indem die Ergebnisse mit ihnen diskutiert oder Berichte dialogisch geschrieben werden (vgl. *Kapitel VI.1, Qualitative und quantitative Forschungsmethoden*).

Qualitative
Langzeitstudien

Ein Beispiel für eine qualitative Langzeitstudie ist die Untersuchung von Lee Ann Carroll (2002). Sie begleitete 46 Studierende von 1994–1998, von denen 20 bis zum Studienende dabei blieben. Sie erstellte Videoaufnahmen von Gruppendiskussionen, führte Einzelinterviews, sammelte Portfolios studentischer Texte, führte Textanalysen durch, wertete Lehrerkommentare und -benotungen sowie Lehrmaterialien aus und ließ die Studierenden Selbsteinschätzungen schreiben. Carroll kam zu dem Ergebnis, dass die in den USA obligatorischen Schreibkurse weder ausreichen noch die Bedürfnisse der Studierenden treffen.

Ähnlich angelegt war auch die Studie von Marilyn Sternglass, die 53 Studierende begleitete und die Entwicklung von neun dieser Studierenden genauer untersuchte (Sternglass 1997). Sie schlussfolgerte, dass insbesondere das Feedback und die Anleitung durch engagierte Lehrende wichtig sind für die Entwicklung der studentischen Schreibkompetenzen.

Im Folgenden werden drei qualitative Forschungsprojekte etwas genauer vorgestellt: Janet Emigs Studie *The Composing Process of Twelfth Graders* (1971) ist der Vorläufer für alle folgenden qualitativen Forschungen in der Schreibprozessforschung und lieferte nicht nur methodisch, sondern auch didaktisch wichtige Impulse. Carol Berkenkotter untersuchte in einer Einzelfallstudie das Schreibverhalten des Schreibforschers Donald Murray (1981). Katrin Girgensohn (2007) nutzte die Forschungsmethodologie der Grounded Theory, um zu untersuchen, was Studierende bei der Entwicklung von Schreibkompetenz als hilfreich empfinden.

The Composing
Process of Twelfth
Graders

Janet Emig gilt als die erste Schreibforscherin, die Fallstudien durchführte. Ihre Studie *The Composing Process of Twelfth Graders* wurde 1971 publiziert. Damals bestand die Schreibforschung einerseits in Textanalysen und andererseits in Studien, die unter möglichst laborartigen Bedingungen durchgeführt wurden. Die Forschenden versuchten dabei wie in naturwissenschaftlichen Experimenten, möglichst viele Variablen zu kontrollieren und arbeiteten mit Vergleichs- und Kontrollgruppen. Janet Emig versuchte dagegen, die Schreibprozesse von acht High-School-Schülerinnen und -Schülern der zwölften Klasse nachzuvollziehen, indem sie an ihrem Alltag teilnahm, ihre sozialen Kontexte einbezog, ihre Arbeit an verschiedenen Texten begleitete, sie interviewte und – ebenfalls als erste Schreibforscherin – mit Compose-aloud-Protokollen arbeitete.

Compose-aloud-
Protokolle

Dieses Verfahren leitete sie von den so genannten Think-aloud-Protokollen ab, die für die psychologische Forschung entwickelt worden waren (vgl. Ericsson/Simon 1980). Die Schülerinnen und Schüler wurden gebeten, während ihrer Schreibprozesse ‚laut zu denken‘, d.h. ihre Formulierungs- und Denkprozesse zu äußern. Emig versuchte sowohl aus den inhaltlichen Äußerungen der Schreibenden als auch aus dem Sprechverhalten, speziell den Pausen und Verzögerungen, Schlussfolgerungen auf die Schreibprozesse zu ziehen. Sie vermutete, dass die Schreibenden längere Pausen machen, wenn sie komplexere Formulierungen produzieren, fand allerdings dafür keine Beweise, was sie auf die ‚Grobheit' der Studie zurückführte (vgl. Emig 1983a, 82), womit sie die damals noch unbefriedigenden Tonaufnahmetechniken meinte. Trotzdem war Emigs Studie die Initialzündung für neue Wege in der Schreibforschung, die von laborartigen Forschungsarrangements wegführten. Sie ebnete den Weg für qualitative Forschungsmethoden und fand mit der Anwendung der Think-aloud- oder Compose-aloud-Methode viele berühmte Nachahmer, wie z. B. Perl 1979, Flower/Hayes 1981, Scardamalia/Bereiter/Steinbach 1984. Allerdings konzentrierte sich die Kritik an der Studie auf ebenjene Methodik: Die Entscheidung, das Think-aloud-Verfahren auf die Untersuchung von Schreibprozessen anzuwenden, hätte wissenschaftsmethodisch detaillierter begründet werden müssen, so der häufige Vorwurf (vgl. Krings 1992, 47). Was generell für alle Studien, die dieses Verfahren anwenden, bedacht werden muss, ist der interventionistische Charakter der Methode. Zur eigentlichen Schreibaufgabe kommt etwas hinzu, was die meisten beim Schreiben eher nicht tun: während des Schreibens laut zu denken, also zu sprechen. Diese Intervention (das Sprechen) hat möglicherweise Auswirkungen auf den Schreibprozess und verändert ihn (vgl. Krings 1992, 56).

Das Ergebnis der Studie war eine vorsichtige Einschätzung Emigs zur Vielschichtigkeit von Schreibprozessen Jugendlicher. Sie unterschied dabei zwischen den Schreibprozessen, bei denen die Jugendlichen freiwillig schreiben und schulischen Aufgaben. Auf Basis ihrer Beobachtungen kritisierte sie die schulischen Schreibaufgaben und stellte deren Sinn in Frage. Den Lehrenden warf sie vor, nur ein theoretisches, simplifizierendes Verständnis von Schreibprozessen zu haben, das viel zu wenig auf eigener Schreiberfahrung beruhe. Insbesondere kritisierte sie, dass bei schulischen Schreibaufgaben weder Zeit für Vorbereitungen und Planungen noch für Überarbeitungen eingeplant werden würde und die Lehrenden zu stark auf das Finden von Fehlern in den Texten konzentriert seien. Ein weiteres Ergebnis der Studie war die Feststellung, dass andere Jugendliche den wichtigsten Einfluss auf das Schreibverhalten hatten, sowohl bei schulischen als auch bei außerschulischen Schreibprozessen. Emig schlussfolgerte, dass das lehrerzentrierte Unterrichtsmodell ein Anachronismus sei und verordnete den Lehrenden, sich selbst Schreibaufgaben zu stellen – insbesondere reflexiven Schreibaufgaben.

Carol Berkenkotter führte 1981 eine Fallstudie mit Donald Murray durch, einem viel publizierenden Schreibforscher, um herauszufinden, wie ein Profi schreibt. Berkenkotter begleitete einen Sommer lang Murrays Schreibaktivitäten. Während all seiner Schreibprozesse ließ Murray ein Tonband laufen und nahm Think-aloud-Protokolle auf. Die Tonbänder liefen, egal ob er sich im Auto, auf einem Spaziergang oder in seinem Arbeitszimmer mit den verschiedenen Texten beschäftigte. Murray fertigte außerdem Fotokopien sämtlicher Entwürfe und Notizen an. An zwei Tagen beobachtete Berkenkotter Murray während des Schreibens und lauten Denkens zuhause in seinen privaten Arbeitsräumen. Zusätzlich stellte sie ihm eine Schreibaufgabe unter laborartigen Bedingungen: Hierfür kam er zu ihr in die Universität und hatte die Aufgabe, innerhalb einer Stunde einen Artikel für ein Kindermagazin mit der Zielgruppe Zehn- bis Zwölfjähriger zu verfassen, in dem er ihnen den Tod erklärte. Dabei sollte er ebenfalls laut denken.

Ergebnisse

Planning Strategies of a Publishing Writer

Berkenkotter und Murray tauschten sich über die Tonbänder intensiv aus, wobei sich Berkenkotter die Think-aloud-Protokolle noch einmal erklären ließ. Hierfür verwendete sie die Methode des ‚retrospektiven Interviews'. Bei dieser Methode werden Personen gebeten, über eine Aktivität zu reflektieren, nachdem sie sie ausgeführt haben. Das heißt in dem Fall, dass Murray die Aufnahmen seines eigenen ‚lauten Denkens' im Beisein von Berkenkotter anhörte und kommentierte. Für die Auswertung kodierten Berkenkotter und ein weiterer Forscher die Protokolle und klassifizierten die Codes danach, ob es sich um planende, revidierende oder korrigierende Aktivitäten handelte. Dabei wurden nur diejenigen Textstellen verwendet, die beide Forschenden mit den gleichen Codes versehen hatten.

Ergebnisse Die Ergebnisse der Studie unterstreichen die Feststellung, dass Schreiben ein individueller Prozess ist, der sich nicht in einem einzigen Schema abbilden lässt. Die modellhafte Unterscheidung zwischen Planen, Schreiben und Überarbeiten im Schreibprozess konnte bei Murray nicht nachvollzogen werden: Sehr häufig versahen beide Forschende Protokollausschnitte sowohl mit dem Code ‚Planung' als auch mit dem Code ‚Überarbeitung'. Berkenkotter beschreibt die Vorgehensweisen von Murray sehr ausführlich. Sie hebt hervor, dass seine Schreibprozesse sehr stark von der Aufgabe und dem Kontext abhingen. So unterschied sich Murrays Schreibprozess beim Schreiben von Texten, mit deren Inhalten er sehr vertraut war, stark vom Schreiben solcher Texte, deren Inhalte er sich erst aneignen musste. So war Murray beim Schreiben des Textes für Kinder extrem blockiert. Dies führte er zurück auf die fremde Schreibumgebung an der Universität, den Zeitdruck, eine fehlende Vorstellung von den Adressaten, mangelnde Vertrautheit mit dem Genre und den emotionalen Inhalt. Diesen Anforderungen war er – als professioneller Schreiber – nicht gewachsen, wie die Think-aloud-Protokolle zeigen. So stand am Ende der Text: „Dear 11 year old. You're going to die. Sorry. Be seeing you. P. Muglump, Local Funeral Director." (Berkenkotter 1994/1983, 131).

Die Studie macht deutlich, dass beim Stellen von unbekannten Schreibaufgaben zu Lernzwecken Vorsicht geboten ist, da sie mitunter eher Frustration und damit eine negative Selbsteinschätzung der eigenen Schreibkompetenzen erzeugen als positive Lerneffekte. Darüber hinaus zeigt die Studie, dass die Überarbeitungsprozesse bei Murray beachtliche Zeiträume einnehmen. Ein Artikel durchlief z. B. acht verschiedene Textversionen. Dies ist möglicherweise ein Hinweis darauf, dass professionell Schreibende Überarbeitungsphasen in ihren Schreibprozess integriert haben – und sich damit von ungeübten Schreibenden unterscheiden.

Autonome Schreib-gruppen an der Hochschule Katrin Girgensohn führte von 2003 bis 2006 eine qualitative Studie zu einem schreibdidaktischen Seminar an der Europa-Universität Viadrina in Frankfurt (Oder) durch (vgl. Girgensohn 2007). Sie beforschte mehrere Durchläufe eines Seminars, bei dem BA-Studierende nach einer Auftaktexkursion ein Semester lang in Schreibgruppen gemeinsam an der Verbesserung ihrer Schreibkompetenzen arbeiteten. Die Gruppen arbeiteten autonom, d. h. ohne Anwesenheit der Dozentin, und wählten auch ihre Schreibaufgaben, Schreibthemen und Schreiborte selbst.

Der ‚soziale Faktor' Die Studie zeigt, dass zur Förderung der Schreibkompetenzen aus Perspektive der Studierenden insbesondere der ‚soziale Faktor' wichtig ist. Mit diesem Begriff bezeichnet eine der interviewten Studentinnen das gemeinsame Lernerlebnis in der Gruppe. Für den ‚sozialen Faktor' erweist es sich als wichtig, dass die Studierenden ihre Schreibgruppen selbst wählen, innerhalb der Gruppe gleichberechtigt arbeiten und Eigenverantwortung übernehmen. Kommt hierdurch der ‚soziale Faktor' zustande, ermöglicht die Schreibgruppenarbeit den Studierenden, das Schreiben in verschiedenen Funktionen zu erleben: nicht nur in Wissen darstellender Funktion, sondern auch in kommunikativer, persönlichkeitsfördernder, heuristischer und hedonistischer Funktion. Mit anderen Worten: Für eine gelungene Ausbildung von Schreibkompetenzen sollten Studierende nicht nur schreibend Wissen reproduzieren, sondern auch erleben, was schriftliche Kommunikation auslösen kann. Sie sollten erkennen, dass Schreiben auch dabei helfen kann, sich selbst persönlich weiterzuentwickeln, Wissen zu erarbeiten (= heuristische Funktion) und vor allem, dass dies auch Spaß machen kann (= hedonistische Funktion). Erst das Zusammenspiel verschiedener Funktionen lässt Studierende die Vielschichtigkeit des Mediums Schreiben erfahren und führt zu nachhaltiger Schreibkompetenz.

Girgensohn nutzte für die Studie die ‚Grounded Theory' (Strauss/Corbin 1996). Dieses methodische Vorgehen beinhaltet eine sehr offene Herangehensweise an ein Forschungsprojekt, bei der sich das endgültige Forschungsdesign der Studie unter Umständen erst nach und nach herauskristallisiert, weil die Datenerhebung und -auswertung zirkulär erfolgen. Für die Studie wurden problemzentrierte Einzelinterviews (vgl. Witzel 2000) und Gruppendiskussionen (vgl. Bohnsack 1997) sowie Sprechstundengespräche und Texte der Studierenden ausgewertet. Die Grounded Theory hat sich für die Schreibforschung aus verschiedenen Gründen als geeignet erwiesen:

Grounded Theory

- Das zirkuläre Vorgehen ermöglicht es, neuen, während der Forschung entstehenden Ideen und Erkenntnissen zu folgen, was insbesondere in einem Feld, in dem wie bei der Schreibforschung noch vieles ungeklärt ist, günstig ist.
- Die Nutzung verschiedenster Daten ist erwünscht. Das ermöglicht, ganz verschiedene Faktoren, die Schreibprozesse beeinflussen, einzubeziehen.
- Die Grounded Theory nutzt das Schreiben selbst sehr stark als Kreativitätstechnik und Medium der Erkenntnisgewinnung. Es werden z. B. fortlaufend systematisch Memos geschrieben, die den Erkenntnisprozess voranbringen. Forschungswerkzeug und Forschungsgegenstand passen also gut zusammen.

3. Mixed Methods Studien

Viele Studien verwenden einen ‚Mixed-Methods'-Ansatz zur Erhebung und Analyse ihrer Daten. Sie nutzen also sowohl quantitative als auch qualitative Methoden (auch als ‚mixed research' bezeichnet; vgl. *Kapitel VI.1, Qualitative und quantitative Forschungsmethoden*). Auf diese Weise können die Forschenden von den Vorteilen beider Herangehensweisen profitieren.

Beispielsweise untersuchte der Germanist Thorsten Pohl (2007) für eine Studie zur Entwicklung wissenschaftlicher Schreibkompetenz bei Studierenden jeweils drei Hausarbeiten aus verschiedenen Stadien des Studiums sowie die Abschlussarbeiten von insgesamt zwölf Studierenden. Darüber hinaus erhob er weitere Texte experimentell, indem er diese Studierenden Lückentexte und Wissenschaftsparodien verfassen ließ. Die in realen Studiensituationen erhobenen Daten wertete Pohl qualitativ aus, die experimentell erhobenen quantitativ, um, wie er sagt, die erhobenen Schreibproben „erstens zu kontrollieren und zweitens gegebenenfalls zu modifizieren" (Pohl 2007, 116).

Ein weiteres Beispiel für das Zusammenspiel quantitativer und qualitativer Methoden ist die Untersuchung von Mandy Pydde (2011). Sie wertete zunächst 826 Protokolle von Schreibberatungen statistisch aus, um herauszuarbeiten, welche Textsorten und welche Probleme besonders häufig besprochen werden. Auf der Basis dieser quantitativ erhobenen Daten filterte sie 18 Protokolle heraus, die sie mit Hilfe der Qualitativen Inhaltsanalyse genauer untersuchte.

Im Folgenden werden drei groß angelegte Studien vorgestellt, die den Mixed-Methods-Ansatz verfolgen. Sowohl die *Harvard Study of Undergraduate Writing* (1997–2001) als auch die *Stanford Study of Writing* (2001–2006) zeichnen die Entwicklung von Schreibkompetenzen von College Studierenden nach. Das *Peer Writing Tutor Alumni Research Project* (2010) untersucht hingegen, welche Kompetenzen sich über Schreibkompetenz hinaus bei Peer Tutoren durch die Arbeit im Schreibzentrum herausbilden.

Harvard Study of Undergraduate Writing

Eine Longitudinalstudie über die Schreibentwicklung von ca. 400 College-Studierenden ab dem ersten Semester wurde an der US-amerikanischen Harvard University von 1997 bis 2001 durchgeführt.

Die Fragestellungen lauteten: Was für eine Rolle spielt das Schreiben in der Studieneingangsphase? Warum entwickeln sich manche Studierende weiter, während andere stagnieren? Wie beschreiben Studierende die Unterschiede zwischen schreibintensiven Veranstaltungen und regulären Veranstaltungen? Was sind die größten Herausforderungen beim Erlernen des disziplinären Schreibens? (Vgl. Sommers 2005, 512 f.)

Das erhobene Material bestand in studentischen Texten, Interviews mit den Studierenden und fünf Online-Befragungen. Die Teilnahme an der Studie war freiwillig, von den anfänglich 422 Studierenden (ca. 25% des Jahrgangs) nahmen 94% bis zum Schluss der Studie teil. Das Erlernen akademischen Schreibens wurde außerdem bei 65 zufällig ausgewählten Studierenden in Form von Fallstudien intensiver untersucht: Sie wurden jedes Semester interviewt und reichten sowohl ihre Texte als auch die Korrekturen ihrer Texte durch Lehrende ein.

Ergebnisse

Die Fragebogenergebnisse legen nach Sommers und Saltz nahe, dass ein großer Teil der Studierenden Schreiben als wichtiges Denk- und Lernwerkzeug begreift: Schreibaufgaben seien ‚wichtig' oder ‚sehr wichtig', da sie Möglichkeiten eröffnen, inhaltlich in ein Seminar involviert zu sein (73%), die Konzepte des Seminars zu verstehen und anzuwenden (73%), die eigenen Interessen in das Seminar einzubringen (66%), neue Ideen zu erkunden (57%) und neue eigene Interessen zu entwickeln (54%). In Interviews äußern sich Studierende sogar negativ über Seminare, die nicht schreibintensiv gestaltet sind und bei denen das Wissen in Klausuren nur ‚wiedergekäut', aber nicht ‚verdaut' werde (vgl. Sommers/Saltz 2004, 130). Die positive Einstellung vieler Studierender gegenüber dem Schreiben, so Sommers und

Saltz' These, gilt weniger dem Schreiben an sich, als vielmehr der Erkenntnis, dass das Schreiben ihnen hilft, sich Schritt für Schritt in der akademischen Kultur zu verorten.

Eine der wichtigsten Erkenntnisse der Studie ist, dass Erfolg oder Misserfolg beim akademischen Schreiben nicht im Talent der Studierenden begründet liegt, sondern in deren Haltung. Ein Schlüsselmoment sei die Erkenntnis im ersten Semester „what worked in high school isn't working anymore" (Sommers/Saltz 2004, 125). Erstsemester, die diesen Schock produktiv nutzen und sich selbst als Anfänger (novice) im Metier des akademischen Schreibens begreifen, entwickeln ihr Schreiben weiter. Der Anfängergeist bewirkt in diesem Kontext eine Offenheit für Anleitung und Feedback, die Bereitschaft, mit dem Schreiben und mit Textsorten zu experimentieren und das Vertrauen darin, dass die neuen universitären Herausforderungen mit Übung gemeistert werden können (vgl. Sommmers/Saltz 2004, 134).

Haltung bringt Erfolg beim Schreiben

Die Studienanfänger dagegen, die an den aus der Schule bekannten Textmustern und Schreibgewohnheiten festhalten, haben größere Probleme, mit den neuen Anforderungen zurechtzukommen. Vor allem diejenigen, die in der Schule gute Schreiberinnen waren, haben Probleme mit dem akademischen Schreiben, wenn sie ihren Status als Anfängerinnen nicht akzeptieren. Diese Studierenden tendieren dazu, Schreibaufgaben allein als Leistungsnachweise zu begreifen, die abgearbeitet werden müssen, weil sie zu Noten oder Punkten führen (vgl. Sommers/Saltz 2004, 134).

Ein wichtiges Ergebnis der Fallstudien ist außerdem, dass viele der Studierenden, die am Anfang gravierende Probleme mit dem akademischen Schreiben haben und nur langsame Fortschritte machen, sich am Ende ihres Studiums oft als die besten Schreiberinnen erweisen. Dies geschieht dann, wenn sie schreibend kontinuierlich ihren akademischen Interessen folgen und sich so im Laufe des Studiums disziplinär verankern (vgl. Sommers/Saltz 2004, 145).

Die *Harvard Study of Undergraduate Writing* ist eine der bislang umfangreichsten Studien über studentisches Schreiben. Teilergebnisse wurden in Artikeln veröffentlicht, ein Überblick über die Ergebnisse der gesamten Studie oder eine Publikation mit den gesammelten Fallstudien stehen noch aus.

Zum Schluss bleibt anzumerken, dass die mehrheitlich sehr aufgeschlossene Haltung der Studierenden dem Studium, dem akademischen Schreiben und der *Harvard Study of Undergraduate Writing* gegenüber auch daran liegen mag, dass Harvard eine Eliteuniversität ist. Das Bewusstsein der Studierenden darüber, sich in einer privilegierten Studiensituation zu befinden – Harvard hat das älteste Studieneingangs-Schreibprogramm der USA – und die Identifikation mit ihrer Universität sind vermutlich dementsprechend hoch.

Ein ähnliches Design wie die Harvard Study hat die Stanforder Longitudinalstudie, die von 2001 bis 2006 durchgeführt wurde. Die Ziele der Studie bestanden darin, einen Überblick über studentisches Schreiben an der Stanford University – einer privaten Elite-Universität – zu erhalten, die Entwicklung studentischen Schreibens über einen Zeitraum von fünf Jahren nachzuvollziehen und die Ergebnisse für eine Weiterentwicklung der Schreibprogramme nutzbar zu machen. Die fünf Jahre gehen bewusst über die Dauer eines regulären College-Studiums hinaus, so dass im fünften Jahr

Stanford Study of Writing

die Schreibentwicklung in weiterführenden Studiengängen oder im Berufsleben erfasst wird.

Stichprobe

Eine Zufallsstichprobe von 189 Studierenden (ca. 12% des Jahrgangs) nahm teil. Diese Studierenden reichten jährlich ihre gesammelten Schreibprodukte ein – und zwar sowohl die Texte, die sie für das Studium verfassten als auch die Texte, die sie in ihrer Freizeit oder im Rahmen von Jobs schrieben. Die *Stanford Study of Writing* ist die erste große Schreibstudie, die einen erweiterten Textbegriff verwendet, d.h. es wurde nicht nur Schriftliches gesammelt, sondern auch selbst produzierte Präsentationen, Videos, Poster oder Musik Clips. Über 15.000 Texte in elf Sprachen wurden archiviert. Zusätzlich wurden die Studierenden einmal jährlich mit einem Fragebogen befragt und ein Fünftel der Stichprobe einmal jährlich interviewt. Die Studierenden stammten aus allen Studiengängen, d.h. den Geisteswissenschaften, den Sozialwissenschaften, den Ingenieurwissenschaften und der Informatik sowie aus interdisziplinären Studiengängen. Mathematik und Naturwissenschaften dominierten mit über 30% der Teilnehmenden.

Zwischenergebnisse

Auf der Webseite des Projekts (http://ssw.stanford.edu) sind Zwischenergebnisse veröffentlicht, allerdings ist der geplante Forschungsband zum gegenwärtigen Zeitpunkt noch nicht erschienen. Einige relevante Erkenntnisse, die aus Artikeln, von der Projekt-Webseite und aus einer Dissertation stammen, werden im Folgenden zusammengefasst.

Studierende werden in Stanford bereits in ihrem ersten Studienjahr mit einer breiten Palette von Schreibanforderungen konfrontiert: Quer durch die Disziplinen waren es insgesamt 18 verschiedene Textsorten. Während des Studiums wird viel geschrieben, aber außerhalb des Studiums ebenfalls: 38% des Geschriebenen entsteht nicht für die Uni, sondern in der Freizeit oder im Rahmen von Jobs (vgl. Thompson 2009, 1). Im fünften Jahr, d.h. nach abgeschlossenem BA- oder äquivalentem Studium, befanden sich die Studierenden der Stichprobe entweder im Berufsleben oder in weiterführenden Studiengängen (Master o. Ä.). Für beide Gruppen galt, dass E-Mails und andere Formen der elektronischen Kommunikation die meist genutzten Textsorten waren, dazu kamen professionelle und akademische Textsorten wie Zusammenfassungen, Gliederungen und im Team geschriebene Texte.

Elektronische Medien fördern literale Kompetenzen

Eine wichtige Erkenntnis der Studie ist, dass das Schreiben in den elektronischen Medien keineswegs zu einer Verkümmerung der Schreibfähigkeiten führt, sondern im Gegenteil die literalen Kompetenzen fördert:

> „these activites seemed to help them develop a range or *repertoire* of writing styles, tones and formats along with a range of abilities." (Lunsford o.J.; Herv. i. Org.)

Vor allem fördert das Schreiben in kommunikativen Kontexten ein Bewusstsein über ein ‚audience', über Adressaten, was zur Folge hat, dass die Texte lesefreundlich verfasst sind.

‚Schreibschock' zu Studienbeginn

Eine weitere Erkenntnis bezieht sich auf den Übergang von schulischem zu akademischem Schreiben. In den Fragebögen schätzten die Studierenden jährlich neu ein, wie hoch ihr Selbstvertrauen in Bezug auf ihre Schreibfähigkeiten war. Während sich zu Studienbeginn fast Dreiviertel der Studierenden als ‚sehr selbstbewusst' einschätzten, sank das hohe Selbstvertrauen im Laufe des Jahres auf unter 10% (vgl. Fishman u.a. 2005, 231). Erst zum

Studienabschluss erreichte das Selbstvertrauen in die Schreibfähigkeiten ähnlich hohe Werte wie zu Studienbeginn. Diese Befunde decken sich mit den Ergebnissen der Harvard Studie: Zu Beginn des Studiums kommt es erst einmal zu einem ‚Schreibschock'.

Um Aussagen über die Schreibentwicklung der Studierenden während der untersuchten fünf Jahre zu treffen, wurde außerdem von Paul Rogers eine Stichprobe ausgewertet, die 40 Studierende und deren insgesamt 200 Texte sowie 150 Interviews umfasste. Die Auswertung der Texte und Interviews bestätigte, dass Schreibentwicklung nicht linear verläuft. Studierende machen in sehr unterschiedlichen Geschwindigkeiten Fortschritte beim Erlernen des akademischen Schreibens. Oft findet eine Stagnation über Jahre hinweg statt, während die Variationen genrespezifischen Schreibens in den verschiedenen universitären Disziplinen erprobt werden. Während dieses langsamen Prozesses des „fine tuning" (Rogers 2008, xvi) passen sich Studierende nicht nur an die Erwartungen von Lesern und Lehrern an, sondern auch an die disziplinären und professionellen Schreibpraxen der jeweiligen Diskursgemeinschaften (vgl. Rogers 2008, xvi f.).

Schreibentwicklung verläuft nicht linear

Schreibzentrumsforschung hat sich mittlerweile als eigener Forschungszweig etabliert. In den Anfängen hat man Schreibzentren vor allem als ein Forschungsfeld für die Schreibprozessforschung gesehen. Sie schienen ideale Orte zu sein, um zu untersuchen, wie sich schreibdidaktische Interventionen auf Schreibkompetenzen auswirken (zur Arbeit von Schreibzentren vgl. *Kapitel VI.2, Schreibzentren* und *VII.1, Schreibzentren und Peer Tutoring*). Auch hier entstanden zunächst in den 1960er bis 1980er Jahren quantitative Forschungsansätze, die dem Bemühen der Schreibforschung entsprachen, sich als ‚echte' Wissenschaft zu etablieren. So wurden die Texte von Studierenden, die das Schreibzentrum aufsuchten, verglichen mit Texten von Studierenden, die keine Schreibberatungen genutzt hatten. Jones (2001) zeigt in einer Metastudie, also einer Studie, die viele verschiedene Ergebnisse unterschiedlicher Studien auswertet und zueinander in Beziehung setzt, dass es schwierig ist, Unterschiede nachzuweisen, die sich eindeutig auf die Nutzung der Angebote von Schreibzentren zurückführen lassen. Ein weiterer Grund für das Aufkommen eines Unbehagens gegenüber quasi naturwissenschaftlichen Forschungsdesigns war, dass immer deutlicher wurde, dass Schreibzentren Orte kollaborativen Lernens an der Hochschule sind, deren Wirkungen sich nicht allein auf das Schreiben reduzieren lassen. Vielmehr fördern sie auch die Hochschulsozialisation und viele Soft Skills. Die Schreibzentrumsforschung ist daher heute vor allem durch qualitative Forschungsansätze geprägt, die ergebnisoffenere Herangehensweisen ermöglichen.

Schreibzentrumsforschung

Nach Gillespie u. a. (2009) hat sich als weiterer Zweig der Schreibzentrumsforschung eine theoretische Forschung etabliert (Conceptual Inquiry), die die praktische Arbeit durch Theoretisierungen erklärt und vorantreibt. Dazu gehört z. B. das Zusammendenken von Schreibdidaktik mit sozialkonstruktivistischen Lerntheorien (vgl. Bruffee 1984; Ede 1989; Murphy 1991) oder mit postmodernen Theorien zu Literalität (vgl. Grimm 1999, 2009).

Ein herausragendes Beispiel für Schreibzentrumsforschung ist das *Peer Writing Tutor Alumnis Research Project* (PWTARP), das Paula Gillespie, Brad Hughes und Harvey Kail durchgeführt haben bzw. fortlaufend weiter durchführen. Ziel der Studie ist es, herauszufinden und zu dokumentieren, was Peer Tutoren, also studentische Schreibberater, aus ihrer Schreibberatungsausbildung und ihrer Schreibberatungstätigkeit mitnehmen (ausführlich zum Peer Tutoring vgl. *Kapitel VII.1, Schreibzentren und Peer Tutoring*).

Das Peer Tutor Alumnis Research Project

Es handelt sich bei dem Projekt um eine Fragebogenstudie mit überwiegend offenen Fragen, an der sich bis 2010 126 ehemalige Tutoren von Schreibzentren an drei Universitäten in den USA beteiligten (vgl. Hughes u. a. 2010). Die Befragten waren zwischen 22 und 77 Jahre alt (im Durchschnitt 32,3 Jahre) und die Arbeit im Schreibzentrum lag bei einigen schon 30 Jahre zurück. Dieser teilweise lange Abstand zur Peer Tutoring-Erfahrung macht die Studie besonders interessant, da die relativ kurz zurückliegende Erfahrung mit der Schreibzentrumsarbeit erklären würde, warum sie für die Befragten besonders präsent und beeindruckend war. Doch auch nach 20 oder 30 Jahren berichten die befragten Alumnis, dass sie immer noch die Effekte ihrer früheren Arbeit spüren. Sie berichten z. B., wie ihnen ihre Beratungserfahrungen zugutekommen, wenn sie Gespräche mit Kollegen oder Lebenspartnern führen oder beruflich Teamarbeiten machen. Interessant ist auch, dass die Befragten nach der Universität in ganz verschiedenen Berufen arbeiten. Das Spektrum reicht von erzieherischen Berufen über Management, Bankangestellte, Kulturmanager, Matrosen, Anästhesieärzte, Angestellte im Verteidigungsministerium bis hin zu biotechnischen Patentanwälten.

Der Teil des Fragebogens, der mit geschlossenen Fragen arbeitet, nutzt Likert-Skalen, mit denen die Befragten ihre Erfahrungen numerisch bewerten sollen. Dabei zeigt sich, dass die Arbeit im Schreibzentrum für die Entwicklung während des BA-Studiums von den Befragten im Rückblick als erstaunlich wichtig gewertet wird. So wurde die Wichtigkeiten im Durchschnitt mit 4,48 bewertet (1 = unwichtig, 5 = sehr wichtig).

Die Antworten auf die offenen Fragen, die ohne bestimmte Vorgaben gestellt wurden, zeigen ähnlich eindeutige Ergebnisse. Die Alumnis wurden beispielsweise gebeten, die wichtigsten Fertigkeiten, Werte und Kompetenzen aufzuzählen, die sie während ihrer Arbeit als Peer-Schreibtutoren entwickelt hatten oder zu benennen, welche schwierigen Erfahrungen sie mit Peer Tutoring hatten. Dabei entstanden zum Teil sehr detaillierte Beschreibungen und Erzählungen.

Kollaborative Forschung

Die Auswertung der Antworten auf die offenen Fragen geschah über eine Kategorienbildung im Forschungsteam, die mehrere Jahre in Anspruch nahm und die in der Durchführung selbst dem Ansatz kollaborativen Lernens entspricht, den Schreibzentrumsarbeit vertritt. Alle beteiligten Forschenden interpretierten den mehr als 500 Seiten umfassenden Textkorpus zunächst alleine und entwickelten über mehrere Stufen verschiedene Kategorien. Diese wurden verglichen, ausdiskutiert, überprüft (auch unter quantitativen Gesichtspunkten) und weiterentwickelt. Am Ende konnten sieben Kernkategorien identifiziert werden, die für die ehemaligen Peer Tutoren relevant waren:

- eine neue Haltung zum Schreiben,
- analytische Kompetenzen,
- die Fähigkeit zum aktiven Zuhören,
- Fertigkeiten, Werte und Kompetenzen, die für ihr Berufsleben wichtig sind,

- Fertigkeiten, Werte und Kompetenzen, die für ihr Privatleben wichtig sind,
- Selbstbewusstsein und Selbstvertrauen,
- sowie ein tieferes Verständnis und eine Affinität für kollaboratives Lernen.

Die Erfahrungen als Peer Tutor, so schlussfolgert das Forschungsteam, ermöglichen tiefgreifende und nachhaltige Lernerfahrungen, wie sie sonst kaum irgendwo an der Universität vorzukommen scheinen. Schreibzentren, die mit Peer Tutoren arbeiten, können daher weit mehr für sich beanspruchen, als nur Serviceeinrichtungen zu sein.

Die Datenerhebung dieser Studie ist tendenziell ohne Abschluss angelegt und das Forschungsteam lädt Schreibzentren weltweit ein, sich zu beteiligen. Informationen und die Fragebögen sind im Internet zu finden: http://www.writing.wisc.edu/pwtarp.

VI. Die Geschichte der Schreibdidaktik

Die Geschichte der Schreibdidaktik ist im deutschsprachigen Raum eng verknüpft mit der Geschichte des schulischen Schreibunterrichts und der daraus hervorgehenden Aufsatzdidaktik. In einem ersten Schritt wird daher die Entwicklung des schulischen Schreibens in Deutschland vorgestellt. Außerdem wurden ab den 1980er Jahren vermehrt Impulse aus der sehr vielfältigen nordamerikanischen Schreibdidaktik aufgegriffen. Daher folgt zweitens auch ein Überblick über schreibdidaktische Entwicklungen in den USA, die dort sowohl die schulische Didaktik als auch die Hochschuldidaktik umfassen. Schließlich wird drittens die Entwicklung des universitären Schreibens in Deutschland skizziert. Erst in jüngerer Zeit werden hier Impulse aus den USA aufgegriffen und auch eigene Vermittlungswege beschritten.

1. Die Geschichte der schulischen Schreibvermittlung

Schreibvermittlung im Mittelalter

Die schulische Schreibvermittlung beginnt in Europa mit den Dom- und Klosterschulen des hohen Mittelalters. Diese dienten zunächst der Ausbildung des geistlichen Nachwuchses, wurden aber ab dem 9. Jahrhundert auch für Laien geöffnet. Mit der Ausdehnung des karolingischen Großreichs hatten sich eine auf Schriftlichkeit beruhende Verwaltung und ein erhöhter Bedarf an Schreibkundigen entwickelt. Karl der Große erließ daher 789 eine Verordnung, an allen Klöstern und Bischofssitzen Schulen einzurichten und auch Jungen aufzunehmen, die keinen geistlichen Beruf anstrebten. Das Erlernen des Lesens und Schreibens fand auf Lateinisch statt und blieb zunächst einer kleinen gesellschaftlichen Elite (dem Klerus und dem Adel) vorbehalten (vgl. Konrad 2007, 27ff.). Auch Mädchen aus dem Adel oder dem reichen Bürgertum konnten in Nonnenklöstern Lesen und Schreiben lernen, obwohl das eher die Ausnahme blieb.

Ab dem späten Mittelalter waren immer mehr gesellschaftliche Bereiche auf schriftliche Kommunikation angewiesen. Im 12. und 13. Jahrhundert wurden zahlreiche Städte gegründet und ein Stadtpatriziat, eine Schicht wohlhabender Kaufleute, entstand. Im Rahmen der städtischen Selbstverwaltung entwickelte sich sowohl im Verwaltungs- und Rechtswesen als auch im Handel oder in der Produktion Bedarf nach schriftlicher Kommunikation und Dokumentation und, daraus folgend, entstanden neue Textsorten wie Geschäftsbriefe, Rechnungen oder Urkunden. Die Schreib- und Rechenkenntnisse der Absolventen von klerikalen Schulen erwiesen sich jedoch schnell als zu wenig spezifisch. So musste z. B. statt des korrekten Ostertermins der korrekte Preis einer Ware errechnet werden, statt kirchenrechtlicher Kenntnisse wurden Kenntnisse im weltlichem Recht benötigt (vgl. Konrad 2007, 37). Die Stadtmagistrate begannen daraufhin, eigene Schulen zu gründen. Auch hier war die Unterrichtssprache noch Latein und die Lehrerschaft bestand aus Klerikern und Theologen. Das vermittelte Wis-

sen war jedoch berufspraktisch orientiert. Diese Rats-, Latein- oder Trivial-
schulen standen oft unter der Verantwortung der Zünfte. Mädchen waren
von ihnen ausgeschlossen. Nach dem Abschluss dieser weltlichen Alternative zur ‚höheren Schule' konnte man ebenso wie nach dem Abschluss einer
geistlich ausgerichteten Kloster- oder Domschule zu weiterführenden Studien, z. B. der Jurisprudenz oder der Medizin, an Universitäten wechseln,
die in Europa ab dem 13. Jahrhundert gegründet wurden.

Schulformen

In den europäischen Städten entwickelte sich eine weitere Schulform für
kleine Handwerker und Krämer. Hier wurde erstmals in der jeweiligen Na-
tionalsprache unterrichtet, woraus sich hierzulande die Bezeichnung ‚deutsche Schule' oder auch, nach dem wichtigsten Lehrinhalt, ‚Schreibschule',
ergab (vgl. Konrad 2007, 38). Auch wurde das Lesen nicht mehr anhand des
Psalters (eines Textbuchs mit christlichen Liedern und Gebeten), sondern mit
Fibeln gelehrt, die sich nach der Erfindung des Buchdrucks 1445 zunächst
bei den Lehrern schnell verbreiteten. Der Unterricht war kostenpflichtig, es
gab jedoch ein breites Stipendien- und Almosenwesen, so dass der Schulbe-
such für den sozialen Aufstieg genutzt werden konnte. Der Bedarf an Schulen war so hoch, dass sich zusätzlich die rein privaten und kostenpflichtigen
Winkel-, Klipp- oder Beischulen gründeten, die sich ausschließlich auf die
Lehre des Lesens und Schreibens spezialisiert hatten. Außerdem gab es so
genannte Rechenmeister, die den zukünftigen Kaufleuten gegen Entgelt das
Rechnen beibrachten, da dieses in den städtischen Schulen zunächst überhaupt nicht unterrichtet wurde. Elementarschulen wie die Schreibschulen
oder die Klipp- und Winkelschulen waren erstmals auch nicht-klösterliche
Schulen, die von Mädchen besucht werden konnten (vgl. Konrad 2007,
41 f.).

Buchstaben-
schreiben und
Kurrentschriften

Vom Mittelalter bis 1800 beschränkte sich der Schreibunterricht in sämtli-
chen Arten der Elementarschule auf das Buchstabenschreiben. Erlernt wurden das Alphabet, die kalligrafische Gestaltung von Buchstaben, die ortho-
grafisch korrekte Niederschrift von Wörtern und Sätzen im jeweiligen
deutschen Dialekt und nicht nur eine, sondern mehrere Schriftarten; in der
Regel die deutsche Frakturschrift, eine Kanzleischrift und eine Kurrentschrift.
Die deutsche Kanzleischrift beruhte auf der lateinischen Schrift, zeichnete
sich aber durch viele Schnörkel aus. Die allgemein bekannte Frakturschrift
wurde erst in der 2. Hälfte des 20. Jahrhunderts von den heute gebräuchli-
chen Druckschriften abgelöst. Als Kurrentschriften bezeichnet man alle
Schreibschriften, bei denen die Buchstaben durchläufig miteinander verbunden sind. In den Elementarschulen wurden nicht nur Schriften eingeübt, sondern auch das Aufsetzen geschäftlicher Texte nach vorgegebenen Mustern,
z. B. von Quittungen, Mahnungen und Schuldscheinen (vgl. Ludwig 2003,
173; Ludwig 1994, 60 f.).

Schrift als Hilfe für
mündliche Rhetorik

In den höheren Schulen spielte das eigenständige Verfassen komplexer
Texte keine Rolle. Wie Ludwig (2003, 171 f.) ausführt, stand in den Latein-
und Gelehrtenschulen, den Vorläufern der Gymnasien, vom 16. bis zum
18. Jahrhundert im deutschsprachigen Raum das Einüben eleganter Rhetorik
und überzeugender Argumentation im Vordergrund – und zwar mündlich.
Es wurde in Latein, der Lingua franca der Religion und der Wissenschaft, unterrichtet und die Schüler wurden auf einen geistlichen Beruf oder ein Studium vorbereitet. (Eine Lingua franca ist eine Verkehrssprache, die von Men-

schen mit unterschiedlicher Muttersprache oder stark unterschiedlichen Dialekten für die gemeinsame Verständigung genutzt wird.) Die Schüler der oberen Klassen übten, Reden zu halten für ihre späteren Tätigkeiten bei Hofe, im Stadtrat oder für festliche Gelegenheiten aller Art. Schriftliche Aufzeichnungen dienten dabei in erster Linie als Skizzen für die Ausarbeitung einer Rede oder als Gedächtnisstütze, was eine direkte Fortsetzung antiker griechischer und römischer Schreibpraxen war. Das didaktische Ziel bestand darin, überzeugende Redner auszubilden. Es gab ein starkes Bewusstsein für das Publikum, an das die Rede gerichtet sein sollte; also eine starke Adressatenorientierung. Das Ziel der Redner war es, so überzeugend wie möglich zu wirken:

> „Man soll ihm [dem Redner in seinem Vortrage [...] vollkommen beypflichten; man soll das vor wahr und falsch halten, was er davor hält; man soll endlich lieben und hassen, zürnen und beneiden, frolocken und trauern, hoffen und fürchten, suchen und fliehen, thun und lassen, was und wie es ihm gefällt; wenn und wo und wie es ihm nur gut dünket." (Gottsched 1736, 35; zitiert nach Ludwig 2003, 172)

Schulisches Schreiben im 18. und 19. Jahrhundert

Im 18. und 19. Jahrhundert wandelte sich als Begleiterscheinung der Aufklärung und des erstarkenden Bürgertums auch die Vorstellung vom Schreiben in den weiterführenden Schulen (vgl. Ludwig 2003, 172; Becker-Mrotzek 1997, 75 ff.).

Das Unterrichtsziel bestand nicht mehr nur in der Ausbildung rhetorischer Fähigkeiten, sondern in der Ausbildung geistiger Kräfte insgesamt, verbunden mit dem Ideal der Allgemeinbildung. Die Unterrichtssprache war nun nicht mehr Latein, sondern Deutsch. Das Schreiben wurde als Methode verstanden, die angestrebten geistigen Kräfte zu entwickeln:

> „Der Griffel, d. i. bey uns die Schreibfeder, schärft den Verstand, sie berichtet die Sprache, sie entwickelt Ideen, sie macht die Seele auf eine wunderbare Weise lebendig. Nulla dies sine linea (Kein Tag, ohne eine Zeile geschrieben zu haben)." (Herder 1820, 170; zitiert nach Ludwig 2003, 172)

Anfang des 19. Jahrhunderts hatte sich im deutschsprachigen Raum die allgemeine Schulpflicht durchgesetzt. Parallel wandelte sich die Aufgabe der Elementarschulen entscheidend: Sie sollten nicht nur zur Alphabetisierung, sondern auch zur Verbreitung und Einübung des Hochdeutschen dienen, das auf der Grundlage des Schriftdeutschen entwickelt worden war. Zu diesem Zeitpunkt gab es im deutschsprachigen Raum zwar eine allgemein gültige Schriftsprache (Besch 1988, 203 f.), aber noch keine gesprochene Standardsprache – die Dialekte unterschieden sich z.T. beträchtlich voneinander. Auf der schulischen Agenda stand nun nicht mehr die Kalligrafie, sondern die Entwicklung einer ordentlichen Handschrift und das Abschreiben von Textmustern, um das Standarddeutsch einzuüben:

> „Der Schüler schreibt die schriftdeutschen Wörter nach, die ihm der Lehrer an der Tafel vorschreibt, er kopiert nach und nach ganze vorgeschriebene Sätze [...] So gewöhnt er sich [...] an die schriftdeutschen Formen." (von Raumer 1857, 226; zitiert nach Ludwig 2003, 173)

Mit einer veränderten Zielsetzung des Schreibunterrichts gingen neue methodische Herangehensweisen einher. In der zweiten Hälfte des 19. Jahrhunderts entstanden verschiedene Aufsatzformen, z. B. beschreibende oder erzählende, die zur Schulung des Verstandes beitragen sollten. Allerdings waren den Schülern die Adressaten verloren gegangen: Gab es noch für die in rhetorischer Tradition geschriebenen Texte eine Zuhörerschaft, las nun allein der benotende Lehrer die Aufsätze. Der so genannte ‚gebundene Aufsatz' hatte als Textsorte keine außerschulische Funktion mehr (vgl. Becker-Mrotzek 1997, 77 f.).

Zu Beginn des 20. Jahrhunderts schließlich wurde im Zuge der reformpädagogischen Ansätze der Schreib- und Aufsatzunterricht in den Dienst der Persönlichkeitsbildung gestellt und knüpfte an die Ansätze der Aufklärung an. Nach Ansicht der Reformpädagogik sollte das Schreiben dem freien Ausdruck dienen und so die kindliche Persönlichkeitsbildung fördern. Dementsprechend gab es Schreibaufgaben ohne Vorgaben: Beim ‚freien Aufsatz' sollten weder Stoff noch Form noch Sprache, Zeitpunkt oder Schreibort vorgegeben sein. Aufsatzdidaktisch umgesetzt wurde dieser Ansatz vor allem in den Volksschulen. An den Gymnasien hingegen gab es eher eine ideologische Veränderung als eine Änderung der Schreibaufgaben: Während bislang das Schreiben als Mittel zur Gedanken- oder Charakterbildung gegolten hatte, bestand nun der Zweck des Aufsatzschreibens im Schreiben selbst, d. h. in einer Verbesserung der Schreibfähigkeiten.

Schulisches Schreiben im 20. Jahrhundert

Im Zuge der Reformpädagogik entstand erstmals eine eigenständige Aufsatztheorie, mit der der Grundstein für die heutige deutschsprachige Aufsatzdidaktik gelegt wurde (vgl. Sanner 1990). Der freie Aufsatz war ein wichtiger Schritt in der Entwicklung der Aufsatzdidaktik. Er fand vor allem in Grundschulen Anwendung und hier vor allem in solchen, die reformpädagogischen Ideen gegenüber aufgeschlossen waren. Der freie Aufsatz konnte sich aber nicht breitflächig als schulische Textsorte durchsetzen. Vertreter dieses Ansatzes hatten an anderen Schulen mit großen Schwierigkeiten zu kämpfen, laut Merz-Grötsch (2000, 215) sogar bis hin zur Suspendierung aus dem Lehrerberuf, da den Lehrern vorgeworfen wurde, dass keine Regeln zur Beurteilung der Aufsätze vorlägen.

Der freie Aufsatz in der Reformpädagogik

Ab den 1920er Jahren wurde er von neuen schreibdidaktischen Konzeptionen abgelöst, z. B. dem ‚sprachschaffenden Aufsatz', bei dem die sprachlich korrekte Darstellung von Sachverhalten im Vordergrund stand (vgl. Merz-Grötsch 2000, 194 ff.).

Die Zeit des Nationalsozialismus schließlich beendete die Zeit freierer Konzepte der Aufsatzdidaktik: Das freie Schreiben widersprach den nationalsozialistischen Vorstellungen von Erziehung, in denen es um Ordnung, Disziplin und Volksgemeinschaft ging:

Schulisches Schreiben im Nationalsozialismus

„So haben sie die Stilübungen als den Ort, an dem sprachliche Zucht am besten geübt werden konnte, von den eigentlichen Aufsatzübungen abgetrennt und die vielen Formen, in denen Aufsätze geschrieben werden können, auf eine Handvoll reduziert (Erzählung und Bericht, Beschreibung und Schilderung sowie den sog. Besinnungsaufsatz)." (Ludwig 2003, 174)

Ludwig weist darauf hin, dass die Prägung der Aufsatzdidaktik durch die nationalsozialistische Reduktion der Textsorten bis heute anhält. So seien die oben genannten Textsorten immer noch diejenigen, die den Deutschunterricht dominieren und auch Stilübungen seien immer noch nicht wieder in den Aufsatzunterricht integriert.

Neuere schulische Schreibdidaktik

Seit den 1970er Jahren und verstärkt seit den 1980er Jahren gab es neue Impulse für die schulische Schreibdidaktik. Es entwickelten sich verschiedene theoretische Ansätze: das ‚expressive‘ oder ‚personale‘ Schreiben, das ‚kreative‘ Schreiben und das ‚kommunikative‘ Schreiben. Beim ‚expressiven‘ oder ‚personalen Schreiben‘ steht das Schreiben im Dienst des Selbstausdrucks der Schreibenden. Es geht in erster Linie um Selbsterfahrung und Selbsterkenntnis, weniger um die entstehenden Textprodukte (vgl. Boueke/Schülein 1985, nach Ludwig 2003). Beim Ansatz des ‚kreativen Schreibens‘ geht es stärker um die Ausbildung von Phantasie und Imagination als um die Persönlichkeitsbildung (vgl. Spinner 1993; nach Ludwig 2003), aber auch um die Textkonzeption, denn die Texte orientieren sich an literarischen Formen. Der ‚kommunikative Ansatz‘ dagegen betrachtet Texte als Kommunikationsmedium, hier steht das Bewusstsein über spätere Leser, d. h. über die Adressaten, im Vordergrund. Somit werden die Texte für einen bestimmten Zweck für eine spezifische Zielgruppe verfasst (vgl. Jechle 1992; nach Ludwig 2003). Die ‚prozessorientierte Schreibdidaktik‘ schließlich beinhaltet alle bereits genannten Aspekte. Schreiben wird als Prozess verstanden, der eine Reihe von Aktivitäten umfasst; die Teilhandlungen werden ins Bewusstsein gerufen und geübt (vgl. *Modelle des Schreibprozesses Kapitel III.1*). Diese neuen Richtungen des schulischen Schreibunterrichts gehen zum großen Teil zurück auf den im Kapitel II beschriebenen Paradigmenwechsel in der Schreibforschung, d. h. von der Produktorientierung hin zu einer Prozessorientierung. In Nordamerika hatte dieser Paradigmenwechsel allerdings wesentlich weitreichendere Konsequenzen für die Schreibdidaktik als in Deutschland, wie im folgenden Kapitel gezeigt wird.

2. Die Geschichte der Schreibdidaktik in den USA

Da hierzulande viele der schreibdidaktischen Konzepte aus den USA aufgegriffen werden, folgt an dieser Stelle ein Einblick in die Entwicklung der amerikanischen Schreibdidaktik.

Den bisher umfassendsten deutschsprachigen Überblick zur Geschichte der US-amerikanischen Schreibdidaktik liefert das nach wie vor aktuelle Werk *Warum schreiben?* von Gerd Bräuer (1996), in dem er die vielfältigen Ansätze und Tendenzen in der schulischen und universitären Schreibpädagogik in den USA aufzeigt. Innerhalb dieser Ansätze lassen sich drei besonders wichtige institutionalisierte Formen der Schreibdidaktik an Hochschulen zusammenfassen:

- die an allen Hochschulen obligatorischen Schreiblernseminare (Composition),
- schreibintensive Lehrformate in der Hochschullehre verschiedener Fächer (writing across the curriculum, wac, bzw. writing in the disciplines, wid)

- und Schreibzentren mit individueller Beratung durch geschulte Studierende (peer tutoring).

Die Entwicklung dieser drei schreibdidaktischen Formate werden im Folgenden skizziert.
Erwähnt sei außerdem, dass für den literarischen Nachwuchs in den USA bereits seit Beginn des 20. Jahrhunderts an Hochschulen Creative Writing-Studiengänge existieren, auf die im folgenden Überblick nicht eingegangen werden kann und die auch nicht zu verwechseln sind mit dem bereits genannten Ansatz des kreativen Schreibens im Deutschunterricht.

Ähnlich wie in Deutschland wurde auch in den USA Schreiben zunächst auf Latein erlernt und im Vortrag erprobt, bevor sich mit Beginn des 19. Jahrhunderts Englisch als Unterrichts- und Schriftsprache durchsetzte und der geschriebene Text eine eigene rhetorische Funktion bekam, statt Vorlage für Reden zu sein. English Composition, rhetorischer Schreibunterricht, wurde zu dieser Zeit an den Hochschulen eingeführt, war jedoch lange Zeit gekennzeichnet durch das Erlernen schablonenartiger Textmuster sowie durch Grammatik und Formalitäten (vgl. Bräuer 1996, 26 ff.). *Schreibunterricht (Composition)*

Im Unterschied zu Deutschland entwickelte sich Schreiben im Laufe des 20. Jahrhunderts in den USA zu einer eigenständigen Disziplin: den Composition Studies. Bräuer (1996, 33) betont, dass es innerhalb dieser Disziplin verschiedenste Richtungen und Tendenzen gab und gibt, die sich oft zeitlich überlappen und mitunter völlig gegensätzlich sind. Festzuhalten bleibt aber, dass der bereits in *Kapitel II.1 Geschichte der Schreibforschung in Nordamerika* beschriebene Paradigmenwechsel in Schreibforschung und Schreibdidaktik – von einer Produktorientierung hin zu einer Prozessorientierung – maßgeblichen Einfluss auf die Disziplin Composition Studies und alle schreibdidaktischen Formate hatte. Während man vorher versucht hatte, auf der Basis von Texten Rückschlüsse auf Schreibprozesse zu ziehen und in der Konsequenz Schreibende unterrichtete, in dem man ihnen erklärte, wie ein guter Text aussehen müsse, stellte man im Anschluss an die kognitive Wende fest, dass Schreibprozesse sehr individuell verlaufen und vielen Einflüssen unterworfen sind. Das Wissen um Textmerkmale allein hilft den Schreibenden demnach nicht weiter. Für die Schreibdidaktik bedeutet dies, dass ein standardisierter Schreibunterricht wenig erfolgversprechend ist. Janet Emig bezeichnet die Vorstellung, man könne Schreiben durch standardisierten Schreibunterricht erlernen, als „Magical Thinking" (Emig 1983b, 132) der Lehrenden. Schreiblehrende müssten ihre Rolle anders definieren, so Emig, und sich als ‚Writing Facilitator', also als eine Art Wegbereiter begreifen. Statt vorzugeben, wie Schreibprozesse abzulaufen haben, müssten also Lehrende den Schreiblernenden Angebote machen, die es ihnen ermöglichen, individuelle Lernwege und eigene Schreibstrategien zu entwickeln. *Composition Studies*

Die individuellen Schreibenden rückten so stark in den Fokus, dass ab Ende der 1960er eine neue Form der Schreibdidaktik entstand; die ‚expressionist rhetoric' (vgl. Bräuer 1996, 108 ff.). Dabei wurde davon ausgegangen, dass Schreiben ausgehend von den individuellen Erfahrungen und Ausdrucksmöglichkeiten stattfinden sollte. Studierende sollten also zunächst eigene Ideen und Erkenntnisse schreibend entdecken und formulieren, bevor sie sich den strengen Vorgaben akademischer Genres widmeten. Schrei- *Expressionist Rhetoric* bende müssten zunächst schreibend für sich selbst klären, was sie eigentlich denken, bevor sie in der Lage seien, dies adressatengerecht für andere auszudrücken (vgl. Elbow 1973/1998). Auf diese Weise könnten, so Elbows Überlegungen, für die Studierenden auch die individuellen Bezüge zu einer akademischen Schreibaufgabe deutlich werden und die akademischen Texte entsprechend kraftvoller werden. Dieser Diskurs wird unter dem Oberbegriff ‚voice discourse' bis heute fortgeführt (vgl. Girgensohn 2008).

Weitere, die Schreibdidaktik und besonders die Composition-Kurse in den USA prägende und einander zum Teil widersprechende bzw. ergänzende Ansätze sind laut Bräuer (1996, 96 ff.) der soziale Ansatz (epistemic rhetoric) und der kognitive Ansatz (rhetoric of cognitive psychology).

Der soziale Ansatz Der soziale Ansatz (epistemic rhetoric) stellt die linguistischen Besonderheiten verschiedener Diskurse in den Mittelpunkt der didaktischen Bemühungen. Es geht also weniger darum, ‚das' Schreiben zu lehren, als vielmehr darum, ein Verständnis für die verschiedenen akademischen Diskurse zu wecken. Schreiben ist hier weniger eine individuelle Ausdrucksmöglichkeit als eine Form akademischer Sozialisation, die durch das Erlernen der passenden Schriftsprache gelingt. Zugespitzt formuliert geht die ‚expressionist rhetoric' davon aus, dass Studierende zunächst schreibend einen persönlichen Bezug zum Thema herstellen müssen, während die ‚epistemic rhetoric' meint, Studierende müssten zunächst durch Lektüre und Analyse von Fachtexten die Besonderheiten akademischer Diskurse verstehen.

Der kognitive Ansatz Der kognitive Ansatz hingegen sieht Schreiben als kognitiven Problemlösungsprozess und orientiert sich vor allem an dem in Kapitel III.1 vorgestellten Schreibprozessmodell von Flower und Hayes. Schreibdidaktisch bedeutet dieser Ansatz, dass Schreibenden ein Bewusstsein für die Problematik von Schreibprozessen vermittelt wird und sie erlernen, die im Prozess auftretenden Probleme kompetent zu lösen.

Writing Across the Curriculum/Writing in the Disciplines Die Vorstellung, dass das Schreiben selbst wichtig ist und nicht nur das Endergebnis, führte seit Ende der 1970er Jahre, verstärkt jedoch seit den 1990er Jahren, zur writing-across-the-curriculum-Bewegung (wac-movement). Der Anstoß hierfür kam aus Großbritannien, wo man auch von ‚language-across-the-curriculum' spricht. Dabei ist die Grundidee, dass das Schreiben in möglichst vielen Lehrveranstaltungen genutzt werden sollte (schreibintensive Lehre, in den USA z. B. als writing-intensive-courses). Studierende bekommen viele Schreibaufgaben gestellt, mit deren Hilfe sie sich mit Fachinhalten auseinandersetzen. Dabei entstehen auch persönliche, reflexive Texte (im englischsprachigen Raum auch als ‚expressive writing' bezeichnet) oder Texte, die mit literarischen Formen spielen (‚poetic writing'). Das Einbeziehen solcher Textformen geht auf eine Studie von James Britton und Kollegen zurück, die in den 1970er Jahren untersuchten, was für Texte an britischen Schulen geschrieben wurden (Britton u. a. 1975). Sie stellten fest, dass die Schülerinnen und Schüler kaum Gelegenheiten hatten, expressiv oder poetisch zu schreiben und damit ein großes Lernpotenzial verschenkt wurde (vgl. auch *Kapitel III.4, Funktionen des Schreibens*).

Didaktische Pioniere auf diesem Gebiet waren z. B. Jerome Bruner (1960), Mina Shaughnessy (1979), Kenneth Bruffee (1973, 1978) und Toby Fulwiler (1986). Kritik am wac-Ansatz kam u. a. von Elaine P. Maimon (1982) und von Charles Bazerman (1981), die bemängelten, dass wac-Ansätze zu wenig die Unterschiedlichkeit der akademischen Disziplinen berücksichtigen würden. Laut Zawacki und Rogers (2012) befürchteten andere, dass ein zu stark disziplinär ausgerichteter Ansatz Reformpotenziale verschenken würde. Dennoch flössen ‚writing across the curriculum' (wac) und ‚writing in the disciplines' (wid) und generell ‚writing to learn' (wtl) heute alle zusammen:

> „disciplines, genres, teaching practices, and expectations for student writers all work within dynamic and fluid ‚activity systems' that will differ from institution to institution, teacher to teacher, and course to course." (Zawacki/Rogers 2012, 5)

Obwohl in der Literatur die verschiedenen Bezeichnungen vorkommen, hat sich ‚wac' am stärksten als Oberbegriff durchgesetzt für alle schreibdidaktischen Aktivitäten an Hochschulen, bei denen Schreiben auch jenseits der Compositionkurse und Englischdepartments als Lernmedium eingesetzt wird.

Die Geschichte der Schreibzentren in den USA entwickelte sich parallel zu den verschiedenen Ansätzen in Composition und der wac/wid-Bewegung. Bereits in den 1930er Jahren gab es an Universitäten in den USA die ersten Vorläufer der heutigen Schreibzentren, so genannte ‚Writing Labs' oder ‚Writing Clinics' (Murphy/Law 1995, xi). Hier sollten schwächere Studierende Unterstützung beim Schreiben bekommen, wenn sie von der Schule nicht das für die Universität erforderliche Niveau der Schriftsprache mitbrachten. Maßstab für das Niveau war das Englisch der weißen, gebildeten Mittel- und Oberschicht, wie Nancy Grimm für ein Writing Center ausführt, das noch in den 1970er Jahren diese Mission verfolgte:

Schreibzentren

> „Students who spoke or wrote English that was marked by other languages, neighbourhood dialects, regional and class differences, cultures other than white American, were considered illiterate." (Grimm 2009, 13)

In den 1950er Jahren gab es solche Institutionen bereits an 70% der Hochschulen (Moore 1995, 3). Hier versuchte man, die Studierenden darauf vorzubereiten, die erforderlichen Grammatiktests zu bestehen und standardisierte Essays zu schreiben. Die Writing Labs und Writing Clinics waren oft eingebunden in ein größeres System von Hilfsmaßnahmen und umfassten auch sprachlaborartige Übungsmöglichkeiten oder Kleingruppenunterricht mit speziellen Arbeitsbüchern für schwächere Studierende (Moore 1995, 5). Aus dieser Zeit stammt die Vorstellung von Schreibzentren als „fix-it-shops" (Murphy/Law 1995, xi), die viele Außenstehende bis heute mit der Arbeit von Schreibzentren verbinden.

Die Arbeit der Writing Labs und Writing Clinics zeigte allerdings häufig nicht die gewünschten Erfolge. Grimm (2009, 13) führt dies darauf zurück, dass schwächere Studierende durch die Hilfsprogramme noch stärker isoliert wurden und die Vorbehalte von Lehrenden gegenüber diesen Studierenden sich nicht änderten. Studierende hatten wenig Lust, solche Angebote zu nutzen, da sie sich stigmatisiert fühlten und keine überzeugenden Erfolge sahen.

Die Feststellung, dass Studierende Hilfsangebote nicht nutzten, obwohl sie selbst wussten, wie sehr ihre Schwächen beim Schreiben sie in ihrem Studium behinderten, führte Kenneth Bruffee Mitte der 1970er Jahre schließ-

Peer Tutoring

lich dazu, Schreibberatung von Studierenden für Studierende einzuführen. Bruffee arbeitete zu dieser Zeit am Brooklyn College in New York, an dem die Studierenden sehr verschiedene ethnische Hintergründe hatten, die ein breites Spektrum an Bildungserfahrung beinhalteten. Er experimentierte zunächst mit kollaborativen Arbeitsformen im Seminar und leitete Studierende dazu an, einander Feedback auf Texte zu geben, statt Frontalunterricht zu geben (Bruffee 1973). Da diese weniger hierarchische Arbeit der Studierenden untereinander so gut funktionierte, begann Bruffee, Studierende als Tutoren auszubilden und diese einzusetzen, um im Schreibzentrum ihren Kommilitonen Feedback zu geben. Bruffee definierte dieses als Peer Tutoring. 'Peer' kann übersetzt werden mit Ebenbürtiger/Gleichgestellter. Die Soziologie hat den Begriff 'Peer Group' geprägt: Informelle Gruppen sozial gleichgestellter und meistens ungefähr gleichaltriger Personen haben starken Einfluss auf die Entwicklung ihrer Mitglieder. Diesen Einfluss nutzte Bruffee für die Schreibvermittlung: Sobald sich herumsprach, dass die Schreibberatung nun von Studierenden durchgeführt wurde, stieg die Zahl der Beratungen von ganz wenigen auf ca. Tausend pro Semester (Bruffee 1978, 450). Außerdem entwickelten die Beratungen durch das Peer Tutoring-Prinzip eine neue Qualität. Die Gespräche mit studentischen Schreibberatern ermöglichten es den Studierenden, sich intensiver auf die Gespräche einzulassen, als sie es mit Lehrenden getan hätten. Dabei zeigte sich, dass die Schreibprobleme oft gar nicht so sehr auf Grammatikfehler oder Strukturierungsschwierigkeiten zurückzuführen waren, wie man angenommen hatte. Vielmehr trauten es sich die Studierenden nicht zu, eigene Gedanken zu entwickeln:

> „These students, it seemed, did not believe in the capacity of their own minds to generate ideas from their own experience, whether in life or in the library. They appeared intellectually paralysed." (Bruffee 1978, 451)

In Gesprächen auf Augenhöhe, mit ihren Peers, begannen diese Studierenden, eigene Gedanken zu entwickeln:

> „Many of the students […] did not really seem to know the subjects they studied when they were asked to write about them. Yet given the opportunity to talk with sympathetic peers, these same students seemed to discover knowledge they did not know they had. They could identify and examine issues in these subjects, take positions on them, and defend their positions in ways they (and some of their teachers) had not thought possible. " (Bruffee 1978, 451)

Bruffee stellte außerdem fest, dass sich auch die Peer Tutoren durch ihre Beratungstätigkeit in ihren Schreibfertigkeiten weiterentwickelten. Zuvor durchschnittliche oder unterdurchschnittliche Studierende schrieben nun überdurchschnittlich gute Arbeiten. Bruffee fasste daher zusammen:

> „Peer tutoring is a way of involving students in each other's intellectual academic, and social development, an involvement which can benefit both tutors and their students. It is a new application of an old principle which wise teachers have known for ages — that students can often teach each other things which resist assimilation through the direct instruction

of a teacher, and in the progress, can learn more thoroughly the subjects which as tutor they set out to teach." (Bruffee 1978, 447)

Peer Tutoring ist im Laufe der Jahre zu einer wichtigen Komponente der universitären Schreibdidaktik in den USA geworden und wird an den meisten Schreibzentren praktiziert. Wesentlich für das Peer Tutoring ist einerseits die Idee von ‚collaboration' – dem gemeinsamen Entwickeln von Wissen und Ideen. Wissen wird dabei nicht als etwas gesehen, das unabhängig von den einzelnen Menschen existiert und beim Lernen quasi ‚mit Löffeln gefressen' oder ‚eingetrichtert' werden kann. Wissen muss vielmehr immer wieder ‚konstruiert' werden – hier folgt die Idee des Peer Tutoring konstruktivistischen Lerntheorien. Es muss andererseits angeknüpft werden an das Wissen, das ein einzelner Mensch bereits hat. Deshalb ist auch die Idee von Individualität wesentlich für Peer Tutoring. Jeder einzelne Schreiber ist anders, bringt andere Vorerfahrungen mit, entspricht anderen Schreibtypen, usw. Da das Peer Tutoring in Einzelgesprächen stattfindet, ist es möglich, auf alle Schreibenden individuell einzugehen. Weil die Gespräche auf Augenhöhe stattfinden, statt in einer hierarchischen Lernsituation, gelingt die gemeinsame Wissenskonstruktion leichter – beide Gesprächspartner sind auf dem gleichen Stand. Zwar bringen die Peer Tutoren Spezialwissen über Schreibprozesse mit, doch dafür sind die Gesprächspartner Experten ihrer Themen.

Und so entwickelten sich mit der Etablierung von Peer Tutoring Schreibzentren weg von den ‚Writing Clincs' und ‚Writing Labs' hin zu Institutionen, die für alle Studierenden Anlaufstellen sind, egal wie gut oder schlecht sie schreiben können. Dies trägt der Einsicht Rechnung, dass Schreiben auch ein kommunikativer Prozess ist und nicht außerhalb eines sozialen Kontextes stattfindet. Für einen gelungenen Schreibprozess sind Gespräche über den entstehenden Text sehr förderlich. Stephen North bringt das in seinem vielzitierten Essay *The Idea of a Writing Center* auf den Punkt:

> „Nearly everyone who writes likes – and needs – to talk about his or her writing, preferably to someone who will really listen, who knows how to listen, and knows how to talk about writing, too. [...] A writing center is an institutional response to this need." (North 1995, 78)

Kapitel VII.1 Schreibzentren und Peer Tutoring wird die Einsicht, dass Schreibzentren Anlaufstellen für alle Studierenden sind, noch einmal genauer erläutern.

Zusammenfassend lässt sich sagen, dass die Entwicklungen in der nordamerikanischen Schreibdidaktik vor allem auf die Entwicklung der eigenständigen Disziplin Composition Studies zurückzuführen sind, für die es im deutschsprachigen Raum keine Entsprechung gibt. Sie hat die Entstehung zahlreicher Fachzeitschriften, Fachverbände und Fachkonferenzen begünstigt. (Einen Überblick über verschiedene Verbände und Strukturen gibt Gerd Bräuer 1996.) So sind im Vergleich zu den Entwicklungen im deutschsprachigen Raum weitaus vielfältigere Diskurse über Schreibdidaktik entstanden, denen entsprechende Innovationen an Schulen und Hochschulen folgten. 1999 konstatierten Otto Kruse und Eva-Maria Jakobs für den deutschsprachigen Raum entsprechend einen „Entwicklungsrückstand von mehreren Jahrzehnten" (Kruse/Jakobs 1999, 19). Während in der Deutschdi-

Randglossen:
‚Collaboration'

Gespräche über das Schreiben

Fazit

daktik zumindest ab den 1980er Jahren eine Rezeption dieser Diskurse erfolgte (z. B. bei Otto Ludwig 1983 und ausführlicher bei Sylvie Molitor 1984), entwickelte sich für das akademische Schreiben lange Zeit gar keine Schreibdidaktik, wie die im folgenden Abschnitt dargestellte Geschichte des Schreibens an der Hochschule im deutschsprachigen Raum zeigt.

3. Die Geschichte des universitären Schreibens im deutschsprachigen Raum

Sowohl Rhetorik als auch Poetik waren laut Kruse (2006, 26) im Spätmittelalter noch wichtige Studienfächer, die jedoch bis zum Ende des 18. Jahrhunderts abgeschafft wurden, da die Naturwissenschaften inzwischen als wichtiger erachtet wurden. Bis ins 21. Jahrhundert hinein gab es in Deutschland kaum Versuche, akademisches Schreiben systematisch an den Hochschulen zu lehren.

Schreiben als Lern-
methode an den
Universitäten

Das ist besonders verwunderlich, weil das Schreiben akademischer Texte bereits vor über 200 Jahren explizit als Lernmethode eingeführt wurde, wie im Folgenden dargestellt wird.

Wie Pohl (2009) und Kruse (2005a, 2005b, 2006) zeigen, bestand die Hochschullehre ursprünglich aus Vorlesungen und mündlichen Disputationen. Disputationen waren regelmäßig stattfindende Debatten über akademische Inhalte, die strengen, von den jeweiligen Universitäten festgelegten Rollenverteilungen folgten. (Noch heute werden die mündlichen Verteidigungen von Doktorarbeiten Disputation genannt.) In den nach 1800 an deutschen Hochschulen neu gegründeten Seminaren spielten dann schriftliche Ausarbeitungen eine wesentliche Rolle (vgl. Kruse 2005a, 214). Diese schriftlichen Arbeiten waren jedoch nicht primär als Prüfungsleistung gedacht, sondern sollten den Studenten ermöglichen, eigenständig zu forschen. Sie suchten sich ein Thema, bearbeiteten es auf der Basis von Originalquellen und stellten es im Seminar zur Diskussion. Zu den Seminargruppen erhielten damals nur die besten Studenten Zugang. Oft war die Zulassung sogar an eine schriftliche Arbeit gebunden, mit der man sich bewarb. Die Gruppen blieben dann mitunter über Jahre zusammen und wurden angeleitet von einem Professor, der mit den jungen Seminaristen gemeinsam in einem Fachgebiet forschte und ihnen unterstützend zur Seite stand. Die Seminararbeiten wurden während des Entstehungsprozesses diskutiert und zirkulierten unter den Studenten. Zu dieser Zeit entwickelten sich die verschiedenen Disziplinen immer eigenständiger und es entstanden Fachzeitschriften. Die Seminaristen leisteten mit der Veröffentlichung ihrer Seminararbeiten oft wichtige Forschungsbeiträge.

Frauen waren zu dieser Zeit grundsätzlich noch nicht zum Studium zugelassen. Erst ab 1900 hatten sie im Großherzogtum Baden die Möglichkeit, sich zu immatrikulieren und zu studieren; die anderen Länder des deutschen Kaiserreichs folgten nach.

Die Seminararbeit
als Prüfungsleistung

Im Zuge der Humboldt'schen Universitätsreformen setzte sich das Seminar als Lehrformat immer stärker durch, bis es Ende des 19. Jahrhunderts an den Hochschulen eher die Regel als die Ausnahme war (vgl. Kruse 2005b, 216). Entsprechend wurde auch die Seminar- oder Hausarbeit zu einer der wichtigsten Textsorten im Studium. Mit der Durchsetzung der Seminararbeiten und ihrem Einzug in die Studienordnungen veränderte sich allerdings ihr Kontext: Sie waren nun nicht mehr nur Lern- und Forschungsmedium, sondern wurden auch zu einer Prüfungsleistung, für die es Leistungsscheine gab, ohne die das Studium nicht abgeschlossen werden konnte. Außerdem bestanden Seminare nun nicht mehr ausschließlich aus sorgfältig vorab ausgewählten Studenten und die Seminararbeiten wurden in den seltensten Fällen tatsächlich für die Veröffentlichung in Fachzeitschriften geschrieben. Diese Veränderung führt dazu, dass das Schreiben von Seminararbeiten Studierenden eine doppelte Leistung abverlangt, wie Pohl (2009, 172) betont: Zum einen müssen sie eine eigenständige Forschungsleistung erbringen und auch die damit verbundenen organisatorischen Leistungen wie Recherche, Entwickeln der Fragestellung und Zeitmanagement. Zum anderen müssen sie so tun, als würden sie tatsächlich für ein interessiertes Fachpublikum schreiben. Dabei sind die einzigen Adressaten in der Regel die Lehrenden, die das Fachgebiet sehr viel besser überblicken und daher vermutlich nur selten einen Erkenntnisgewinn aus studentischen Arbeiten ziehen. Zur wissenschaftlichen Leistung kommt also eine Fiktionalisierungsleistung hinzu: Studierende müssen sich selbst als Wissenschaftler oder Wissenschaftlerin imaginieren, die innerhalb des jeweiligen Diskurses eine Stimme haben und zur Forschung beitragen können.

Die fehlende universitäre Schreibdidaktik in Deutschland hat Jahrhunderte lang zu Klagen über die mangelhaften Schreibfertigkeiten von Studierenden geführt. So zitiert Pohl eine Aussage von 1895:

Klagen über mangelhafte Schreibfertigkeiten

„Wenig betont oder an der falschen Stelle moniert wird endlich auch der mir sehr häufig entgegentretende Mangel an Darstellungsgabe und Darstellungsgewandtheit bei den Studenten." (Ziegler 1895, 222 f.; zitiert nach Pohl 2009, 148)

Doch trotz dieser wiederkehrenden Klagen gab es nur wenige Bemühungen, das akademische Schreiben an Universitäten zu lehren. Laut Pohl (2009, 147) stammt die einzige Analyse studentischer Schreibprobleme in Deutschland aus dem Jahr 1912. Der Hochschulpädagoge Ernst Bernheim hat in seinem 1912 veröffentlichten Vortrag für die Gesellschaft für Hochschulpädagogik die Schreibprobleme Studierender anhand zahlreicher Beispiele aufgezeigt. Er führt die Probleme auf mangelnde Vorbildung durch die Schule zurück, wobei diese nicht einfach ein sprachliches Problem sei, sondern mangelhaftes „Ausdrucksvermögen überhaupt in viel tieferem Sinne, als Folge ungenügender Schulung im elementaren Denken" (Bernheim 1912, 6; zitiert nach Pohl 2009, 150). Bernheim sah Schreibprobleme also auch als Denkprobleme. Er war der Meinung, dass der damalige Aufsatzunterricht die Schüler nicht ausreichend auf die Universität vorbereitete, weil die Aufsatzthemen hauptsächlich klassische Literatur behandelten. Die Literaturanalyse erfolge durch schematisierte Charakterisierungen und Leitmotive, die den Schülern keine Gelegenheit böten, eigenständige Anschauungen schriftlich zu entwickeln und darzustellen. Bernheim war darüber hinaus der Meinung, dass eigenes Denken und eigener Ausdruck bereits in der Unterstufe geübt werden müssten. Den Universitäten empfahl er, den Studierenden Übungsmöglichkeiten im Schreiben zu verschaffen. Er war gegen

„allgemein gültige Anweisungen" (Bernheim 1912, 43, zitiert nach Pohl 2009, 154). Vielmehr helfe es, den Studierenden mehr und konkretere Rückmeldungen zu geben und sie Übersetzungsübungen schreiben zu lassen.

Bernheims Vorträgen sind lange Zeit kaum Veränderungen gefolgt. In den Geistes- und Sozialwissenschaften ist die Seminar- oder Hausarbeit bis heute die vorherrschende studentische Textsorte und auch in den Natur- und Rechtswissenschaften schreiben Studierende spätestens zum Abschluss ihres Studiums umfangreiche eigenständige Forschungsarbeiten. Trotzdem hat sich in Deutschland lange Zeit keine universitäre Schreibdidaktik entwickelt. Dies ist zurückzuführen auf das oben erläuterte Verschwinden des Schreibens als eigener Disziplin aus den Universitäten (Kruse 2006, 26) und darauf, dass Lehrende an den Universitäten sich nach wie vor ausschließlich dafür zuständig fühlen, Fachinhalte zu vermitteln.

20. Jahrhundert Wie bereits geschildert, entwickelte sich die Hausarbeit vom Lern- und Forschungsinstrument zu einer in erster Linie als Prüfung wahrgenommenen Textsorte. Das blieb auch so, als nach den 1968er-Protesten in Westdeutschland zunehmend Massenuniversitäten entstanden. Allerdings stand die Anzahl der Lehrenden nun in keinem Verhältnis mehr zur Menge der Seminarteilnehmer. Seminararbeiten wurden kaum noch angeleitet und die Verfasser der Arbeiten waren den Professoren oft nicht mehr persönlich bekannt.

In Ostdeutschland gab es zwar keine Massenuniversitäten, doch die auch hier als Prüfungsform erhaltene Seminararbeit war oft stark ideologisch geprägt. Kritisches, eigenständiges Denken und Forschen, für das die Seminararbeit eigentlich stehen sollte, war nicht erwünscht. Erwähnt werden sollte aber, dass es in der DDR zumindest ein Bewusstsein für Schreibdidaktik gab. So wurden am Johannes R. Becher-Institut in Leipzig Schriftsteller im literarischen Schreiben ausgebildet. Außerdem gab es ‚Zirkel' für schreibinteressierte Laien in Betrieben und an Schulen, in denen diese Gelegenheit haben sollten, sich schreibend auszudrücken und künstlerisch zu betätigen. Eine Aufarbeitung der schreibdidaktischen Überlegungen und Materialien der DDR steht noch aus.

Auch den 1998 angestoßenen Bologna-Prozess, der zu einer Vereinheitlichung des europäischen Hochschulraums führen soll, hat die Textsorte Seminararbeit bisher überlebt. Der Rahmen für das Verfassen von Seminararbeiten hat sich allerdings weiter verschlechtert, da Studierende nun häufig unter großem Zeitdruck stehen und die Seminararbeit noch stärker als früher ausschließlich als Prüfungsform wahrgenommen wird. Andererseits wird durch die veränderten Bedingungen der Bedarf an schreibdidaktischen Angeboten sichtbarer. Während Studierende früher Hausarbeiten lange aufschieben und oft sogar abbrechen konnten, müssen sie inzwischen in ihrer kurzen Studienzeit so dringend Scheine sammeln, dass sie gezwungen sind, ihre Hausarbeiten fertigzustellen und abzugeben. Lehrende bekommen so mehr mangelhafte Hausarbeiten zu sehen als früher (vgl. Macgilchrist/Girgensohn 2011, 10). Zugleich sind die Universitäten aufgefordert, Studierende auch auf den Arbeitsmarkt vorzubereiten (Employability). Deshalb gibt es mittlerweile an vielen Hochschulen spezielle Angebote zur Förderung so genannter Schlüsselkompetenzen. Hier finden sich häufig auch Schreib- und Rhetorikkurse. Möglicherweise etablieren sie sich auf diese Weise langfristig wieder stärker an Hochschulen im deutschsprachigen Raum.

Die jüngsten Entwicklungen der universitären Schreibdidaktik im deutschsprachigen Raum sind im Vergleich zu den vorangegangenen 200 Jahren geradezu rasant verlaufen. So wurde 1993 durch Andrea Frank die erste deutschsprachige Institution eröffnet, die sich explizit der Didaktik des akademischen Schreibens widmet: das Schreiblabor der Universität Bielefeld (vgl. Frank u. a. 2003). Gabriela Ruhmann, eine der schreibdidaktischen Pionierinnen aus Bielefeld, eröffnete 1997 an der Ruhr-Universität Bochum ein zweites Schreibzentrum. Da sich im europäischen Umfeld ebenfalls erste schreibdidaktische Entwicklungen an Hochschulen abzeichneten, initiierte Ruhmann 1999 gemeinsam mit Otto Kruse, der einen der ersten deutschsprachigen Ratgeber zum wissenschaftlichen Schreiben für Studierende geschrieben hatte (Kruse 1993), eine europäische Tagung für Lehrende wissenschaftlichen Schreibens. Auf der Folgetagung 2001 in Groningen entstand die *European Association for Teaching Academic Writing* (EATAW). Die von Konferenz zu Konferenz steigenden Teilnahmezahlen zeigen, dass Schreibdidaktik an europäischen Hochschulen inzwischen ein Thema ist, zu dem es einen großen Austauschbedarf gibt. Davon zeugen auch die Tagungen der europäischen *Special Interest Group Writing* (SIG Writing des Forschungsnetzwerks EARLI) und die interdisziplinären Fachtagungen der von Eva-Maria Jakobs, Dagmar Knorr und Sylvie Molitor-Lübbert gegründeten Arbeitsgemeinschaft *Prowitec* (PROduktion WIssenschaftlicher TExte mit und ohne Computer). Auch regionale Fachtagungen finden inzwischen regelmäßig statt, beispielsweise organisiert durch das *Forum wissenschaftliches Schreiben* in der Schweiz.

Nach und nach entstanden in Deutschland, der Schweiz und Österreich immer mehr Schreibzentren, auf deren Arbeit *Kapitel VII.2 Schreibdidaktik in der Hochschulpraxis* genauer eingehen wird. Eine Liste deutschsprachiger Schreibzentren gibt es auf den Internetseiten des Schreibzentrums der Europa-Universität Viadrina: http://www.europa-uni.de/schreibzentrum. Die Europäischen Schreibzentren sind in der *European Writing Centers Association* (EWCA) organisiert (http://www.writingcenters.eu).

Wichtig für die universitäre Schreibdidaktik war auch die Einführung von Peer Tutoring in die Schreibzentrumsarbeit durch Gerd Bräuer 2001 an der Pädagogischen Hochschule in Freiburg (vgl. Bräuer 2002). Viele der neueren Schreibzentren arbeiten mit Peer Tutoring, z. B. in Frankfurt (Oder), Bielefeld, Hildesheim, Göttingen und Klagenfurt. Mittlerweile finden jährlich Konferenzen der Peer Tutoren statt und es existiert eine eigene Fachzeitschrift (*JoSch: Journal der Schreibberatung*).

Eine disziplinspezifische, also in den Fächern angesiedelte Schreibdidaktik scheint sich im europäischen Raum ebenfalls vor allem im Kontext von Schreibzentren zu etablieren. Vorreiter ist hier wiederum das Schreiblabor Bielefeld, das in seinem Weiterbildungsprogramm Forschen – Schreiben – Lehren Lehrende aller Disziplinen dazu anregt, Schreibaufgaben zu entwickeln und einzusetzen, die den ursprünglich mit der Seminararbeit verbundenen Zielen entsprechen: Das Schreiben zu nutzen, um die Regeln der Disziplin zu erlernen und sich eigenständig forschend Wissen zu erarbeiten.

In den letzten beiden Jahrzehnten sind zudem im deutschsprachigen Raum etliche Sammelbände zur universitären Schreibdidaktik erschienen.

Jüngste
Entwicklungen

Globalisierung und
Digitalisierung

Die Fachzeitschrift *Zeitschrift Schreiben* (www.zeitschrift-schreiben.eu) widmet sich explizit der Schreibdidaktik in Schule und Universität.

Diese Zunahme von schreibdidaktischen Institutionen, Verbänden und Publikationen relativiert also den noch 1999 festgehaltenen „Entwicklungsrückstand" (Kruse/Jakobs 1999, 19). Doch möglicherweise ist ein Denken innerhalb von Sprach- und Ländergrenzen ohnehin obsolet. Angesichts der Globalisierung und der Digitalisierung unserer Welt stellt sich vielmehr die Frage, inwiefern eine Fokussierung auf klassische nationale Schriftsprachen im akademischen Bereich noch zeitgemäß ist. So werden andere Text- und Präsentationsformen immer wichtiger und prägen die Ausbildung literaler Kompetenzen, wie z. B. die *Stanford Study of Writing* gezeigt hat: Studierende werden nicht, wie vielfach angenommen, durch die exzessive Nutzung Neuer Medien schlechter im schriftlichen Ausdruck, sondern flexibilisieren ihre Repertoires (vgl. *Kapitel V.2, Stanford Study of Writing*). Zudem führt die Globalisierung dazu, dass das Standard-Englisch, das bisher als Norm das akademische Schreiben in englischsprachigen Ländern bestimmte, in vielen Kontexten als Lingua franca zugunsten verschiedener Varianten des Englischen in den Hintergrund rückt. Auch im europäischen Raum bringt die Globalisierung neue Herausforderungen für die Schreibdidaktik mit sich, die vor allem im Bereich der Mehrsprachigkeit angesiedelt sind. Eine zeitgemäße Erweiterung des Begriffs Schreibkompetenz könnte daher der von der *New London Group* – einem interdisziplinären Zusammenschluss von Forschenden – geprägte Begriff ‚Multiliteracies' sein (The New London Group 1996). Dieser erweitert einerseits den Textbegriff multimodal, z. B. um die auditive und die visuelle Ebene, also um Ton und Bild, was vor allem in den Neuen Medien relevant ist; andererseits berücksichtigt er die kulturelle und linguistische Diversität unserer heutigen gesellschaftlichen Realität.

Künftig kann es also nicht mehr nur darum gehen, eine akademische Schreib- und Lesekompetenz auszubilden. Multiliteracies, so Grimm (2009), muss Studierende dazu befähigen, in einer globalisierten und digitalisierten Welt Kritikfähigkeit auszubilden, Ideen zu verbreiten und nachhaltige Veränderungen in Gang bringen zu können.

VII. Schreibdidaktik in der Hochschulpraxis

Die Didaktik des Schreibens fällt im deutschsprachigen Raum in erster Linie in die Zuständigkeit der Schulen und dort in die Deutschdidaktik, d.h. Schreiben wird fast ausschließlich im Deutschunterricht thematisiert und gelehrt. Dabei sind insbesondere in der gymnasialen Oberstufe Lese- und Schreibkompetenz für den Erfolg in allen Fächern entscheidend, wie z. B. die PISA-Studie zeigt.

Auch an Hochschulen ist das Schreiben in allen Disziplinen wichtig. Wissenschaftliches Schreiben ist ein elementarer Bestandteil jeder Forschung, denn ohne den verschriftlichten Forschungsdiskurs gäbe es keine Wissenschaft. Dennoch beginnt sich eine explizite Didaktik des wissenschaftlichen Schreibens als Bestandteil des Studiums im deutschsprachigen Raum gerade erst zu entwickeln.

An dieser Stelle folgt ein kurzer Exkurs zur Begriffswahl, da in Fachkreisen immer wieder die Frage aufkommt, ob man überhaupt von einer Didaktik des wissenschaftlichen Schreibens sprechen kann. Expertinnen der universitären Schreibdidaktik tendieren dazu, eher von einer Didaktik ‚akademischen‘ Schreibens zu sprechen. So stellt Eva-Maria Jakobs zu dieser Terminologie fest:

> „Bei genauerer Betrachtung zeigt sich, daß das, was im Studium verlangt wird, streng genommen kein wissenschaftliches Schreiben darstellt, sondern eher akademisches Schreiben, das sich an den Normen wissenschaftlicher Textproduktion *orientiert*. Studierende sollen keine Publikationen für die Fachwelt produzieren, sondern lernen, einen Gegenstand aus verschiedenen Perspektiven zu diskutieren, fachlich fundiert und logisch-folgerichtig zu argumentieren und Sachverhalte auf fachlich vereinbarte Weise darzustellen." (Jakobs 1999, 173; Herv. i. Org.)

Diese Sichtweise steht allerdings im Widerspruch zu der von Pohl (2009, 172) und von anderen betonten Feststellung, dass eine Schwierigkeit für Studierende gerade darin besteht, dass sie so tun müssen, als würden sie für ein Fachpublikum schreiben – sie also durchaus ‚wissenschaftlich‘ schreiben sollen (vgl. *Kapitel VI.3, Die Geschichte des universitären Schreibens im deutschsprachigen Raum*).

Die Begriffswahl ‚akademisches‘ Schreiben bietet sich wiederum deshalb an, weil die Textsorten im Studium sich im Kontext des Bologna-Prozesses zu verändern beginnen. Kürzere Textsorten wie der Essay werden inzwischen häufig in den geistes- und sozialwissenschaftlichen Fächern geschrieben und berufsrelevante Textsorten, wie Protokolle, Berichte oder Rezensionen, halten durch den Bedarf, Studierende auch auf das Berufsleben vorzubereiten (Employability), Einzug in die Seminare.

Auch erlaubt es der Begriff ‚akademisches Schreiben‘ eher, Textsorten zu integrieren, die keine wissenschaftlichen Texte sind, sondern Texte, die den Schreibenden dabei helfen, sich über fachliche Inhalte klar zu werden. Sol-

‚Wissenschaftliches‘ oder ‚akademisches‘ Schreiben?

che Texte schreiben die Autorinnen für sich selbst, nicht für ein wissenschaftliches Publikum. Sie entstehen sozusagen ‚unterwegs‘, also auf dem Weg hin zum wissenschaftlichen Text. Beispielsweise beginnen viele erfahrene Schreibende ihre Schreibprozesse mit Skizzen und Entwürfen in Journalen (vgl. *Kapitel VIII.3, Journalarbeit für das Studium*) und schnell geschriebenen Notizen in der Art des Freewriting (vgl. *Kapitel VIII.2, Ideen generieren mit Freewriting und Clustering*).

Hinzu kommt, dass durch die Globalisierung zunehmend das Englische als Lingua franca genutzt wird und die Begriffswahl zu Verwirrung führen kann: Academic Writing ist im englischen Sprachraum das, was Studierende hier als ‚wissenschaftliches Schreiben‘ bezeichnen würden, während die direkte Übersetzung von ‚wissenschaftlich‘ ‚scientific‘ wäre. ‚Scientific writing‘ ist jedoch ausschließlich das Schreiben in den Natur- und Humanwissenschaften.

Im Folgenden werden daher Ideen und Ansätze für eine Didaktik des *akademischen* Schreibens an Hochschulen vorgestellt.

1. Schreibzentren und Peer Tutoring

Schreibzentren sind universitäre Einrichtungen, die das Schreiben durch Lehr- und Beratungsangebote fördern. Während sie in den USA an 90% aller Universitäten existieren (vgl. Grimm 1996, 523), sind sie im deutschsprachigen Raum bisher noch die Ausnahme (vgl. *Kapitel VI.2, Die Geschichte der Schreibdidaktik in Nordamerika*). Hierzulande sind Schreibzentren zudem oft die einzigen Institutionen an der Hochschule, die schreibdidaktische Angebote für Studierende machen, während es in den USA nicht nur die Schreibzentren, sondern noch andere Angebote, wie die verpflichtenden Schreibkurse für die Anfangssemester oder die schreibintensiven Seminare gibt. Im deutschsprachigen Raum gehen meist alle schreibdidaktischen Interventionen von den Schreibzentren aus. So bieten diese nicht nur Einzelberatungen an, sondern auch Schreibseminare und -workshops. Zudem arbeiten sie mit Lehrenden zusammen, um schreibintensive Lehre in den Fächern zu etablieren. Einige Schreibzentren sehen sich zudem zusätzlich als Forschungsinstitutionen und widmen sich der Praxisforschung, um die Schreibdidaktik voranzutreiben. Eine Besonderheit ist außerdem die studentische Schreibberatung, d. h. die Beratung durch ausgebildete Peer Tutoren.

Peer Tutoring

Peer Tutoring ist ein Schreibberatungsformat, bei dem schreibdidaktisch fortgebildete Studierende andere Studierende unterstützen. Die Peer Tutoren reden mit ihren Kommilitonen in Einzelgesprächen über deren Schreibprojekte.

Wie bereits Kenneth Bruffee gezeigt hat (vgl. *Kapitel VI.3, Die Geschichte der Schreibdidaktik in Nordamerika*), fördert Peer Tutoring nicht nur die Schreibkompetenz, sondern auch die intellektuelle Entwicklung sowohl der beratenen Studierenden als auch der Peer Tutoren.

Ausbildung

Wesentlich zur Erzielung eines Lerneffekts auf beiden Seiten ist eine gute Ausbildung der Peer Tutoren, in der diese ein vielfältiges Repertoire an Schreibtechniken aufbauen. Dazu gehören solche Techniken wie sie im Kapitel VIII vorgestellt werden (vgl. *Kapitel VIII.2, Ideen generieren mit Free-writing und Clustering*) oder wie z. B. Raster zum Präzisieren der Fragestellung. Angehende Peer Tutoren erarbeiten sich in der Ausbildung zudem ein umfangreiches Textsortenwissen und üben Gesprächstechniken, die darauf zielen, die Gesprächspartnerinnen darin zu unterstützen, selbst Probleme zu erkennen und Lösungen zu entwickeln. Beispielsweise stellen sie offene Fragen oder spiegeln ihre Eindrücke wieder. Statt also zu sagen „So kannst du das nicht machen!", würde eine Peer Tutorin fragen: „Warum hast du das an dieser Stelle so geschrieben?" oder „Wolltest du damit sagen, dass…" oder „Ich habe das so und so verstanden, ist es das, was du ausdrücken wolltest?" Diese Art der Tutoring-Gespräche wird ‚non-directive tutoring' genannt, zurückgehend auf Carl Rogers, der das nicht-direktive Beraten für die therapeutische Praxis entwickelt hat (vgl. Rogers 1999).

Die Peer Tutoring-Gespräche wenden sich meistens zuerst den so genannten ‚Higher Order Concerns' der Texte zu. Gemeint sind damit die Probleme, die das Verständnis eines Textes sehr erschweren oder unmöglich machen (vgl. McAndrew/Reigstad 2001, 25). Einige Autoren sprechen auch von ‚Global Order Concerns', um zu zeigen, dass auf die Struktur oder den Inhalt des gesamten Texts geblickt wird. Meistens betreffen die Higher Order Concerns strukturelle Schwierigkeiten oder unklare und unlogische Aussagen. Gillespie und Lerner (2000, 30) raten Peer Tutoren dazu, Fragen wie die folgenden zu stellen: Gibt es im Text eine These oder Fragestellung? Werden Argumentationen begründet? Kann ich als Leserin die Logik des Textes nachvollziehen? Ist der Text adressatengerecht formuliert? Werden die Texte, auf die sich der Schreiber bezieht, kritisch genug betrachtet?

Higher Order Concerns

Stilfragen, grammatikalische Fehler oder Rechtschreibfehler sind dagegen ‚Later Order Concerns'. (Oft werden sie auch ‚Lower Order Concerns' genannt, um einen Gegensatz zwischen Higher/Lower herzustellen, was jedoch von vielen Schreibdidaktikerinnen abgelehnt wird, weil diese Bezeichnung suggeriert, Stil, Grammatik und Rechtschreibung seien unwichtig. Zu finden ist auch die Bezeichnung ‚Local Order Concerns', d. h. Belange, die sich nur auf eine spezifische Textstelle beziehen.)

Later Order Concerns

Later Order Concerns sollten erst besprochen werden, wenn der Text ansonsten verständlich ist. Dies ist deshalb sinnvoll, weil es wenig effektiv ist, Textteile zu korrigieren, die hinterher umgeschrieben oder wieder gelöscht werden. Auch bei Grammatik- oder Rechtschreibfehlern wird angestrebt, Hilfe zur Selbsthilfe zu leisten. So versuchen Tutoren wiederkehrende Fehler zu identifizieren, die die Schreiber in späteren Textteilen selbst wiederfinden können und zeigen ihnen Wege auf, wie sie sich weiter verbessern können. Sie zeigen ihnen z. B., wie man einen Duden effektiv benutzt oder weisen sie auf Seiten im Internet hin, auf denen man Grammatikübungen durchführen kann.

Das wichtigstes Prinzip des Peer Tutorings ist jedoch, dass Studierendenzentriert gearbeitet wird: Die jeweilige Studentin steht mit ihrem Anliegen und ihren Wünschen im Zentrum der Beratung, die Peer Tutoren richten sich nach den Bedürfnissen der Ratsuchenden. Beim Peer Tutoring versuchen Tutorin und Student zunächst gemeinsam das Anliegen zu klären und dann ein Ziel für das Gespräch festzulegen. Wichtig ist, dass Peer Tutoren weder selbst Texte bewerten noch Textbewertungen von Lehrenden in Frage

Studierenden-zentriert arbeiten

stellen. Stattdessen geben sie ein begründetes Textfeedback aus ihrer Perspektive als interessierte Leser. Dabei halten sie sich an Feedbackregeln, die sie in ihrer Ausbildung gelernt haben. Sie stellen, wie oben erläutert, offene Fragen um die Autoren dazu anzuregen, tiefergehend über ihren Text nachzudenken. Und sie geben Inhalte in eigenen Worten wieder, um den Autorinnen zu zeigen, wie der Text von einem Leser verstanden werden kann. Solche Feedbackregeln stellt Kapitel *VIII.5 Feedback geben und nehmen* vor. Weitergehende Informationen und konkrete Anleitungen für studentische Schreibberaterinnen finden sich bei Grieshammer u. a. (2012).

Uni-Bluff   Das Lernen auf Augenhöhe mit Kommilitonen fällt vielen Studierenden leichter als in einem hierarchischen Gefüge, wie es bei einer Lehrenden-Studierenden-Konstellation immer gegeben ist. Das Angebot studentischer Schreibberatung wird als niedrigschwellig wahrgenommen und bildet damit einen Gegenpol zu vielen universitären Seminar-, Vorlesungs- und Sprechstundensituationen, in denen oft das vorherrscht, was Wolf Wagner (2002) den ‚Uni-Bluff' nennt: Wissenslücken, Unsicherheiten und elementare Fragen werden von Studierenden (und mitunter auch von Lehrenden) kaschiert. Stattdessen wird geblufft: Redebeiträge werden aufgewertet durch Fremdwörter und einen vermeintlich akademischen Jargon, Fragen werden zu rhetorischen Fragen, die lediglich dazu dienen, das eigene Wissen zu demonstrieren. Ein solcher ‚Uni-Bluff' ist im Einzelgespräch mit Kommilitonen, das noch dazu gänzlich außerhalb jeglicher Prüfungs- und Benotungssituationen stattfindet, nicht nötig. In der Ausbildung wird daher auch Wert darauf gelegt, dass die Tutoren lernen, eine angenehme und vertrauensvolle Gesprächsatmosphäre herzustellen. Dies ist besonders wichtig, weil Peer Tutoring im deutschsprachigen Raum noch ungewöhnlich ist. Viele Studierende wissen nicht, was sie von dem Angebot erwarten können. Oft ist ihnen nicht klar, dass sie jederzeit in die Schreibberatung kommen können, auch dann, wenn sie noch kein Wort geschrieben haben oder wenn sie kein spezielles Problem haben, sondern nur eine Rückmeldung dazu haben möchten, wie ihre Textidee oder ihr entstehender Text auf andere wirkt.

Grenzen von Peer Tutoring   Peer Tutoring stößt allerdings an seine Grenzen, wenn eigentlich eine fachliche Leitung nötig wäre. Hier sind die Lehrenden gefragt – und Peer Tutoring kann dann dazu genutzt werden, Sprechstundengespräche vorzubereiten. Gemeinsam können Tutorin und Autor überlegen, welche Informationen von den Lehrenden noch erfragt werden müssen und wie das Anliegen am besten formuliert wird.

Peer Tutoring funktioniert nicht, wenn sich Studierende nicht auf einen gleichberechtigten Lernprozess einlassen wollen und sich stattdessen eine Bewertung ihres Textes wünschen oder sogar eine Korrektur erwarten. In diesem Fall verwechseln sie die studentische Schreibberatung mit einem professionellen Lektorat, das in den Text eingreift. Es ist jedoch ein wichtiges Prinzip der Schreibberatung, dass die Verantwortung für den Text immer bei den Schreibenden bleibt. Diese müssen selbst entscheiden, welche Veränderungen sie vornehmen möchten und diese auch eigenständig umsetzen.

Mitunter sind Schreibprobleme eng verflochten mit generellen Studienschwierigkeiten oder auch persönlichen Problemen. Dann sollten die Studienberatung oder die psychologische Beratung mit einbezogen werden. Um einer Überforderung der studentischen Schreibberater vorzubeugen, bieten manche Schreibzentren zusätzlich Schreibberatung durch Schreibberater mit abgeschlossenem Studium an.

Peer Tutoring und schreibintensive Lehre

Eine neuere Tendenz ist die Verknüpfung von schreibintensiver Lehre (siehe unten) und Peer Tutoring, indem Peer Tutoren gezielt zur Unterstützung der Fachlehre eingesetzt werden. Diese speziellen Peer Tutoren werden manchmal ‚Writing Fellows‘ genannt. Laut Bazerman u. a. (2005, 110) nehmen die Writing Fellows an den entsprechenden Seminaren teil. Ihre Aufgabe ist es, innerhalb des Seminars Peer-Feedback anzuleiten, Diskussionen anzuregen, aber auch als Gesprächspartner für Schreibaufgaben zur Verfügung zu stehen.

Zusammenfassend lässt sich festhalten, dass Peer Tutoring als schreibdidaktisches Konzept nicht mehr aus der Hochschule wegzudenken ist und darüber hinaus auch ein großes bildungspolitisches Potenzial enthält, wie z. B. die in Kapitel V.3 vorgestellte Studie zeigt (*Schreibzentrumsforschung: Das Peer Writing Tutor Alumnis Research Project*).

2. Schreibworkshops

Schreibworkshops werden häufig von Schreibzentren, Career Services oder Graduate Schools angeboten und sind deshalb oft fächerübergreifend konzipiert. Mitunter sind sie allerdings auch in den praxisrelevanten Modulen verschiedener Studiengänge verortet. Gabriela Ruhmann, die viele Bausteine prozessorientierter Schreibworkshops konzipiert und durch Multiplikatorenschulungen, also durch die Schulung weiterer Interessierter, im deutschsprachigen Raum verbreitet hat, betont den weiten Begriff, den prozessorientierte Workshops vom wissenschaftlichen Schreiben haben. Demnach gehören zum Schreibprozess auch Recherche- und Leseprozesse, die Absprachen mit Lehrenden oder der Umgang mit Emotionen wie z. B. Frustration. Besonderes Augenmerk wird auf Überarbeitungsprozesse und auf Reflexionen des eigenen Vorgehens und der eigenen Situation gelegt (Ruhmann 2003, 224f.). In den Schreibworkshops findet häufig Kleingruppenarbeit statt; Peer-Feedback und Austausch der Teilnehmenden sind ebenfalls wichtige Elemente.

Ruhmann (2003, 225ff.) skizziert die folgenden vier, auf Forschung und schreibdidaktischen Diskursen basierenden Elemente prozessorientierter Schreibworkshops:

Textreproduktion

Studierende üben den Umgang mit wissenschaftlichen Texten, z. B. unterschiedliche Lesestrategien wie kursorisches, also überblicksartiges Lesen und gründliches Lesen. Sie lernen, Texte zu reduzieren, zusammenzufassen und die Position eines Autors darzustellen (vgl. Kruse/Ruhmann 1999). Außerdem wird erarbeitet, wie sich eigene Meinungen und Kritik dem wissenschaftlichen Kontext angemessen und sprachlich präzise darstellen lassen. Dem liegt Konrad Ehlichs Konzept einer alltäglichen Wissenschaftssprache zugrunde (Ehlich 1995; Ehlich 1999): Wissenschaftliche Sprache ist eine sehr fachabhängige, spezifische Form der Schriftsprache, die sich von der Alltagssprache unterscheidet. Die alltägliche Wissenschaftssprache zu erlernen ähnelt nach Ehlich dem Erlernen einer Fremdsprache.

Darüber hinaus analysieren die Studierenden Sprachhandlungen in wissenschaftlichen Texten, um diese erkennen und selbst anwenden zu können.

Sie erarbeiten, wie Argumentationen aufgebaut sind und verschiedene Perspektiven auf einen Gegenstand dargestellt werden.

Kritisches Denken Da es Studierenden oft nicht leicht fällt, Texte kritisch zu lesen, wird dies explizit geübt: erst mündlich, dann schriftlich. Das bedeutet, Studierende lernen, eine eigene Position zu den Inhalten der gelesenen Texte zu beziehen und diese zu formulieren. Argumentationsnormen werden vermittelt und die eigenen Argumentationen der Studierenden schrittweise präzisiert, z. B. durch die Verwendung der richtigen Konnektoren (vgl. Graefen 2002; Kruse 2010, 134 ff.). Als Konnektoren bezeichnet man sprachliche Ausdrücke, die Sätze zueinander in Beziehung setzen, z. B. weil, dennoch, daraus folgt, dass …

Textproduktion Die Studierenden üben, ihre Argumentationen schriftlich auszuarbeiten. Um die Schreibprozesse handhabbar zu machen, werden die Schreibprozesse unterteilt in Vorbereitung, Formulierung und Überarbeitung und die Studierenden erlernen verschiedene Strategien für die jeweiligen Teilschritte. Eine Strategie für die Formulierungsphase ist es z. B., den Text zügig zu schreiben, und sich nicht von Formulierungsunsicherheiten aufhalten zu lassen (vgl. *Kapitel VIII.3, Schreibprojekte Schritt für Schritt*).

Anleitung Studierende bekommen oft zu wenig Anleitung für das Schreiben ihrer Texte. Deshalb wird in Schreibworkshops geübt, Schreibaufträge durch gezielte und angemessene Kommunikation mit Lehrenden zu präzisieren und sich Rückmeldung zu Lernerfolgen zu holen.

Schreibworkshops können genutzt werden, um deutlich zu machen, dass es keine ‚Patentlösungen' für die Entwicklung von Schreibkompetenz geben kann. Ferner sollte deutlich werden, dass Schreibschwierigkeiten zu Schreibprozessen dazugehören, aber auch, dass das Schreiben im Studium Chancen zum eigenständigen und kreativen Arbeiten eröffnen und Spaß machen kann.

Neben den oben genannten generellen Inhalten können prozessorientierte Schreibworkshops auch spezielle Schwerpunkte setzen, beispielsweise

- Recherchestrategien,
- Genreanalysen,
- Einführungen in spezifische Genres wie den Essay, die Mitschrift oder den Stipendienantrag,
- Arbeitsorganisation,
- Stilistik,
- Kreativitätstechniken,
- und Schreiben in Deutsch als Fremdsprache.

Erfahrungsgemäß können gerade außercurriculare Schreibworkshops Schutzräume eröffnen, die ein Lernen jenseits von Notendruck ermöglichen. In fächerübergreifenden Workshops lernen Studierende zudem, dass es ‚das' wissenschaftliche oder akademische Schreiben nicht gibt, weil sie Konventionen anderer Fächer mit den eigenen vergleichen. Zugleich erfahren sie, dass es durchaus auch Regeln guter wissenschaftlicher Praxis gibt, die für alle Fächer gleichermaßen gelten.

3. Schreibgruppen

Schreibgruppenarbeit geht, ähnlich wie das Peer Tutoring, von der Erkenntnis aus, dass Gespräche über entstehende Texte sowohl die Texte als auch deren Entstehungsprozesse verbessern können. Schreibgruppen werden von Schreibzentren und in der Promotionsphase auch von Graduate Centern angeboten. Mitunter werden Schreibgruppen innerhalb von Lehrveranstaltungen genutzt. Häufig etablieren sich Schreibgruppen jedoch jenseits von institutionellen Rahmen und sind völlig selbstorganisiert (vgl. Gere 1987; Elbow 1973).

Gere (1987) unterscheidet deshalb für Hochschulen zwischen nicht-autonomen Schreibgruppen, die von Lehrenden organisiert und angeleitet werden; semi-autonomen Schreibgruppen, die weniger von Lehrenden instruiert werden und autonomen Schreibgruppen, die ganz außerhalb des institutionellen Rahmens selbst organisiert werden. Girgensohn (2007) konstatiert dagegen, dass autonome Schreibgruppenarbeit auch innerhalb der Hochschullehre möglich und sinnvoll ist.

Schreibgruppen können ganz unterschiedliche Ausprägungen haben:
- Schreibgruppen, in denen Schreibende gemeinsam einen Text verfassen, z. B. eine gemeinsame wissenschaftliche Publikation oder auch eine Hausarbeit im Studium. Diese Form der Schreibgruppenarbeit wird in der englischsprachigen Literatur als ‚group writing‘ bezeichnet (vgl. Lehnen 1999, 152). Im deutschsprachigen Raum wird eher die Bezeichnung Ko-Autorschaft oder kooperative Textproduktion genutzt (vgl. Lehnen 2000).   *Gemeinsam Texte verfassen*
- Schreibgruppen, in denen Schreibende jeweils an individuellen Texten arbeiten und sich regelmäßig gegenseitig Rückmeldung zu Texten oder Textteilen geben. Hier spricht man von ‚interactive writing‘ (vgl. Lehnen 1999, 150) oder Peer Feedback-Gruppen.   *Rückmeldungen zu Texten*
- Schreibgruppen, in denen Schreibende ihre Schreibprozesse miteinander teilen, indem sie sich in geselliger Runde durch verschiedenste Schreibimpulse stimulieren lassen und zeitgleich vor Ort an individuellen Texten schreiben (vgl. Girgensohn 2007; Girgensohn/Jakob 2010). Eine Variante sind Schreibgruppen, die auf Schreibimpulse verzichten, aber trotzdem im gleichen Raum sitzen und zeitgleich an ihren individuellen Projekten schreiben.   *In Geselligkeit schreiben*

Schreibgruppenarbeit kann zu verschiedenen positiven Effekten führen. So werden Schreibprozesse durch regelmäßige Termine rhythmisiert. Dadurch werden Vermeidungsstrategien schwieriger und individuelle Arbeitsstrategien können sich besser ausbilden, so dass mehr Text produziert wird. Oft steigert sich zudem die Qualität der Texte. Die Schreibgruppenarbeit kann die Motivation ihrer Mitglieder verbessern, weil es konkrete Adressaten gibt. Sie kann auch Schreibprozesse effektiver werden lassen, weil Gruppenmitglieder Einblicke in die Arbeitsprozesse anderer bekommen und so ihr Repertoire an Schreibstrategien erweitern können (vgl. Girgensohn u. a. 2009).

Damit Schreibgruppenarbeit gelingt, ist die Vereinbarung gemeinsamer Regeln wichtig (vgl. *Kapitel VIII.6, Produktive Schreibgruppen organisieren*).

4. Schreibintensive Seminare

Beim akademischen Schreiben geht es um mehr als darum, korrekte Texte zu verfassen, die Wissen transportieren. Auch das Schreiben selbst ist wichtig, denn es kann als Lernmedium genutzt werden. Diese Idee ist nicht neu: Die Verbindung von Forschung und Lehre führte nach 1800 zur Einführung von Seminaren an deutschen Universitäten, an denen vorher ausschließlich Vorlesungen gehalten wurden. In den Seminaren sollten die Studierenden die Möglichkeit erhalten, eigenständig zu forschen und sich so selbst zu bilden. Mit den Seminaren wurde die Seminararbeit eingeführt, die sich – auch unter dem Namen Hausarbeit – bis heute an den Universitäten findet und die von Anfang an als Medium eigenständigen Lernens gedacht war (vgl. *Kapitel VI.3, Die Geschichte des universitären Schreibens im deutschsprachigen Raum*). Im Laufe der Jahre wurde das Schreiben von Seminararbeiten allerdings immer stärker als Prüfungsmethode wahrgenommen und aus dem Lernwerkzeug wurde ein Leistungsnachweis.

Im englischsprachigen Raum ist es insbesondere die wac/wid-Bewegung, die davon ausgeht, dass akademische Schreiblernprozesse nicht nach einem einzigen einführenden Schreibseminar (dem obligatorischen Compositionkurs) abgeschlossen sind, sondern als wichtiges Lernmedium eingesetzt und in alle Fächer integriert werden sollte (vgl. *Kapitel VI. 2, Die Geschichte der Schreibdidaktik in Nordamerika*).

Writing intensive Courses   Als ein Beispiel dafür, wie schreibintensive Lehre an einer Universität umgesetzt werden kann, sei hier die University of Missouri/Columbia genannt. Dort wurde 1983 von der Universitätsleitung ein Komitee eingesetzt, das Wege finden sollte, um die Schreibfähigkeiten der Studienanfänger zu verbessern. Das Komitee plädierte dafür, Schreiben in Form von ‚Writing intensive Courses' als Lernmedium in allen Fächern einzusetzen und außerdem ein Schreibzentrum auf dem Campus zu etablieren. Das Prinzip der ‚Writing intensive Courses' ist inzwischen etabliert an der University of Missouri/Columbia und fest in der Universitätsstruktur verankert. Jede Fakultät muss einige dieser obligatorischen Kurse anbieten, weil die Studierenden sonst ihr Studium nicht abschließen können.

Folgende Bedingungen müssen an der University of Columbia/Missouri für schreibintensive Seminare gegeben sein: Es sollten nicht mehr als 20 Studierende pro Lehrendem in einer Klasse sein. Bei größeren Kursen werden ‚Teaching Assistants' eingesetzt, um die Lehrkraft zu unterstützen. In dem Kurs müssen verschiedene Schreib-Lern-Aufgaben erfüllt werden, die komplex genug sind, um durch mehrere Arbeits- und Revisionsphasen hindurch vom Lehrer begleitet zu werden. Diese Schreib-Lern-Aufgaben münden in einem mindestens 20-seitigen Portfolio (zur Portfolioarbeit siehe unten).

Die Lehrenden, die diese Kurse anbieten möchten, werden vom Campus Writing Program unterstützt. Sie werden in Workshops darin geschult, Schreibaufgaben zu entwickeln und auf pädagogisch sinnvolle und dennoch ökonomische Weise auf die vielen Texte der Studierenden zu antworten. Auch während des Semesters können sie jederzeit Unterstützung vom Campus Writing Program bekommen. Neben Einzelberatungen geschieht dies durch regelmäßige Treffen, die ‚Lunchtime Conversations About Writing' sowie durch einen Newsletter und Materialien auf der Webpage (www.cwp.missouri.edu). Für die Studierenden gibt es ein extra Tutoren-Programm, das auf der studentischen Ebene den Erfolg dieser Kurse durch Schreibberatung unterstützt.

Wac/wid-Ansätze zeichnen sich durch eine große Vielfalt aus, daher ist das oben genannte Beispiel nur eine von vielen Möglichkeiten, wie Lernen durch Schreiben an Universitäten im anglo-amerikanischen Raum gefördert wird (vgl. z.B. Jablonski 2006 für unterschiedliche Umsetzungsmöglichkeiten). Es gibt viele Ressourcen für Lehrende, die Schreibaufgaben konzipieren wollen, z.B. das Buch *Engaging Ideas* von John Bean (2001). Das Schreiblabor der Universität Bielefeld hat eine Liste mit Links für effektive Schreibaufgaben zusammengestellt (http://www.uni-bielefeld.de/Universitaet/Studium/SL_K5/slab/schreibenlehren/Links.html).

5. Portfolioarbeit

Portfoliokonzepte werden im universitären Bereich in Deutschland gerade erst eingeführt und besonders als Instrument in der Lehrerausbildung genutzt. Portfolioarbeit didaktisiert einerseits die schrittweise Erstellung von Texten und soll andererseits die Reflexionskompetenz Studierender entwickeln.

Portfolio kommt aus dem Lateinischen und bedeutet so viel wie ‚tragbare Blätter‘ (portare heißt ‚tragen‘ und folium ‚Blatt‘). Ein Portfolio ist eine Mappe, in der Arbeitsergebnisse gesammelt und präsentiert werden. Diese können aus verschiedenen Texten oder Visualisierungen bestehen oder, im Fall von elektronischen Portfolios, auch aus Audio-, Video- und sonstigen Dateien. Portfolios sind idealerweise nicht nur ein Haufen Blätter oder ein Sammelsurium von Dateien in einem Ordner, sondern aus schreibdidaktischer Sicht ein wichtiges Lern- und Reflexionsinstrument. Oder, wie es der Schreibdidaktiker Gerd Bräuer ausdrückt: „Das Portfolio ist das Schaufenster meiner Arbeit." (Bräuer 2003, 22)

Potenziell sind viele verschiedene Variationen von Portfolios möglich, generell unterscheidet man zwischen Prozess- und Produkt-Portfolios:

Beim Prozess-Portfolio sollen verschiedene Phasen oder Facetten des Schreib-, Lern- und Erkenntnisprozesses dokumentiert werden. Zum Beispiel könnten hier selbst gewählte Ausschnitte aus dem Schreibjournal präsentiert werden (vgl. *Kapitel VIII.3, Journalarbeit für das Studium*), Literaturlisten, Exzerpte von Artikeln oder auch Brainstormings, die Rohfassung und die letzte Version eines Essays. Dazu kommen Materialien, die aus subjektiver Sicht den eigenen Lernprozess geprägt haben, wie z.B. inspirierende Auszüge aus der Sekundärliteratur, Gesprächsprotokolle oder Texte von Kommilitonen. Ein zentrales Element des Portfolios ist die schriftliche Reflexion über den eigenen Lernprozess anhand des ausgewählten Materials. Hier kann z.B. besonderen Wert auf die ‚Werkzeugkiste‘ des Lernens gelegt werden. Als besonders hilfreiche Lernmethoden könnten das Exzerpieren, Gespräche mit Freunden über das Thema oder ein Vortrag, der besucht wurde, genannt werden. Beim Prozess-Portfolio liegt der Schwerpunkt auf der Dokumentation und Reflexion der Frage: Wie und mit welchen Methoden vollzieht sich bei mir ein gelungener Lernprozess?

Prozess-Portfolio

Produkt-Portfolio   Im Produkt-Portfolio dagegen werden Texte oder andere Arbeitsergebnisse präsentiert, die im Laufe eines bestimmten Zeitraums (z. B. innerhalb eines Seminars) selbst erstellt wurden und die besonders gelungen sind. Hier wird über jeden einzelnen Text (oder Film, oder, oder…) schriftlich reflektiert und analysiert, was besonders gut geworden ist, was noch anders gemacht oder besser gelöst werden könnte und was den Text von den anderen präsentierten Texten unterscheidet. So wird anhand der Produkte der eigene Lern- und Schreibfortschritt nachvollzogen, wobei im Gegensatz zum Prozess-Portfolio in der schriftlichen Reflexion rückblickend überlegt wird, was man inhaltlich und methodisch gelernt hat (vgl. Bräuer 2003, 22 ff.).

Bei Portfolios ist es wichtig, dass nicht die ausgewählten Texte benotet werden, die ja einen Prozess dokumentieren sollen und von denen einige alles andere als perfekt sein werden. In der Regel wird deshalb die „Tiefe der Einsichten in den eigenen Lernprozess und die Qualität der Darstellung des eigenen Lernens" (Bräuer 2003, 35) bewertet, also die schriftliche Reflexion und der Gesamteindruck, den das Portfolio erzeugt. Die beigelegten Materialien werden als Quellenmaterial behandelt und nicht im Einzelnen benotet.

Das Portfolio ist ein Instrument, das die Erhöhung der Eigenverantwortung und Selbststeuerung bei Lernprozessen fördern und die (Selbst-)Reflexion über die eigenen Lernprozesse ausbilden soll (vgl. Häcker 2006, 145). Denn erstens bestimmen die Lernenden selbst, was sie im Portfolio präsentieren möchten und zweitens setzt eine Analyse des eigenen Lernprozesses ein, die „das Lernen selbst zum Gegenstand einer Reflexion nimmt, um eine methodische Lernkompetenz auszubilden und kontinuierlich zu verbessern" (Reich 2008, 1). Dies, so der Lernforscher Kersten Reich, gelingt am besten, wenn die Lernenden an der Auswahl der Inhalte, der Art der Präsentation und der Festlegung der Beurteilungskriterien beteiligt werden. Die Beurteilungskriterien können je nach Fach und Thema sehr unterschiedlich ausfallen.

Die Arbeit mit Portfolios konzentriert sich also nicht auf die Schreibkompetenz allein. Portfolios können sowohl in einem einzelnen Seminar als auch für einen bestimmten Studienabschnitt sinnvoll sein, z. B. als Abschluss eines Moduls oder für die Reflexion des Schulpraktikums. Für Lehramtsstudierende kann Portfolioarbeit außerdem ein wertvolles didaktisches Werkzeug für ihren späteren Unterricht werden, mit dem sie das Schreiben stärker in die verschiedenen Schulfächer einbinden können.

Da Portfolioarbeit als Idee sehr abstrakt erscheinen mag, folgt hier ein Beispiel für eine Arbeitsanleitung, mit der Studierende ein Portfolio erstellen:

PORTFOLIOS

**„Das Portfolio erzählt die Geschichte des Lernens,
des jeweiligen Lernprozesses" (Häcker 2006, 148)**

Was soll ich abgeben? Und wie ist das mit der Reflexion?
Für eine benotete Einzelleistung geben Sie 10 Texte und eine Reflexion
ab, im Einzelnen:
- 5 selbst verfasste Hausaufgaben-Texte
- 5 Seminartexte, die Sie inspiriert haben oder Ihnen etwas deutlich gemacht haben (diese können selbst oder von KommilitonInnen verfasst
  worden sein, auch Arbeitsblätter oder Sekundärliteratur dürfen Sie
  auswählen)
- eine fünf- bis siebenseitigen Reflexion über Ihre Beschäftigung mit
  dem Seminarthema, Ihrem Lernprozess und dem eigenen Schreiben
Die Benotung orientiert sich an den Lernzielen des Seminars. Diese
sind:
- Sie haben sich mit dem eigenen Lern- und Erkenntnisprozess in der
  Reflexion intensiv auseinandergesetzt
- Sie beherrschen die im Seminar eingeführten Fachbegriffe und Konzepte sicher, was aus der Reflexion deutlich ersichtlich wird
- In den Texten, die Sie im Laufe des Seminars verfasst haben, ist eine
  Entwicklung zu erkennen

Und wie und was soll ich reflektieren?
Die Reflexion sollte ca. 5 – 7 Seiten (Arial 12, 1½ Zeilen Abstand) umfassen.

Aus Ihrem Portfolio mit 10 Texten wählen Sie 3 – 5 Texte aus, auf die
Sie sich in der Reflexion beziehen. Sie wählen bitte die Texte (eigene
und andere), bei denen Sie Ihre größten Aha-Effekte hatten (das sind
nicht unbedingt die besten selbst verfassten Texte, sondern auch diejeni-
gen, bei denen etwas noch nicht stimmt!).
- Die **3 – 5** für die Reflexion ausgewählten Texte sollten die wichtigsten
  Zäsuren in Ihrem Lernprozess darstellen
- Wir möchten von Ihnen keine wissenschaftliche Hausarbeit, sondern
  eine persönliche Reflexion über Ihren Lern- und Erkenntnisprozess
- Schaffen Sie bitte einen kurzen Überblick in Form eines Inhaltsver-
  zeichnisses
- Auch eine Reflexion hat eine kurze Einleitung, einen Hauptteil und
  einen Schluss
- Ihre Reflexion sollte inhaltlich gut strukturiert und Ihre Argumentation
  nachvollziehbar sein
- Machen Sie bitte einen Absatz nach dem Ende eines Gedankengan-
  ges!
- Das Layout sollte einheitlich und optisch ansprechend gestaltet sein
  und der Strukturierung dienen (das bedeutet, dass Sie Arbeitsblätter
  und Sekundärtexte sinnvoll ins Layout einbinden sollten)

**An folgenden Fragen können Sie sich orientieren –
Sie sind jedoch auch dazu aufgerufen, selbst welche zu entwickeln!**

- Woher stammt das Material (Kontext der Stunde)?
- Wieso ist dieser Text besonders wichtig für mich?
- Wie bin ich beim Schreiben des Textes vorgegangen?
- Wie habe ich das gemacht und welche Wirkung hat es?
- Was war mir neu, was war mir bereits bekannt?
- Was habe ich konkret gelernt? Was ist mir konkret bewusst geworden?
- Mit welchen Aspekten des Seminarthemas möchte ich mich gerne noch intensiver beschäftigen?
- Welche Fragen stellen sich mir noch?

VIII. Schreibdidaktische Anregungen und Impulse

Dieses Buch hat bislang einen Überblick über die wichtigsten Entwicklungen in der Schreibprozessforschung geschaffen und gezeigt, welche Empfehlungen sich daraus für die Schreibdidaktik ableiten lassen. In diesem abschließenden Kapitel folgen Anregungen für den Studienalltag – ganz unabhängig davon, ob es an den Hochschulen Schreibkurse, ein Schreibzentrum oder andere Angebote gibt.

1. Schreibprojekte Schritt für Schritt

Schreibprozesse verlaufen individuell und folgen selten einem Schema F. Insbesondere hat die Schreibprozessforschung gezeigt, dass Schreibprozesse in der Regel nicht linear verlaufen, sondern rekursiv. Ein Text wird also nicht erst geplant, dann geschrieben und am Ende überarbeitet, sondern in allen Schritten der Textproduktion wird immer wieder geplant, geschrieben und überarbeitet.

Dennoch möchten wir an dieser Stelle ein lineares Modell vorstellen, denn es kann Ihnen dabei helfen, wissenschaftliche Schreibprozesse handhabbar zu machen. Oft scheitern Studierende in ihren Haus- oder Abschlussarbeiten daran, dass sie keine Vorstellung davon haben, welche Arbeitsschritte ihr Vorhaben beinhaltet, womit sie anfangen sollten oder wie sie sich organisieren können. Das folgende Modell ist also ein idealtypisches Modell für den Arbeitsprozess an einem wissenschaftlichen Text. Es orientiert sich an Wolfsberger (2007) und wurde am Schreibzentrum der Europa-Universität Viadrina weiterentwickelt. Das Modell besteht aus fünf Stufen, die auf dem Weg zum Endprodukt erklommen werden müssen sowie aus drei Tätigkeiten, die während des gesamten Arbeitsprozesses begleitend mitlaufen. Die fünf Stufen sind (1) Orientierung und Planung, (2) Auswertung, Datenerhebung und Gliederung, (3) Schreiben einer Rohfassung, (4) Überarbeiten des Rohtexts und (5) Korrektur und Layout des fertigen Textes. Die drei dabei jederzeit wichtigen Tätigkeiten sind Schreiben, Lesen und Reden.

Das Modell kann insbesondere bei der Zeit- und Arbeitsorganisation helfen, da es erstens eine Einschätzung der Zeiträume erlaubt, die für das Bewältigen jeder Stufe zur Verfügung stehen und zweitens verdeutlicht, welche einzelnen Arbeitsschritte in diese Zeiträume fallen. Dafür ist folgende Faustregel hilfreich: Jede der Stufen benötigt in etwa gleich viel Zeit. Nur bei empirischen Arbeiten, d.h., wenn Sie selbst Daten erheben (z.B. mit Hilfe von Interviews oder Fragebögen), müssen Sie für die zweite Stufe etwa doppelt so viel Zeit einplanen wie für jede der anderen Stufen. Wenn man also fünf Monate Zeit hat für eine Arbeit, muss man eine Stufe pro Monat bewäl-

Der Arbeitsprozess beim wissenschaftlichen Schreiben:
5 Stufen und 3 Spuren zum Abschluss der Arbeit

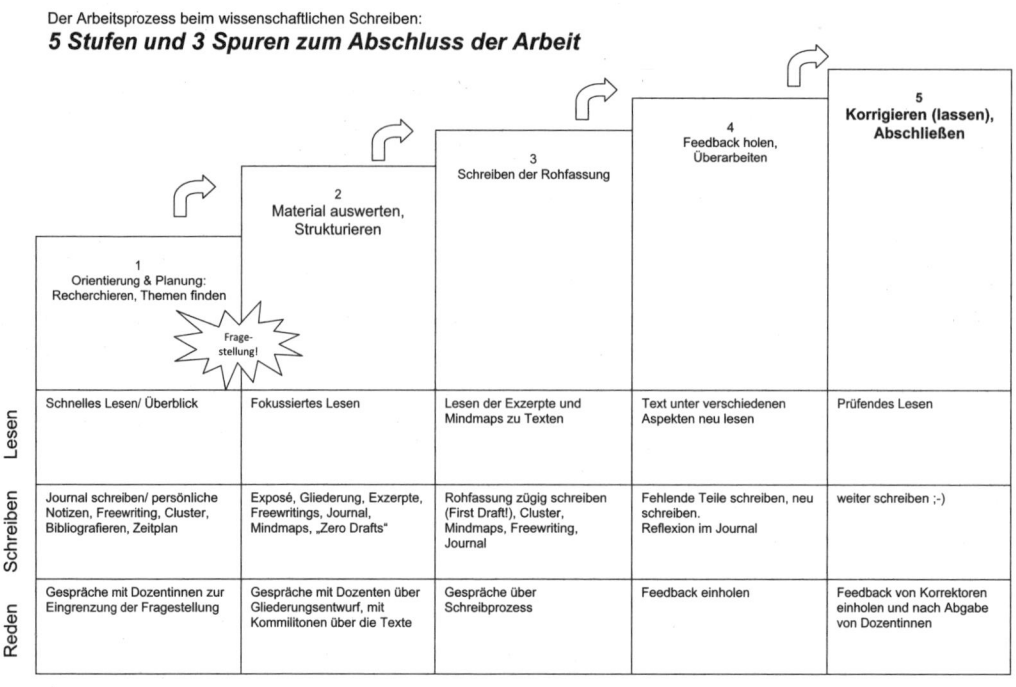

	Schnelles Lesen/ Überblick	Fokussiertes Lesen	Lesen der Exzerpte und Mindmaps zu Texten	Text unter verschiedenen Aspekten neu lesen	Prüfendes Lesen
Lesen					
Schreiben	Journal schreiben/ persönliche Notizen, Freewriting, Cluster, Bibliografieren, Zeitplan	Exposé, Gliederung, Exzerpte, Freewritings, Journal, Mindmaps, „Zero Drafts"	Rohfassung zügig schreiben (First Draft!), Cluster, Mindmaps, Freewriting, Journal	Fehlende Teile schreiben, neu schreiben. Reflexion im Journal	weiter schreiben ;-)
Reden	Gespräche mit Dozentinnen zur Eingrenzung der Fragestellung	Gespräche mit Dozenten über Gliederungsentwurf, mit Kommilitonen über die Texte	Gespräche über Schreibprozess	Feedback einholen	Feedback von Korrektoren einholen und nach Abgabe von Dozentinnen

Abb. 7: Stufenmodell des Arbeitsprozesses beim wissenschaftlichen Schreiben

tigen. Bei fünf Wochen ist es entsprechend eine Woche pro Stufe, bei fünf Tagen ein Tag.

Orientierung und Planung

Die erste Stufe, Orientierung und Planung, erfordert genauso viel Zeit wie alle anderen. Studierende haben in dieser Phase oft das Gefühl, noch gar nicht richtig zu arbeiten, da die Zielrichtung noch unklar ist und wenig greifbare Ergebnisse entstehen. In dieser Phase wird ein Thema gesucht; erst dann werden Texte recherchiert, die sich mit dem Thema befassen, und quer gelesen. Es geht darum, sich einen Überblick über das Thema zu erarbeiten und auf Basis dieses Überblicks eine Fragestellung zu entwickeln. Erst wenn Sie eine Fragestellung gefunden haben, die das Thema so eingrenzt, dass ein kleiner, sehr überschaubarer Teilbereich in den Blick genommen wird, lässt sich das Thema bearbeiten! (Mehr dazu bei Frank/Haacke/Lahm 2009).

Gelesen wird in dieser Phase viel, aber noch nicht gründlich.

Geschrieben werden vor allem so genannte schreiberzentrierte Texte, z. B. im Journal (siehe VII.2).

Geredet wird, um das Thema zu klären und einzugrenzen.

Materialauswertung, Datenerhebung, Gliederung

Nun werden die in der ersten Phase gefundenen Texte gründlich gelesen und bearbeitet. Bei empirischen Arbeiten muss das Material meist noch erhoben werden. Auf der Basis der vorliegenden Texte (Daten) werden eigene Ideen und Argumentationen entwickelt, deshalb fällt auch die Gliederung in diese Phase. Zwar ist es sinnvoll, schon in der Orientierungsphase erste Gliederungen zu entwickeln, doch häufig zeigt sich erst jetzt, auf welchen Argumentationen man seinen Text aufbauen kann.

Gelesen werden die vorliegenden Materialien sehr gründlich, wobei innerhalb längerer Texte nur diejenigen Passagen gründlich gelesen werden, die Antworten auf die Fragestellung geben.

Geschrieben werden sollte beim gründlichen Lesen immer: Exzerpte, also ausformulierte Textauszüge, aber auch Notizen zu eigenen Ideen und erste Textsplitter.

Geredet werden sollte über Gliederungen und Inhalte – denn durch Gespräche entwickeln sich die Gedanken weiter.

Nach der gründlichen Auseinandersetzung mit den Texten und Daten sollte bereits eine Menge Text vorliegen: Notizen, Exzerpte, allererste Entwürfe. Nun gilt es, einen Text zu formulieren und den Gedanken eine zusammenhängende Gestalt zu geben. Die Rohfassung sollte zügig geschrieben werden. Sie heißt Rohfassung, weil sie noch nicht sprachlich geschliffen sein muss. In dieser Phase sollte wenig Energie darauf verschwendet werden, die perfekte Formulierung oder einen originellen Stil zu finden. Wichtig ist, dass Sie sich auf die Entstehung eines zusammenhängenden Textes konzentrieren.

Schreiben der Rohfassung

Gelesen werden in dieser Phase vor allem die eigenen Notizen und Exzerpte.

Geschrieben wird eine rohe Gesamtfassung.

Geredet werden sollte vor allem über den Schreibprozess: ein Austausch darüber, welche Schreibstrategien andere verfolgen oder um welche Tageszeit man am besten schreibt, hilft dabei, das eigene Schreibverhalten zu reflektieren.

Nun liegt eine erste Textfassung vor, die gründlich überarbeitet wird. Dafür sollten der eigene Text oder Ausschnitte des Textes auch von anderen gelesen werden, damit Sie Rückmeldungen bekommen, welche Gedanken oder Argumentationen nachvollziehbar sind und welche noch nicht. Für die Überarbeitung des Textes sollten Sie sich verschiedene ‚Brillen‘ aufsetzen, mit denen Sie den Text aus verschiedenen Perspektiven kritisch betrachten. Zuerst prüfen Sie, ob Sie inhaltlich alles gesagt haben und ergänzen Fehlendes. Dann werfen Sie einen kritischen Blick auf die Struktur: Steht alles an der Stelle im Text, wo es am sinnvollsten ist? Gibt es Wiederholungen, müssen Sie Passagen streichen? Dann überlegen Sie, ob der Text ausreichend Belege enthält und ergänzen fehlende. Und schließlich überprüfen Sie den Text danach, ob er sprachlich und stilistisch richtig ‚klingt‘ und überarbeiten ihn entsprechend.

Überarbeiten der Rohfassung

Gelesen wird in dieser Phase der eigene Rohtext.

Geschrieben werden oft noch Übergänge oder Textteile, deren Fehlen beim kritischen Lesen auffällt.

Geredet wird mit möglichst vielen anderen, die die Rohfassung gelesen haben (siehe unten, *Feedback geben und nehmen*).

Ist der Rohtext schließlich überarbeitet, ergänzt und poliert, muss er noch layoutet und abschließend korrigiert werden. Da man in dieser Phase meistens schon ‚betriebsblind‘ geworden ist, empfiehlt es sich, andere zu bitten, den Text zu korrigieren. Das ist auch der Grund, weshalb diese Stufe genauso viel Zeit erfordert wie die vorhergehenden: Über die Zeit anderer Menschen kann man in der Regel nicht frei verfügen. Wenn sich niemand findet und Sie selbst korrigieren müssen, sollte der Text vor der Endkorrektur eine Weile liegen gelassen werden und dann auf Papier ausgedruckt gelesen wer-

Korrektur und Layout

den. Dabei hat es sich als nützlich erwiesen, von hinten anzufangen, um sich nicht von den Inhalten ablenken zu lassen.

Gelesen wird in dieser Phase der eigene Text mit prüfendem Blick.

Geschrieben wird in dieser Phase nicht mehr am aktuellen Text, aber man kann sich insbesondere bei Abschlussarbeiten der Zweitverwertung widmen (Fachartikel, Rezensionen). Außerdem kann man den eigenen, abgeschlossenen Schreibprozess schriftlich reflektieren, um möglichst viel daraus für das nächste Mal zu lernen.

Geredet werden sollte insbesondere mit den Lehrenden – Feedback auf den Text zu bekommen ist wichtig, die Note und der Schein allein helfen nicht beim Aufbau von Schreibkompetenz!

2. Ideen generieren mit Freewriting und Clustering

In diesem Kapitel möchten wir Ihnen zwei bewährte Brainstorming-Techniken vorstellen, die Ihren Arbeitsprozess beschleunigen können. Mit Freewriting und Clustering können Sie Ihre Themen besser einkreisen und Ihre Ideen schneller entwickeln.

Freewriting

Freewriting (nach Peter Elbow 1998, erstmals erschienen 1973) funktioniert nach folgenden Regeln:

- Setzen Sie sich einen Zeitrahmen für das Schreiben, z. B. fünf oder zehn Minuten.
- Schreiben Sie spontan alles auf, was Ihnen in den Sinn kommt, ohne sich zu fragen, ob es richtig oder falsch, sinnvoll oder belanglos ist.
- Schreiben Sie nicht in Stichworten, sondern möglichst in ganzen Sätzen.
- Stil, sprachliche Richtigkeit oder Interpunktion spielen keine Rolle.
- Hören Sie innerhalb des festgesetzten Zeitrahmens auf keinen Fall auf, zu schreiben! Sobald der Schreibfluss ins Stocken kommt, schreiben Sie „Was noch? Was noch?" oder wiederholen Sie das Thema („Die Nacht ist ein Einbrecher. Warum ist die Nacht ein Einbrecher? Einbrecher. Einbrecher. Einbrecher."). Wichtig ist, dass die Schreibhand in Bewegung bleibt.
- Sie schreiben nur für sich und müssen den Text später niemandem zeigen. Der entstandene Text kann und darf Passagen enthalten, die albern klingen und inhaltlich unsinnig sind. Selbst wenn das komplette Freewriting unsinnig klingt, hat man sich innerhalb von fünf Minuten eingeschrieben und kann sich jetzt an den eigentlichen Text setzen.

Freewriting kann auch eingesetzt werden, um schwierige Emotionen zu bewältigen. So hat eine in der Zeitschrift *Science* veröffentlichte Studie gezeigt, dass das Schreiben von kurzen, persönlichen Texten direkt vor Prüfungen die Prüfungsangst signifikant verringert (vgl. Ramirez/Beilock 2011).

One-Minute Papers

Eine besondere Form des Freewritings sind die so genannten One-Minute Papers (vgl. Stead 2005). One-Minute Papers werden nach einem Seminar, einer Vorlesung oder einer Selbstlernphase geschrieben. Innerhalb einer oder weniger Minuten werden, schriftlich und ähnlich zügig wie beim Freewriting, zwei Fragen beantwortet:

- Was war heute das Wichtigste für mich?
- Wozu möchte ich noch mehr wissen?

Studien zeigen, dass Studierende, die im Anschluss an Vorlesungen regelmäßig solche kurzen Reflexionen schrieben, statistisch signifikant besser in
Abschlussessays abschnitten als diejenigen Kommilitonen, die keine One-
Minute Papers geschrieben hatten (Almer u. a. 1998; Chizmar/Ostrosky
1998).

Eine weitere Brainstorming-Methode, die wir empfehlen, ist das ‚Cluster‘   Cluster
oder ‚Clustering‘ nach Gabriele L. Rico (1998, 27 f.). Hintergrund für die Methode ist die Erkenntnis, dass verschiedene Regionen im Gehirn für verschiedene Aufgaben zuständig sind (vgl. *Kapitel III.6, Schreibstörungen nach
Alice W. Flaherty*). Durch das Zusammenfallen von Bildlichkeit und Begriff-
lichkeit im Cluster sollen verschiedene Gehirnregionen gleichzeitig aktiviert
werden und so für den Schreibprozess effektiv zusammenarbeiten.

In die Mitte eines quer liegenden Blatts schreiben Sie den Begriff, zu dem
Sie Ideen entwickeln möchten, z. B. ‚Schreiben‘. Dieser Begriff wird dazu
genutzt, Assoziationsketten zu bilden. Die assoziierten Wörter werden
schnell niedergeschrieben und nicht zensiert. Sie werden jeweils umkreist
und mit Strichen verbunden. Wenn man kurz ins Stocken gerät, wird das
letzte Wort so lange umkreist, bis einem das nächste einfällt – so bleiben die
Schreibhand und der Gedankenfluss in Bewegung. Ähnlich wie beim Freewriting geht es darum, Ihre Gedanken zum Sprudeln zu bringen. Folgen Sie
der Inspiration und widerstehen Sie (vorerst) dem Impuls, zu strukturieren.
Eine Assoziationskette ist dann beendet, wenn Ihnen nichts mehr einfällt
oder der letzte Begriff gar nichts mehr mit dem Kernbegriff in der Mitte zu
tun hat. Dann wird entweder eine neue Kette in der Mitte begonnen oder
auch ein Seitenstrang. Ein Cluster sieht so ähnlich aus wie eine Mindmap,
dient aber im Gegensatz dazu nicht der Strukturierung und Gliederung, sondern dem wilden, assoziativen Ideensammeln.

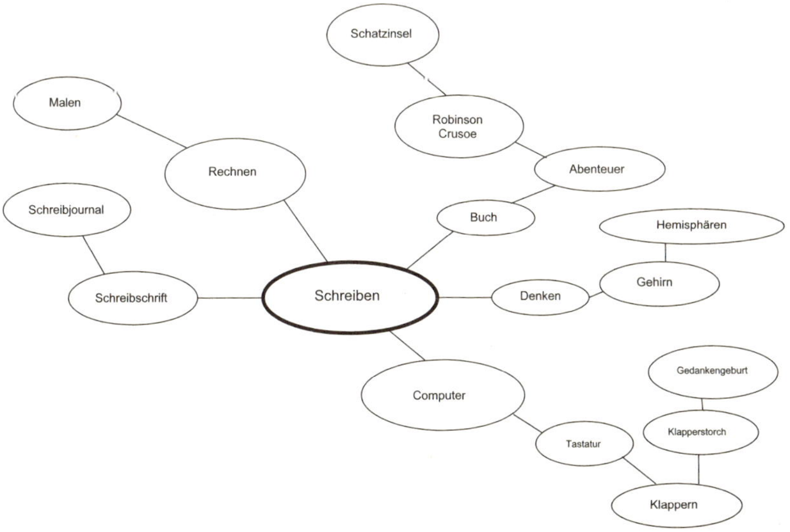

Abb. 8: Cluster nach Ricó

3. Journalarbeit für das Studium

Wie wir aus der Forschung wissen, hat das Schreiben nicht nur die Funktion, Gedanken schriftlich darzustellen, sondern auch neue Gedanken zu entwickeln (vgl. *Kapitel III.4, Funktionen des Schreibens*). Um das schreibende Denken im Studienalltag gezielt zu nutzen, sollte man regelmäßig so genannte schreiberzentrierte Texte verfassen. Damit sind Texte gemeint, deren Adressat (noch) kein Publikum ist, sondern die schreibende Person selbst. Ziel ist es, das eigene Denken voranzutreiben und zu strukturieren. Beispiele für schreiberzentrierte Texte sind Freewritings oder Tagebucheintragungen.

Um dem Schreiben als Denkmedium Raum zu geben, bietet es sich an, ein so genanntes Journal zu führen (vgl. Bräuer 2003; Lange 2010). Das Journal ist ein gebundenes oder geheftetes Notizbuch, das mindestens das Format DIN A 5 haben sollte und am besten eine Stifthalterung. Möglicherweise erscheint Ihnen dieses analoge Medium etwas antiquiert, aber es hat den großen Vorteil, dass es überall hin mitgenommen werden kann und dass es jederzeit einsatzbereit ist. Denn die besten Ideen kommen nicht unbedingt dann, wenn man zuhause am Schreibtisch oder in der Bibliothek am Laptop sitzt, sondern ganz unerwartet, z.B. in der Bahn oder einer Vorlesung. Im Journal kann jeder auftauchende Gedanken sofort festgehalten werden. Und idealerweise wird er nicht nur festgehalten, sondern auch weiterentwickelt:

> „Der Fokus des Journalschreibens liegt also nicht auf dem fertigen, abgabereifen akademischen Text, sondern auf seiner Vorbereitung in der Form von Aneignung von Stoff, Gedankenentwicklung, Sammlung von Material und Entwürfen" (Lange 2010, 232). Das Journal wird in Alltagssprache geschrieben und ist eine Mischung aus persönlichem (nicht öffentlichem) Tagebuch und einem sachbezogenen Notizbuch (vgl. Lange 2010, 232).

Beispiel Louis schreibt eine Hausarbeit zu Ilse Aichingers Roman *Die größere Hoffnung*. Er sitzt in der Bahn, um nach Hause zu fahren und liest Zeitung. Aus den Augenwinkeln nimmt er wahr, dass es draußen allmählich dunkel wird. Er ärgert sich über die frühe Dunkelheit und auf einmal fällt ihm eine Zeile aus dem Roman ein: „Die Nacht gebot dem Wind, ihr die Räuberleiter zu machen, und kletterte die Fassaden hinauf" (Aichinger 1960, 111). Vorher war ihm nicht aufgefallen, wie Ilse Aichinger hier mit dem ‚Einbruch der Dunkelheit' spielt. Louis holt sein Journal heraus und nutzt die letzten zehn Minuten der Bahnfahrt für ein Freewriting zu diesem Bild. Am nächsten Morgen, als Louis sich an den Schreibtisch setzt, um an seiner Hausarbeit zu schreiben, liest er das Freewriting in seinem Journal noch einmal und kann die Gedanken nachvollziehen, die er in der Bahn hatte. Einige von ihnen greift er nun auf und nutzt sie für ein Kapitel zur bildhaften Sprache Aichingers.

Freewriting nutzt die Potenziale des Schreibens als Denkmedium. In unserem Beispiel hat Louis nun:

- den auftauchenden Gedanken festgehalten, bevor er verschwunden war,
- den Gedanken schriftlich weitergedacht und dabei höchstwahrscheinlich weitere Ideen entwickelt
- und seine Notizen im Journal festgehalten und nicht auf einem losen Zettel, der womöglich später nicht mehr auffindbar ist.

Das Journal kann, wie das Beispiel gezeigt hat, für das schreibende Denken eingesetzt werden. Studierende, die sich diese Art des Denkens angewöhnt haben, berichteten uns, dass sich ihre Aufmerksamkeit schärft und es ihnen zunehmend leichter fällt, Gedanken zu entwickeln und sich an Erkenntnisse zu erinnern.

Das Journal bietet außerdem Platz für viele weitere Notizen:

- Fragen,
- Planungen, Zeitpläne, Gliederungen,
- Skizzen, Zeichnungen,
- Literatur- und andere Hinweise,
- Kreative Schreibübungen (Mein Schreibtisch erzählt, wie es ihm geht; ich erkläre mein Thema einem Kind; ich schreibe einen Dialog mit einem Autor; ich formuliere mein Thema als Gedicht…),
- Eigenlob und Jammer,
- Erlebnisse und Beobachtungen,
- Formulierungssammlungen,
- ,Zero-Drafts', d. h. allererste Versionen von Textteilen für Hausarbeiten, Artikel oder andere leserzentrierte Texte,
- und Begriffe, die nachgeschlagen werden sollen.

Weiterführende Tipps zum Journal:

Das Journal kann durch digitale Varianten ergänzt werden. Dafür bietet es sich an, auf dem Computer einen Journal-Ordner zu erstellen, den sie je nach Geschmack mit verschiedenen Unterordnern strukturieren können, z. B. Forschungstagebuch, Begriffe, Literaturhinweise, Gesprächsnotizen usw.

Journaleinträge sollten immer mit einem Datum versehen werden. Es ist hilfreich, über dem Eintrag ein bisschen Platz zu lassen, um im Anschluss an die Schreibphase eine Überschrift zu vergeben. Diese erleichtert später das Wiederfinden der Einträge.

Auf der letzten Seite des Journals kann ein Inhaltsverzeichnis angelegt werden, das fortlaufend weitergeführt wird.

Farbige Klebezettel können zusammenhängende Themen markieren (z. B. gelb für Notizen zur Hausarbeit, grün für Literaturhinweise, rot für Planungen usw.).

Ein volles Journal sollte noch einmal durchgesehen werden, damit wichtige Notizen übertragen werden können.

Über Jahre aufbewahrte Journale eröffnen faszinierende Blicke auf das eigene Lernen und die eigene Entwicklung.

Das Journal kann das Schreiben rhythmisieren. Nach dem Vorbild von Julia Cameron (2000) kann man sich z. B. angewöhnen, jeden Morgen eine reflexive Schreibphase durchzuführen und auf diese Weise in Kontakt mit den eigenen Gedanken und der eigenen Kreativität zu bleiben.

Beispiele berühmter Wissenschaftler zeigen, dass das schreibende Denken viele Ideen vorangetrieben hat. Von Charles Darwin sind einige Journale erhalten. Und Einstein entwickelte seine Gedanken schriftlich in Briefform, bevor er seine Theorien präzise auf den Punkt bringen und veröffentlichen konnte.

4. Adressatengerechte Texte durch Genreanalysen

Im Studium werden Sie mit einer Anzahl sehr verschiedener Texte konfrontiert, die sie verfassen sollen: Hausarbeiten, Essays, Exzerpte, Zusammenfassungen, Protokolle, wissenschaftliche Artikel – um nur einige zu nennen. Die verschiedenen Texte werden aus linguistischer Perspektive als 'Textsorten' bezeichnet. Viele Schreibdidaktiker reden auch von 'Genres', da es im angelsächsischen Raum eine Richtung der Schreibdidaktik gibt, die 'Genre Theory' heißt und die ihren Schwerpunkt auf die Strukturen und Funktionen der zu schreibenden Texte legt. (Dieser Genre-Begriff ist nicht zu verwechseln mit dem Genre in Literatur oder Film, mit dem z.B. Krimis oder Arztromane gemeint sind!) Genre-Ansätze begreifen das Schreiben als absichtsvolle, sozial eingebettete Reaktionen auf bestimmte Kontexte und Gemeinschaften (vgl. Hyland 2003, 17). Das heißt, mit einem Text verfolge ich immer ein bestimmtes Kommunikationsziel, das ich auf eine bestimmte Art und Weise verpacken muss, damit es die Leser verstehen. Wenn ich einen Flyer für eine Party verfasse, muss dieser nicht nur den Ort und den Zeitpunkt der Veranstaltung enthalten, sondern auch die Musikrichtung, um bestimmte Leute anzusprechen. Der Text wird kurz sein, um die Informationen auf einen Blick erfassbar zu machen, die Sprache wird entweder deutlich und allgemein verständlich sein oder auch Szene-Slang enthalten – Amtsdeutsch oder Wissenschaftssprache werden darin eher nicht vorkommen. Schreiben hat also immer einen kommunikativen Anlass, der nicht losgelöst vom Kontext, in dem er entsteht, betrachtet werden kann. Dementsprechend hoch bewertet wird im Genre-Ansatz die Adressatenorientierung, d.h., das kommunikative Ziel des Textes und die Form, mit der dieses Ziel übermittelt werden soll.

Was sind Genres? Doch was sind nun eigentlich Textsorten oder Genres und wie kann man sie voneinander unterscheiden? Die Mitglieder einer Kulturgemeinschaft, so die Textlinguistin Ulla Fix, haben für das Miteinanderhandeln, zu dem auch das Kommunizieren gehört, Formen, Muster und Routinen entwickelt, auf die alle zurückgreifen können und müssen, wenn das Zusammenleben gelingen soll. Zu diesen kommunikativen Mustern gehören neben nichtsprachlichen Formen, wie z.B. Mimik und Gestik, auch die sprachlichen. Und dazu wiederum gehören die Textsorten der jeweiligen Kultur mit ihren typischen Formen und ihren spezifischen Funktionen. Zum Beispiel stehen uns für die Formulierung einer Bitte je nach Handlungsbereich formelhafte Antragstexte im institutionellen Verkehr, das Petitionsschreiben in der Politik, das Gebet im religiösen Bereich oder auch ein privater Notizzettel am Kühlschrank zur Verfügung (vgl. Fix 2008, 27).

Um sich die Dimensionen einer Textsorte bewusst zu machen, hilft es, für ein konkretes Schreibprojekt die so genannten W-Fragen in Stichpunkten zu beantworten (vgl. Frank/Haacke/Lahm 2007, 117f.):

- In welchem Kontext ist der Text verortet? (z.B. privat oder beruflich, journalistisch oder wissenschaftlich)
- Wer schreibt den Text? Als wer schreibt die Autorin den Text? (Rolle und Haltung)
- Was und worüber wird geschrieben? (Thema und Inhalt)
- Für wen wird geschrieben? (Adressaten)

- Warum? Wozu dient der Text überhaupt? (Ziel und Funktion)
- Welche Form soll der Text haben? (Gestaltung und Struktur)

Sie werden feststellen: „Alles hängt mit allem zusammen." (Frank/Haacke/ Lahm 2007, 118) Denn in welchem Genre man für wen in welchem Kontext schreibt hat nicht nur Einfluss auf den Inhalt, sondern auch auf die Haltung, mit der man formuliert, oder auf den Sprachduktus – und so weiter.

Ein sehr eindrückliches Textexperiment für den unterschiedlichen ‚Klang' von Genres, aber auch für unsere Fähigkeit, Genres schnell zu identifizieren, liefert Helmuth Feilke (2003b, 210 ff.) mit der unten aufgeführten Tabelle, die Satzfragmente aus drei verschiedenen Texten enthält.

Textexperiment

Beantworten Sie zu den drei Spalten der Tabelle folgende Fragen möglichst spontan:

- Was ist das Thema der Texte, aus denen diese Fragmente stammen?
- Was ist die Funktion der Texte, aus denen diese Fragmente stammen?
- In welchem Kontext sind die Texte zu verorten, aus denen diese Fragmente stammen?

Text 1	Text 2	Text 3
…Durchzug von… …weitgehend trocken… …vereinzelt…	…auf den Trümmern errichtet… …Sorgen und Mühen… …am Markt bestehen… …vorbildliche Zusammenarbeit… …Die Konkurrenz schläft nicht… …das Tanzbein schwingen… …erhebe mein Glas…	…bisher kaum wahrgenommen… …werden herausgestellt… …Anhand sogenannter… …werden kontrastiert… …es zeigt sich…

(Feilke 2003b, 211)

Sie werden schnell erkannt haben, dass es sich im ersten Fall um einen Wetterbericht, im zweiten um eine Rede auf einem Firmenjubiläum und im dritten um einen wissenschaftlichen Text handelt. Was ist da genau passiert und warum konnten Sie die Genres schnell und korrekt zuordnen? Mit Ihrem Sprachwissen und Ihren kommunikativen Erfahrungen mit ähnlichen Texten haben Sie die Satzfragmente ‚kontextualisiert'. Sie haben auf Ihr implizites Wissen über Genres zurückgegriffen und sich an Textschemata erinnert, in die die Fragmente grammatikalisch und lexikalisch gut passen würden. Bestimmte Wörter, bestimmte Wendungen, ein bestimmter Sprachduktus und bestimmte sprachliche Handlungen (z. B. Berichten, Beschreiben oder Argumentieren) geben uns Aufschlüsse über das Genre. Der Umkehrschluss ist, dass Sie beim Schreiben Erfahrungen mit Textsorten brauchen, damit der entstehende Text den inhaltlichen und formalen Konventionen entspricht. Denn nicht nur beim Lesen, sondern auch beim Schreiben aktivieren wir gespeichertes Musterwissen, d. h. wir greifen auf unsere Erfahrungen zurück, um einen ähnlich klingenden Text zu produzieren. Und hier liegt auch die Gefahr: Bei unvertrauten Textsorten werden häufig nur die Oberflächenmerkmale imitiert. Das heißt, eine Hausarbeit ‚klingt' akademisch, weil sich die Verfasserin um komplizierte Satzkonstruktionen und möglichst viele Fremdwörter bemüht hat – die Argumentation ergibt aber vielleicht gar keinen Sinn, weil die Autorin noch nicht gelernt hat, wie sie Thesen bildet und wie Argumente rhetorisch aufgebaut sind.

Arbeit mit Mustertexten

Hilfreich ist es, sich die inhaltlichen, formalen und sprachlichen Elemente des Textes bewusst zu machen. Am besten nehmen Sie sich zwei Mustertexte vor, z. B. zwei mit ‚sehr gut' benotete Hausarbeiten von Kommilitoninnen des gleichen Faches. (Vorsicht! Eine Hausarbeit in Pädagogik ist ein ungeeigneter Mustertext für eine Hausarbeit in Germanistik!) Sie beschäftigen sich nun mit zwei Fragen: „Wie ist das gemacht?" und „Welche Wirkung hat das?"

Notieren Sie in Stichpunkten:

- Was sind formale Gemeinsamkeiten? Gibt es ein Deckblatt, ein Inhaltsverzeichnis, Seitenzahlen, ein Literaturverzeichnis, Zitate etc.?
- Was sind sprachliche Merkmale? Sind die Sätze lang oder kurz, gibt es viele Fremdwörter, ist der Stil verständlich?
- Notieren Sie für alle Absätze der Einleitung und des Schlusses und für einige des Hauptteils, was für eine rhetorische Funktion der Absatz jeweils hat (z. B. „nennt das Thema", „formuliert die Fragestellung", „zeigt, dass es widersprüchliche Lehrmeinungen dazu gibt", „bringt ein Beispiel" etc.).
- Fällt Ihnen Zusätzliches auf? Ist der Umgang mit Zitaten ähnlich oder unterschiedlich?
- Stellen Sie fest, ob Sie weitere Gemeinsamkeiten in den Hausarbeiten finden!

Nun haben Sie sich bewusst gemacht, wie die Texte ‚gemacht' sind und welche Wirkung auf welche Weise erzeugt wird. Sie haben sich selbst eine kleine Textsorten-Anleitung geschrieben.

5. Feedback geben und nehmen

Die Rückmeldung (Feedback) von anderen, von potenziellen Leserinnen, ist im Schreibprozess genauso wichtig wie das Schreiben selbst, denn sie gibt der Überarbeitung des Textes eine Richtung. Ein großer Fehler, den viele Schreibanfänger machen, ist es, eigene Texte zu spät oder überhaupt nicht aus der Hand zu geben, bevor sie veröffentlicht oder bei den Lehrenden abgegeben werden. In der akademischen Welt ist das Feedback nahezu immer ein Teil des Veröffentlichungsprozesses. Wissenschaftlerinnen holen sich zunächst im Kollegenkreis Rückmeldungen – entweder informell oder, indem sie ihre Ideen auf Konferenzen präsentieren und sie dort von einem Fachpublikum diskutieren lassen. Dann werden die Texte bei Fachzeitschriften eingereicht, wo es immer ein Peer Review-Verfahren gibt: Fachkolleginnen (Peers) begutachten die Texte nach bestimmten Kriterien. Solche Kriterien sind z. B.:

Kriterien für Review-Verfahren

- Wissenschaftlichkeit (Bezüge auf andere Texte, aktueller Forschungsstand, Fragestellung, methodisches Vorgehen),
- Kohärenz (inhaltlicher und struktureller Aufbau),

- Originalität und Aktualität,
- und sprachlich-formales Niveau.

Meistens schreiben mindestens zwei Gutachter unabhängig voneinander eine Rückmeldung zum eingereichten Text, in der Regel ohne zu wissen, wer den Text geschrieben hat (Double-blind-Review-Verfahren). Sie geben eine Empfehlung ab, ob der Text veröffentlicht werden sollte und welche Überarbeitungen dafür noch nötig sind. Wissenschaftler, die einen Text einreichen, planen ein, dass sie ihn noch einmal überarbeiten werden, weil das fast immer der Fall ist – mehrere Überarbeitungsschritte gehören zu jedem Schreibprozess dazu.

Leider gibt es an deutschen Universitäten für Studierende nur sehr selten institutionalisierte Möglichkeiten, solche Feedback- und Überarbeitungsschleifen zu durchlaufen. Obwohl der Anspruch besteht, dass durch das akademische Schreiben im Studium auf das Schreiben für wissenschaftliche Fachzeitschriften vorbereitet werden sollte, fehlt es an Feedback – manchmal gibt es nicht einmal auf abgegebene Hausarbeiten Feedback. Sich selbst Feedback zu organisieren, ist daher oftmals die einzige Möglichkeit, die eigenen Schreibprozesse entsprechend zu professionalisieren. Im Folgenden geben wir einige Tipps, die dabei helfen können, Feedback produktiv zu gestalten.

Als Feedback-Partner bieten sich insbesondere Schreibgruppen an (siehe nächstes Kapitel). Feedback findet in Schreibgruppen oft in Form von mündlichen Gesprächen statt. Für ein produktives Feedbackgespräch über einen Text ist es hilfreich, sich zunächst die ‚Zwei Paradoxe des Feedback' bewusst zu machen, die Elbow und Belanoff (1989) feststellen:

Erstes Paradox des Feedbacks: Die Leserin hat immer Recht und der Autor hat immer Recht.

Die zwei Paradoxe des Feedbacks

Das bedeutet: Die Leserin hat das Recht, das zu äußern, was sie wahrnimmt. Was sieht sie? Was macht der Text mit ihr? Welche Gedanken und Gefühle löst der Text aus? Die Leserin hat Recht – es ist sinnlos, mit ihr darüber zu streiten, was sie beim Lesen wahrnimmt. (Allerdings ist es erlaubt, die Leserin zu bitten, genauer zu erklären was sie sagt.)

Andererseits muss der Autor für sich selbst entscheiden, was er von dem Feedback annimmt, das er bekommt. Was will er ändern? Will er überhaupt was ändern? Es gibt keine Verpflichtung, Ratschlägen zu folgen. Aber der Autor soll offen zuhören. (Das geht leichter, wenn man sich klar macht, dass man später in Ruhe über die Reaktion nachdenken kann und zu nichts verpflichtet ist.)

Zweites Paradox des Feedbacks: Der Autor hat die Verantwortung und der Autor muss sich ruhig zurücklehnen.

Das bedeutet: Der Autor hat die Verantwortung für das Feedback, er muss dabei nicht passiv oder gar hilflos sein. Vielmehr soll er um genau das Feedback bitten, das er im Moment für diesen Text haben will: Braucht er Rückmeldungen dazu, ob die Fragestellung stimmig ist und der Text sie beantwortet? Oder sollen die Leserinnen eher auf sprachliche Umsetzung achten?

Aber: Der Autor muss sich während des Feedbacks zurücklehnen, Verantwortung abgeben und gut zuhören. Es ist hilfreich, nicht sofort dem Impuls nachzugeben, Missverständnisse aufzuklären, denn es ist sehr wertvoll, zu erfahren, an welchen Stellen Leserinnen den Text falsch verstehen.

Eine Möglichkeit, die sich anbietet, um den ‚Verteidigungsreflex' auszuschalten, ist die Feedbackrunde nach der Methode des Segeberger Kreises. Der Segeberger Kreis ist ein offener Zusammenschluss von Schreibdidaktikern, der sich jährlich trifft, um sich kreativ schreibend mit einem Thema auseinanderzusetzen und neue Schreibmethoden zu erproben (siehe http://www.segeberger-kreis.de). Für diese Methode braucht man mindestens drei Teilnehmende. Ein Text wird zweimal vorgelesen (oder zweimal durchgelesen). Anschließend diskutieren die Leserinnen den Text so, als ob der Autor nicht anwesend wäre. Sie reden über das, was ihnen aufgefallen ist und der Autor hört einfach nur zu und macht sich Notizen. Nach einer festgelegten Zeit, z. B. 15 Min., darf er sich abschließend äußern und auch Missverständnisse aufklären, wenn er mag.

Weitere Feedbacktechniken für Schreibgruppen finden sich bei Girgensohn/Jakob (2010) und bei Elbow/Belanoff (1989).

Feedbackwünsche sollten auch für Einzelgespräche oder schriftliche Rückmeldungen geäußert werden. Dabei empfiehlt es sich, zunächst um Rückmeldung zu ‚Higher Order Concerns' zu bitten (also zum Inhalt, zur Gesamtstruktur, zur Logik der Argumentation, etc.) bevor ‚Later Order Concerns' (sprachliche Aspekte wie Stil, Rechtschreibung, Grammatik) in den Vordergrund gerückt werden.

Folgende Fragen könnten an die Feedback-Geber gestellt werden (vgl. Ruhmann 2003, 219ff.):

1. Zum Inhalt
- Was sind die Hauptaussagen meines Textes?
- Was ist an diesem Text besonders interessant und gelungen?
- Wird alles, was ich schreibe, deutlich oder bleiben manche Argumentationen oder Aussagen unklar?
- An welchen Stellen fehlen noch Informationen?
- Ist der Text irgendwo widersprüchlich, ohne dass dieser Widerspruch thematisiert wird?
- Ist der Text anschaulich genug oder gibt es Stellen, an denen Beispiele oder Grafiken ihn verbessern würden?
- Wird im Text an allen Stellen deutlich, wessen Gedanken wiedergegeben werden?
- Werden zentrale Begriffe eingeführt und definiert?

2. Zur Struktur/Kohärenz
- Wird die Fragestellung deutlich? Wird sie beantwortet? Fokussiert der Text sich auf die Beantwortung der Fragestellung oder gibt es Textpassagen, die unwesentlich und ablenkend sind?
- Gibt es störende Wiederholungen?
- Ist der Text logisch aufgebaut, hat er einen roten Faden? Fehlen irgendwo Übergänge zwischen Textteilen?
- Hat der Text genügend/zu viele/zu wenige Absätze?

- Ist die Anzahl der Zwischenüberschriften stimmig und fassen die Zwischenüberschriften die wesentlichen Inhalte des entsprechenden Abschnitts zusammen?

3. Sprache und Stil
- Ist die Sprache verständlich?
- Gibt es störende Schachtelsätze oder zu umständliche Formulierungen?
- Gibt es umgangssprachliche Formulierungen?
- Fallen Wortwiederholungen auf?
- Werden Abkürzungen bei der ersten Verwendung erklärt?

Neben solchen generellen Fragen können Feedback-Geberinnen natürlich auch ganz spezifische Fragen gestellt werden. Zum Beispiel: „Ich bin mir unsicher, ob meine Argumentation im Kapitel ‚Schreibzentren und Peer Tutoring' nachvollziehbar ist. Wird deutlich, dass Peer Tutoring auch bildungspolitisch relevant ist oder ist diese Aussage für dich an dieser Stelle überraschend?"
Abschließend möchten wir noch einmal betonen, wie wichtig Feedback für Schreibprozesse ist. Es kostet Mut, unfertige Texte aus der Hand zu geben. Monique Honegger (2008) spricht sogar von ‚Zeige-Blockaden' Studierender, weil das vielen so schwer fällt. Aber die Texte verbessern sich so sehr durch Überarbeitungen nach produktivem Feedback, dass sich die Überwindung lohnt. Und auch die Mühe des Feedback Gebens sollte niemand scheuen: Erwiesenermaßen lernt man dadurch sogar noch mehr als die Autorin eines Textes (vgl. Lundstrom/Baker 2009).

6. Produktive Schreibgruppen organisieren

„I do think, as I look back, that there was no writer of any consequence in history, who was not at some time a member of a group [...]. And it occurs to me, therefore, that after that the man might leave and go live on a mountain, but he needed some period of social cross-fertilization [...] because arts are socially transmitted." (Ciardi in Coleman u. a. 1974, 5)

Dieses Zitat stammt von einer Konferenz, auf der diskutiert wurde, wie Schreiben gefördert werden kann. Es zeigt deutlich, wie falsch die Klischeevorstellung vom Schreiben ist: Schnell denken wir an Spitzwegs Bild vom armen Poeten in der Dachkammer, in der er unter den tropfenden Ziegeln ausharrt, um sein Werk zu vollenden, fern von der Welt. Oder wir denken an die sprichwörtliche Wissenschaftlerin im Elfenbeinturm, die in aller Abgeschiedenheit geniale Ideen ausbrütet, die mit der Welt zu ihren Füßen nicht mehr viel zu tun haben.
Die Wirklichkeit sieht anders aus. Schreiben ist ein sozialer Akt. Wir schreiben meistens für irgendwelche Leser und immer knüpfen Texte an andere Texte an, die schon vorher existierten. Schreibend treten wir also mit anderen Menschen und mit anderen Gedanken in Beziehung. Wie wir aus der Schreibprozessforschung wissen, ist Schreiben genauso von der ‚sozia-

len Aufgabenumgebung' geprägt wie von den kognitiven Prozessen, die in unserem Gehirn ablaufen (vgl. *Kapitel III.1, Schreibprozesse nach John R. Hayes & Linda Flower*). Erwiesenermaßen hilft es nicht nur den Schreibenden selbst, ihre Schreibprozesse besser zu organisieren und freudvoller zu gestalten, wenn sie sie mit anderen teilen. Es hilft darüber hinaus auch, die Texte qualitativ deutlich zu verbessern (vgl. *Kapitel VII.3, Schreibgruppen*).

Sich einer Schreibgruppe anzuschließen ist daher eine gute Möglichkeit, das eigene Schreiben zu verbessern. Wie kann man konkret vorgehen, wenn man eine Schreibgruppe gründen möchte?

Schreibgruppen suchen oder gründen

Vielleicht gibt es an Ihrer Hochschule ein Schreibzentrum, das institutionalisierte Gruppen anbietet. Sonst können Sie selbst aktiv werden: Sprechen Sie Kommilitonen an, machen Sie Aushänge oder suchen Sie im Internet. Aus der Forschung wissen wir, wie wichtig es ist, dass die Schreibenden ihre Teilnahme an der Gruppe selbst wählen (Girgensohn 2007) – von außen ,aufgedrückte' Schreibgruppenarbeit ist wenig erfolgversprechend. Auch sollten die Gruppen nicht zu groß sein: zwei bis sieben Mitschreibende genügen (vgl. Badley 2005).

Schreibgruppen organisieren und strukturieren

Als nächstes sollten sich alle Gruppenmitglieder darüber verständigen, was und wie sie miteinander arbeiten möchten. Dabei ist z. B. die Frage entscheidend, ob eine einzelne Person die Leitung der Gruppe übernimmt oder ob sich die Mitglieder mit der Moderation, Vor- und Nachbereitung der Gruppentreffen abwechseln. Schreibgruppenarbeit ist dann besonders wirksam, wenn alle Teilnehmenden Eigenverantwortung übernehmen und gleichberechtigt agieren (Girgensohn 2007) – das spricht für eine wechselnde Leitung. Auch über Abstand und Dauer der Gruppentreffen sollte von vornherein nachgedacht werden. Badley (2005) empfiehlt z. B., zunächst sechs Treffen zu vereinbaren und das sechste Treffen dafür zu nutzen, die Gruppenarbeit zu reflektieren und ggf. weitere Treffen zu vereinbaren. Wenn man zudem festlegt, wie lang die Gruppentreffen dauern sollen, ist der Aufwand für alle Beteiligten planbar und die Treffen selbst können besser strukturiert werden. Als Faustregel gilt, dass Schreibgruppentreffen für Peer Feedback nicht länger als 90–120 Minuten dauern sollten. Schreibgruppentreffen, bei denen vor Ort geschrieben wird, sollten dagegen mindestens zwei, besser drei Stunden dauern, damit sich alle in Ruhe auf die kreativen Prozesse einlassen können.

Regeln für die Schreibgruppenarbeit

Dann sollten Gruppenregeln etabliert werden. Auf diese Regeln sollte sich die Gruppe gemeinsam verständigen und regelmäßig überprüfen, ob sie noch passend sind. Die Gruppenregeln betreffen verschiedene Ebenen der gemeinsamen Arbeit: den Ablauf, die Kommunikation, die Rückmeldung auf Texte und die allgemeine Gruppendynamik. Denkbar sind beispielsweise folgende Regeln:

Ablauf

- Die Mitglieder der Gruppe entscheiden sich für eine verbindliche Teilnahme und kommen regelmäßig. Wer doch mal verhindert ist, informiert die anderen rechtzeitig.
- Die Gruppentreffen beginnen immer pünktlich, es wird nicht auf Zuspätkommende gewartet. Wer zu spät kommt, bekommt weniger Zeit für das Feedback eingeräumt.

- Die Gruppentreffen beginnen immer mit einem kurzen Stimmungsbild/ einer Aufwärmübung o. Ä.
- Alle Gruppentreffen werden gemeinsam beendet, z. B. mit einem Stimmungsbild.
- Der Moderator achtet darauf, dass alle Gruppenmitglieder zu Wort kommen; darauf, dass das Schreiben/Besprechen der Texte im Mittelpunkt steht; darauf, dass die Zeitstruktur des Treffens eingehalten wird…

Kommunikation
- Alle lassen einander ausreden.
- Vielrednerinnen fassen sich kurz.
- Die Gruppenmitglieder und deren Texte betreffende Äußerungen sowie die Texte sind vertraulich und werden nicht nach außen getragen.

Rückmeldung auf Texte (Feedback)
- Die zu besprechenden Texte werden spätestens eine Woche vor dem Treffen an alle Mitglieder verschickt. Die Mitglieder lesen alle Texte und bereiten ihre Rückmeldung vor. Die Textmenge sollte eine vereinbarte Seitenzahl nicht überschreiten/der Zeitaufwand für das Lesen der Texte sollte zwei Stunden nicht überschreiten. Oder: von den zu besprechenden mitgebrachten Texten sollten Kopien für alle Teilnehmenden vorliegen. Oder: Texte werden möglichst 2x vorgelesen.
- Rückmeldungen auf Texte werden freundlich und als Ich-Botschaften formuliert („Ich verstehe nicht, was du an dieser Stelle sagen willst." statt „Das kann man so nicht machen.").
- Die Autorinnen äußern Fragen und Wünsche zur Textrückmeldung, z. B. ob sie eher inhaltliches, strukturelles oder sprachliches Feedback möchten, an welchen Stellen sie unsicher sind, etc. Die Feedbackenden richten sich in ihren Rückmeldungen nach den Wünschen und Fragen.
- Beim Feedback wird nicht nur kritisiert, sondern immer auch wertgeschätzt, was gelungen ist.
- Feedback wird immer begründet und an konkreten Textstellen verdeutlicht.

Gruppendynamik
- Alle Mitglieder sind aktiv für das Gelingen der Gruppenarbeit verantwortlich.
- Alle Anliegen, auch Störungen und Probleme, werden offen thematisiert.

Diese Regeln sind, wie gesagt, Vorschläge. Jede Schreibgruppe muss ihre eigenen Regeln und Abläufe erarbeiten und erproben. Das mag bürokratisch klingen, ist aber eine wichtige Hilfestellung für gelungene Gruppenarbeit. Wenn Sie einmal das Glück hatten, an einer funktionierenden Schreibgruppe teilzunehmen, wissen Sie, dass Sie so nicht nur Ihre Schreibprozesse und Ihre Texte verbessern, sondern dass Sie das Schreiben sogar in seiner hedonistischen Funktion erleben können: Schreiben kann Spaß machen, man kann es genießen!

Tipp: Schreibgruppentreffen können auch virtuell stattfinden, z. B. in einem Chatraum. Das hat den Vorteil, dass die Rückmeldungen gleich auch schriftlich vorliegen. Vorschläge zur Chatkommunikation für Schreibgruppen finden Sie bei Girgensohn u. a. 2009.

7. Welcher Schreibtyp bin ich?

Wenn Sybel eine Hausarbeit verfasst, dauert es ewig, bis sie die ersten Wörter schreibt. Sie denkt sehr lange darüber nach, was sie schreiben wird und wie sie ihre Argumentation gliedern wird. Manchmal wälzt sie in Gedanken sogar schon Formulierungen hin und her, bis sie sich schließlich an den Computer setzt und mit dem Aufschreiben dessen beginnt, was sich vorher nur in ihrem Kopf abgespielt hat.

Martin dagegen setzt sich sofort an sein Netbook, das er überall hin mitschleppt. Martin schreibt seine Gedanken sofort auf und entwickelt sie beim Schreiben weiter. Er kann am Anfang einer Arbeitsphase nicht voraussagen, was er am Ende geschrieben haben wird, weil er es erst beim Schreiben entdeckt.

Henriette geht beim Schreiben ihrer Hausarbeit ähnlich vor wie Martin: Sie schreibt früh los. Doch sie findet ein kleines Netbook furchtbar unpraktisch, weil sie immer so viele Dateien gleichzeitig offen hat und deshalb einen großen Bildschirm bevorzugt. Sie hat nämlich die Angewohnheit, an mehreren Textteilen gleichzeitig zu schreiben: In Kapitel 1 kommt ihr ein Gedanke, der interessant und lohnenswert ist, aber an dieser Stelle nicht passt. Er gehört in Kapitel 4, also beschließt sie, doch lieber mit damit zu beginnen. Während des Schreibens kann es ihr passieren, dass sie dann zu Kapitel 3 hüpft und schließlich an Kapitel 5 weiter schreibt, das sie schon am Tag zuvor begonnen hat. Manchmal schreibt sie auch einfach Textteile, von denen sie noch nicht weiß, wohin sie gehören werden und ob sie am Ende wirklich Bestandteil ihres Endtextes sein werden.

Auch Cem schreibt mehr Textteile, als er schließlich in die Endfassung einbauen wird, doch bei ihm liegt das daran, dass er meistens mehrere Fassungen einzelner Kapitel oder Abschnitte schreibt. Er ist oft unzufrieden mit seiner ersten Version. Es fällt ihm leichter, noch einmal neu anzusetzen, als die erste Version zu überarbeiten. Beim Neuschreiben kommt er schneller auf den Punkt, findet er. Manchmal schreibt er auch drei- oder viermal neu.

Lena recherchiert meistens ziemlich lange, bevor sie zu schreiben beginnt. Sie möchte sicher sein, dass sie alles Relevante zu ihrem Thema gelesen hat. Wenn sie dann schreibt, braucht sie für die einzelnen Kapitel ziemlich lange, weil sie zwischendurch an den Sätzen herumfeilt und einzelne Abschnitte immer wieder hin- und herschiebt, bis der Text ihr so gut gefällt, dass sie das nächste Kapitel in Angriff nehmen kann.

Sybel, Martin, Henriette, Lena und Cem sind unterschiedliche Schreibtypen. Sie bevorzugen verschiedene Vorgehensweisen beim Schreiben, so genannte Schreibstrategien. Unsere hier vorgestellte Typisierung ist zugegebenermaßen recht vereinfacht. Sie beruht auch nicht auf systematischer Forschung, sondern auf unseren Erfahrungen mit verschiedensten Studierenden. Doch die grundsätzliche Erkenntnis, dass es unterschiedliche Schreibtypen gibt, basiert durchaus auf empirischen Studien, wie wir in Kapitel II gezeigt haben. So unterscheidet Ortner (2000) zehn verschiedene Schreibtypen. Allerdings tauchen die hier vorgestellten Schreibtypen – die nur eine Auswahl denkbarer Vorgehensweisen repräsentieren – häufig als Mischformen auf. Wie wir aus der Forschung wissen, gibt es nicht ‚den' einen richtigen Weg, um einen Text zu produzieren. Schreiben ist eine individuelle Angelegenheit.

Doch welche der hier vorgestellten Schreiberinnen und Schreiber kommen am schnellsten voran? Welche verfassen die besten Texte? Dazu ist zunächst festzustellen: Dem fertigen Produkt sieht man nicht mehr an, wie es entstanden ist. Alle fünf Schreibenden können am Ende eine gute Hausarbeit abgeben. Die Dozentin wird sich in der Regel wenig Gedanken darüber machen, wie sie entstanden ist und wird den Unterschied nicht bemerken – zumindest dann, wenn unsere fünf Schreiberinnen und Schreiber sich über bestimmte Risiken bewusst sind, die ihre Vorgehensweise jeweils mit sich bringt. Solange die Schreibstrategie zum gewünschten Ergebnis führt, spricht nichts dagegen, auf die Art zu verfahren, die einem selbst am meisten liegt. Das zu wissen, ist sehr wichtig, denn oft wird suggeriert, man könne ausschließlich auf eine bestimmte Weise vorgehen, um zu einem Ergebnis zu kommen. Typisch ist der Ratschlag: „Erst denken, dann schreiben!" Allerdings gibt es Schreibtypen, die Ihre Gedanken erst während des Schreibens entwickeln. Im technischen Bereich gibt es den Spruch „Never change a running system". Das lässt sich auf das Schreiben übertragen: So lange alles gut funktioniert, gibt es keinen Grund, die eigenen Schreibstrategien zu verändern, auch wenn sie auf Außenstehende möglicherweise seltsam oder uneffektiv wirken.

Der Ansatz der Schreibprozessforschung, Schreiben als ‚Problemlösen' aufzufassen, deutet schon darauf hin, dass Schreibprozesse in den seltensten Fällen völlig reibungslos verlaufen. Es ist normal, beim Schreiben von Texten immer wieder mit Schwierigkeiten zu kämpfen. Die Arbeitsweisen aller Typen bringen Vor- und Nachteile mit sich. Es ist hilfreich, die Vorteile seiner bevorzugten Arbeitsweise bewusst zu nutzen, aber auch die Nachteile im Blick zu behalten und bei Bedarf zu anderen Vorgehensweisen zu wechseln: „Verschiedene Methoden kennen und anwenden können bedeutet Verantwortung für den eigenen Lernprozeß übernehmen können, d. h. mehr Lernautonomie beim Schreiben." (Hornung 1997, 87)

Die folgende tabellarische Darstellung ist als Anregung gedacht, sich selbst beim Schreiben zu beobachten und zu überprüfen, welche der hier gesammelten Vor- und Nachteile individuell zutreffend sind. Die Tabelle soll dazu einladen, weitere Beobachtungen zu ergänzen und ab und zu andere Vorgehensweisen auszuprobieren, um das eigene Repertoire an Schreibstrategien zu flexibilisieren (vgl. Böttcher/Czapla 2002). Ein flexibles Repertoire an Vorgehensweisen beim Schreiben ermöglicht es, Schreibschwierigkeiten besser zu handhaben.

Der ‚beste' Schreibtyp?

Schreibtyp	Vorteile	Risiken
Planerin (Sybel)	– Ihre Vorgehensweise ist übersichtlich und ermöglicht eine gute Zeitplanung. – Sie kann jederzeit den roten Faden ihres Textes wiederfinden. – Sie kann ihre Planung anderen gut erklären und im Team schreiben.	– Sie ist nicht offen für neue Ideen. – Sie kann sich in der Planung verlieren und fängt zu spät an, zu schreiben. – Es dauert lange, bevor sie handfeste Ergebnisse in Form von Text sieht.
Drauflosschreiber (Martin)	– Er schreibt frei und unbeschwert und es wird selten langweilig. – Er ist offen für neue Ideen, die er beim Schreiben oft auch findet. – Er kann schnell sehen, dass er etwas geschafft hat.	– Er schweift leicht vom eigentlichen Thema ab. – Er muss mehr Zeit für die Überarbeitung einplanen. – Er sieht das Ende nicht.
Nichtlinear-Schreiberin (Henriette)	– Sie ist flexibel und kann an einer anderen Stelle weiterschreiben, wenn sie nicht voran kommt. – Die vielen kleinen Arbeitsschritte nehmen ihr die Angst vor dem großen Gesamtprojekt. – Die Vorläufigkeit ihrer Vorgehensweise verhindert lähmenden Perfektionismus.	– Sie kann schwierige und problematische Textteile tendenziell unendlich vor sich herschieben. – Sie kann leicht den Überblick verlieren. – Das Ende ist nicht absehbar.
Mehrversionen-Schreiber (Cem)	– Er kann ohne Perfektionsanspruch unbeschwert schreiben. – Er nutzt das Schreiben zum Denken. – In der Endversion seiner Texte kommt er schnell auf den Punkt.	– Er muss sich von viel Text wieder trennen. – Die Schreibarbeit wirkt zeitaufwendig. – Er kann den Überblick verlieren, wenn zu viele Versionen entstehen.
Recherche- und Überarbeitungsschreiberin (Lena)	– Sie kann beim Schreiben selbstbewusst sein, weil sie einen guten Überblick über ihr Thema hat. – Sie kann Zusammenhänge gut erkennen und bekommt interdisziplinäre Einblicke. – Ihre Texte sind fundiert und stilistisch ausgefeilt, so dass sie am Ende nicht mehr viel überarbeiten muss.	– Sie kann sich in der Recherche verlieren und das Schreiben hinausschieben. – Sie hat mehr Informationen als sie im Text verarbeiten kann. – Sie bremst sich beim Schreiben durch ihren eigenen Perfektionismus.

Weitere Anregungen und Übungen für den spielerischen Umgang mit Schreibtypen finden sich bei Girgensohn (2007) und Scheuermann (2011).

8. Tipps zum Umgang mit Schreibschwierigkeiten und Schreibblockaden

Das Wort ‚Schreibblockade' hört sich dramatisch an. Vielleicht sogar schön dramatisch, denn Schreibblockaden sind auch ein Mythos: Viele Schriftsteller machen sie zum Thema ihrer Romane, so z.B. Steven King in *Shining*. Auch zahlreiche Filme spielen mit dem Motiv der Schreibblockade, ein besonders spannendes Beispiel ist *Stranger than Fiction*. Wer Schreibblockaden hat, darf sich in guter Gesellschaft wähnen und läuft damit Gefahr, sich als Opfer der Umstände zu fühlen und das Leiden an der Schreibblockade zu etwas Besonderem zu stilisieren. Das jedenfalls meint Smeets (2008, 7): „I state that writer's block is a myth that enables the blocked writer to feel victimized by external factors. He himself remains innocent of any involvement and thus develops a passive attitude towards the problem."

Ein erster Schritt im Umgang mit Schreibschwierigkeiten sollte deshalb eine Entmystifizierung sein. Zu jedem Schreibprozess gehören Schreibprobleme und Phasen, in denen es stockt. Als ‚Schreibblockaden' bezeichnet man nach Mike Rose (1984) erst die länger andauernde Unfähigkeit, mit dem Schreiben zu beginnen oder weiter zu schreiben. Je länger der Zeitraum anhält, der komplett unproduktiv verbracht wird – d.h. es wird auch nicht recherchiert oder geplant – desto stärker ist die Schreibblockade (vgl. *Kapitel III.6, Schreibblockaden nach Mike Rose*). Der Trick besteht nun darin, zu erkennen, wo es ‚hakt' und entsprechende Maßnahmen zu ergreifen. Mit anderen Worten: Schreibkompetenz besteht nicht darin, keinerlei Schwierigkeiten zu haben, sondern mit ihnen umgehen zu können: „Professionell wissenschaftlich zu schreiben bedeutet unserer Ansicht nach nicht, keine Probleme beim Schreiben zu haben. Vielmehr besteht die Könnerschaft darin, die beim Schreiben auftauchenden Schwierigkeiten bewusst wahrzunehmen, anzunehmen und produktiv zu bearbeiten", heißt es dazu auf der Homepage des Schreibzentrums der Uni Bochum (http://www.sz.ruhr-uni-bochum.de/intern/service/philosophie/index.html).

Wenn man unter ernsthaften Schreibblockaden leidet, kann es sehr hilfreich sein, sich bewusst zu machen, welchem Schreibtyp man sich zugehörig fühlt (siehe oben: *Welcher Schreibtyp bin ich?*). Die meisten Schreibblockaden sind in zu starren und eingefahrenen Haltungen und Vorgehensweisen begründet. Häufig lösen sich die Blockaden, wenn man einfach mal eine andere Schreibstrategie ausprobiert und sein Repertoire flexibler gestaltet. Bestimmte Techniken sind zur Lösung von Schreibblockaden besonders hilfreich, z.B. das Mehrversionenschreiben oder das Freewriting. *[Schreibtyp]*

Auch die Umgebung beeinflusst, wie gut wir schreiben können – und diese Umgebung muss nicht unbedingt der Schreibtisch sein. Einige Menschen brauchen absolute Stille, um sich zu konzentrieren. Andere suchen Cafés auf, weil eine lebhafte Umgebung zu ihrer Konzentration beiträgt. Auch Menschen, die am produktivsten in öffentlichen Verkehrsmitteln schreiben, sind uns schon begegnet. Und während viele einen aufgeräumten Schreibtisch brauchen, wird von Albert Einstein berichtet, dass er einen leeren Schreibtisch für den Ausdruck eines leeren Geistes hielt. *[Umgebung]*

Falsche
Vorstellungen

Wie wir in Kapitel II gezeigt haben, sind die Ursachen für Schreibschwierigkeiten und Schreibblockaden vielfältig. Eine von ihnen ist, dass man eine
falsche Vorstellung von Schreibprozessen hat. So scheinen viele Studierende
zu glauben, gute Schreiber seien in der Lage, auf Anhieb einen guten Text zu
verfassen. Einem fertigen Text sieht man nicht mehr an, wie viele Arbeitsschritte, Umformulierungen, Kürzungen oder neue Versionen er durchlaufen hat. Daher entsteht bei einem Text, der sich flüssig liest, vielleicht der
Eindruck, er sei auch flüssig geschrieben worden. Oft ist das Gegenteil der
Fall, denn „der erste Entwurf ist immer Mist!", wie schon Ernest Hemingway
gesagt haben soll. In der Regel entsteht ein guter Text nicht auf Anhieb, was
umso mehr für wissenschaftliche Texte gilt, die Teil eines umfangreichen Arbeitsprozesses sind. Sehr hilfreich ist es, sich bewusst zu machen, welche
einzelnen Schritte dieser Arbeitsprozess beinhaltet und dann immer einen
kleinen Schritt nach dem anderen zu machen (siehe oben, Schreibprozesse
Schritt für Schritt). Generell ist es hilfreich, sich deutlich zu machen, dass
während des Schreibens sehr unterschiedliche Prozesse ablaufen, wie das
Modell von Hayes (vgl. *Kapitel III.1, Schreibprozesse nach John R. Hayes &
Linda Flower*) veranschaulicht. Zum Beispiel kann es leicht zu einer Über-
lastung des Arbeitsgedächtnisses mit dem Management zu vieler gleichzeiti-
ger Prozesse kommen.

Schreibbewegungen

Im Schreibprozess treten zwei Grundbewegungen immer wieder auf: eine
Ideen generierende und eine Gedanken strukturierende. Wenn man versucht, beides gleichzeitig zu tun, also neue Ideen zu entwickeln und einen
strukturierten Text zu verfassen, kann man sich leicht überfordern – und
schon klemmt der Schreibprozess. ‚Freewriting' und ‚Clustern', zwei hilfreiche Methoden für Brainstorming, d.h. um Ideen zu generieren, haben wir
bereits weiter vorne vorgestellt. Typische Strukturierungsmethoden sind hingegen Gliederungen oder Mindmaps. (Falls Sie nicht wissen, wie man eine
Mindmap erstellt, sehen Sie einfach im Internet nach!) Es geht darum, während des Schreibprozesses ab und zu innezuhalten und sich bewusst zu machen, in welcher ‚Bewegung' man sich in diesem Moment befindet. Ist es
gerade notwendig, neue Ideen zu generieren oder ist es wichtiger, das Geschriebene und Gedachte neu zu strukturieren?

Starre Regeln

Eine weitere Ursache für Schreibschwierigkeiten sind zu starre, von außen
herangetragene Regeln. Schreiben erfordert Flexibilität. Stilistische Regeln
(z.B. ‚keine Umgangssprache in wissenschaftlichen Texten') oder formale
Regeln (z.B. ‚Literaturangaben immer mit einem Semikolon zwischen der
Aufzählung von Autoren, aber einem Komma zwischen Nach- und Vor-
namen') sollten zwar ernst genommen werden, aber wenn sie sich ständig
in die Gedanken schleichen, während man versucht, eine Argumentation
aufzubauen, können sie zu Stockungen im Schreibprozess führen. Dann hilft
es, die Überprüfung der Regeln auf den Zeitpunkt zu verschieben, an dem
man den Text überarbeitet. Das Gleiche gilt für verinnerlichte Regeln über
Schreibprozesse. ‚Erst denken, dann schreiben' mag für planende Schreiber
eine gute Regel sein, Drauflosschreiber würden mit deren Befolgung nicht
weit kommen. Es gibt nicht ‚den' einen, goldenen Weg zum perfekten Text –
auch wenn manche Ratgeberwerke oder Lehrer das suggerieren.

Rituale

Vielen Schreibenden hilft es, sich eigene Regeln aufzustellen oder sich sogar ‚Rituale' zu schaffen (vgl. Horn/Wäger 2004). So schreibt Stephen King

jeden Tag zehn Seiten, wenn er an einem Buch arbeitet – egal ob er sich inspiriert fühlt oder ob ihm nicht viel einfällt, Hauptsache es werden zehn Seiten (vgl. King 2000, 171). Isabel Allende fängt immer am 8. Januar mit einem neuen Roman an. Friedrich Schiller soll den Geruch von in seiner Schreibtischschublade faulenden Äpfeln gebraucht haben, um Schreiben zu können. Auch in unseren Workshops berichten Studierende von den verschiedensten Schreibritualen. So muss eine Teilnehmerin immer als erstes das Deckblatt erstellen, eine andere schaltet die Hintergrundfarbe im Schreibprogramm auf grün, wenn sie mit dem Schreiben der Rohfassung beginnt. Ein weiterer Teilnehmer zwingt sich, mitten im Satz aufzuhören, um am nächsten Tag leichter wieder ins Schreiben kommen zu können. Bei Schreibschwierigkeiten kann es helfen, kreativ mit Regeln und Ritualen umzugehen!

Auch Perfektionismus oder überzogene Ansprüche an den eigenen Text können Schreibprozesse blockieren. Hier gilt es, sich diese Ansprüche bewusst zu machen und realistischer zu werden: Muss es wirklich eine hervorragende Note werden? Will ich wirklich in einer Hausarbeit absolut alles unterbringen, was ich über Shakespeare finden kann? Aus unserer Erfahrung in der Schreibberatung wissen wir, dass insbesondere das letztgenannte Problem häufig auftaucht und zu Schreibproblemen führt: Ein Thema wird nicht richtig eingegrenzt. Manchmal passiert dies, weil Studierende sich nicht bewusst sind, wie wichtig eine enge Fragestellung für jeden wissenschaftlichen Text ist oder weil jeder Aspekt gleich interessant erscheint. Es hilft, sich bewusst zu machen, dass es harte Arbeit ist, eine gute Fragestellung zu entwickeln. Dieser Schritt gehört zum wissenschaftlichen Schreibprozess genauso dazu wie die Formulierungsarbeit, bei der der Text entsteht. Er kostet Kraft und Zeit – beides sollte man sich nehmen. Dafür spart eine gute Fragestellung Zeit, denn wenn es an das Auswerten der Sekundärliteratur geht, muss nicht mehr alles gelesen werden. Vielmehr werden die Texte oder Textstellen, die Antworten auf die vorher gestellte Frage geben, gründlich bearbeitet. Wie Sie ein Thema Schritt für Schritt eingrenzen können, erfahren Sie ausführlich bei Frank/Haacke/Lahm 2007.

Ebenfalls in die Kategorie der zu hohen Ansprüche gehören Schreibschwierigkeiten, die sich in ständigem Überarbeiten oder gar Löschen von mühsam geschriebenen kurzen Textteilen äußern: Schreibende ringen mit dem treffenden Wort oder der grandiosen Formulierung so lange, bis sie den Faden verloren haben und vergessen, was sie eigentlich ausdrücken wollten. Dagegen kann es helfen, sich Wortzahl-Ziele zu setzen. Also z. B. „Ich schreibe heute 1500 Wörter und ich lösche nichts, bis ich diese Wortzahl erreicht habe". Manchen Schreibenden hilft es, im Textverarbeitungsprogramm die Schriftfarbe Weiß zu wählen sowie die Rechtschreibkontrolle auszuschalten, um so nicht mitlesen zu können, was sie geschrieben haben. Hilfreich sind auch ‚Stolperzeichen': Während des Schreibens markiert man z. B. mit dem #-Zeichen, dass man mit dieser Formulierung noch nicht einverstanden ist oder dass dieser Gedanken später noch mal geprüft werden sollte. Dann kann weitergeschrieben werden in der Gewissheit, dass sich die fragliche Stelle später leicht wiederfinden und verbessern lässt. Schreibenden, die sich allzu sehr mit Überarbeitungen während des Formulierungsprozesses aufhalten, kann es helfen, bewusst mehrere Versionen eines

Perfektionismus

Textteils zu schreiben. Damit kommen sie schneller zum Ziel als wenn sie ewig an einer Version herumpuzzeln.

Adressatinnen   Wie Gisbert Keseling festgestellt hat (vgl. *Kapitel III.6, Die fünf Schreibstörungstypen nach Gisbert Keseling*), beruhen Schreibschwierigkeiten häufig darauf, nicht zu wissen, für wen man schreibt, also auf den so genannten ‚Problemen mit dem Adressaten'. Insbesondere bei studentischen Hausarbeiten ist das nicht verwunderlich, denn man soll beim Schreiben einer solchen Arbeit so tun, als schreibe man für eine Diskursgemeinschaft. Das bedeutet, man soll simulieren, einen echten wissenschaftlichen Beitrag zu verfassen. Doch anders als bei einer echten wissenschaftlichen Publikation ist der einzige Adressat häufig die Dozentin, von der man weiß, dass sie das Gebiet sehr viel besser kennt als man selbst und die für die Arbeit eine Note vergeben wird. Hier kann es helfen, sich weitere Adressaten zu suchen: Interessiert sich die Kommilitonin aus dem gleichen Seminar für meine Arbeit? Möchte mein WG-Mitbewohner wissen, welche Auswirkungen die europäische Integration auf den Binnenmarkt in Rumänien hat? Gerade Adressaten, die sich nicht mit dem Thema auskennen, zwingen uns, verständlich zu schreiben, denn ihnen muss man die Zusammenhänge deutlich erklären.

Emotionen   Auch Emotionen beeinflussen Schreibprozesse, obwohl wir oft versuchen, sie auszublenden. Wissenschaftliche Texte sind vermeintlich völlig rational – aber die Schreibprozesse sind es oft nicht. Aus der Schreibberatung wissen wir, dass Studierende häufig Themen für wissenschaftliche Arbeiten suchen, die sie sehr berühren. Ein Konflikt im Job wird zum Anlass für eine Hausarbeit über interkulturelle Kommunikation und Diversity; eine biografische Erfahrung zum Auslöser für eine Hausarbeit über autoritäre Vaterfiguren in der deutschen Literatur der Moderne. Es ist richtig, Themen zu wählen, für die man ‚brennt', denn Motivation ist ein entscheidender Faktor in Schreibprozessen. Eine zu große Nähe zum Thema kann aber auch dazu führen, dass unbewusste Emotionen zu Blockaden führen. Hier kann es helfen, das Schreiben selbst als Mittel einzusetzen, um sich darüber bewusst zu werden, welche Emotionen den Schreibprozess beeinflussen. Bewährt dafür hat sich das Freewriting (siehe oben, *Clustering und Freewriting*). Eine Ausgangsfrage für ein solches Freewriting könnte sein: „Warum fällt es mir heute so schwer, zu schreiben?".

Aufschieben   Abschließend noch einige Worte zum Thema ‚Aufschieberitis' (Prokrastination): Dieses Phänomen scheint zu Schreibprozessen dazuzugehören. Viele Menschen vermeiden das Schreiben, wenn sie keine Deadline haben, die sie zum Anfangen zwingt. Das Phänomen ist so normal, dass man es kaum noch als Schreibblockade bezeichnen kann. Was hilft dagegen? Auf jeden Fall ist eine realistische Zeitplanung wichtig. Wissenschaftliche Texte sind mit derart umfangreichen Arbeitsprozessen verbunden, dass sie sich auch mit viel Übung nicht über Nacht runterschreiben lassen. Wenn man einen Abgabetermin hat, sollte man so rechtzeitig mit dem Schreiben der Rohfassung fertig sein, dass noch genügend Puffer für Überarbeitung bleibt. Auch ersten Arbeitsschritten wie Planung und Recherche muss genügend Zeit eingeräumt werden. Ein Abgabetermin muss also immer umgerechnet werden in mehrere Zwischen-Deadlines. Diese können mit ‚künstlichem' Druck versehen werden, indem man z. B. mit einer Freundin abspricht, ihr zu bestimmten Zeitpunkten Kapitel zum Feedbacklesen zu geben.

Hilfreich gegen die Tendenz zum Aufschieben sind auch ein strukturierter Arbeitsrhythmus, die schon erwähnten Schreibrituale, Belohnungen, Schreibverabredungen und Schreibgruppen (siehe oben, *Produktive Schreibgruppen organisieren*). Wer sich leicht ablenken lässt, sollte Störungen während der Arbeitsphasen konsequent ausschalten, insbesondere Internetzugang und Telefon. Und für alle, die das Problem mit ein bisschen Spaß angehen wollen: Eine *Lange Nacht der aufgeschobenen Hausarbeiten* wird mittlerweile jährlich und bundesweit von mehreren universitären Schreibzentren gemeinsam ausgerichtet: Vielleicht ist Ihre Hochschule dabei?

Arbeitsrhythmus

Literaturverzeichnis

Aichinger, Ilse (1960): Die größere Hoffnung. Roman. Frankfurt a. M., Hamburg.

Almer, Elizabeth D.; Jones, Kumen M. (1998): The Impact of One-Minute Papers on Learning in an Introductory Accounting Course. In: Issues in Accounting Education 13, S. 485–497.

Andresen, Helga (1979): Ist Schreibenlernen etwas für kleine Mädchen? In: Diskussion Deutsch 46, S. 145–169.

Antos, Gerd (1997): Texte als Konstitutionsformen von Wissen. Thesen zu einer evolutionstheoretischen Begründung der Textlinguistik. In: Antos, Gerd; Tietz, Heike (Hrsg.): Die Zukunft der Textlinguistik. Traditionen, Transformationen, Trends. Tübingen, S. 43–63.

Antos, Gerd (1989): Textproduktion. Ein einführender Überblick. In: Antos, Gerd; Krings, Hans (Hrsg.): Textproduktion. Ein interdisziplinärer Forschungsüberblick. Tübingen, S. 5–57.

Augst, Gerhard u. a. (2007): Text-Sorten-Kompetenz. Eine echte Longitudinalstudie zur Entwicklung der Textkompetenz im Grundschulalter. Frankfurt a. M.

Augst, Gerhard; Faigel, Peter (1986): Von der Reihung zur Gestaltung. Untersuchungen zur Ontogenese der schriftsprachlichen Fähigkeiten von 13–23 Jahren. Frankfurt a. M. u. a.

Badley, Graham (2005): Using Writing Groups to Help Transform University-Teachers into Scholar-Writers. In: American Hellenic Union: EATAW-Proceedings 2005, CD-Rom. Athens.

Bandura, Albert (1997): Self-efficacy. The Exercise of Control. New York.

Baurmann, Jürgen (2002): Schreiben – Überarbeiten – Beurteilen. Ein Arbeitsbuch zur Schreibdidaktik. Seelze.

Baurmann, Jürgen (1989): Empirische Schreibforschung. In: Antos, Gerd; Krings, Hans P. (Hrsg.): Textproduktion. Ein interdisziplinärer Forschungsüberblick. Tübingen, S. 257–277.

Baurmann, Jürgen; Weingarten, Rüdiger (1995): Schreiben. Prozesse, Prozeduren und Produkte. Opladen.

Bazerman, Charles (1981): What Written Knowledge Does: Three Examples of Academic Discourse. In: Philosophy of the Social Sciences 2, S. 361–387.

Bazerman, Charles u. a. (2005): Reference Guide to Writing Across the Curriculum. West Lafayette.

Bean, John (2001): Engaging Ideas. San Francisco.

Beaufort, Anne (2005): Adapting to New Writing Situations. How Writers Gain New Skills. In: Jakobs, Eva-Maria; Lehnen, Katrin; Schindler, Kirsten (Hrsg.): Schreiben am Arbeitsplatz. Wiesbaden, S. 201–216.

Beaufort, Anne (2007): College Writing and Beyond. A New Framework for University Writing Instruction. Logan, Utah.

Becker-Mrotzek, Michael (1997): Schreibentwicklung und Textproduktion. Der Erwerb der Schreibfertigkeit am Beispiel der Bedienungsanleitung. Opladen.

Becker-Mrotzek, Michael; Böttcher, Ingrid (2006): Schreibkompetenz entwickeln und beurteilen. Praxishandbuch für die Sekundarstufe I und II. Berlin.

Bereiter, Carl (1980): Development in Writing. In: Gregg, Lee W.; Steinberg, Erwin R. (Hrsg.): Cognitive Processes in Writing. Hillsdale, S. 73–93.

Bereiter, Carl; Scardamalia, Marlene (1987): The Psychology of Written Composition. Hillsdale.

Berkenkotter, Carol (1994): Decisions and Revisions: The Planning Strategies of a Publishing Writer. In: Perl, Sondra (Hrsg.): Landmark Essays on Writing Process. Davis, S. 127–140.

Bernheim, Ernst (1912): Die ungenügende Ausdrucksfähigkeit der Studierenden. Das Persönliche im akademischen Unterricht und die unverhältnismäßige Frequenz unserer Universitäten. Zwei Vorträge. Leipzig.

Besch, Werner (1988): Standardisierungsprozesse im deutschen Sprachraum. In: Sociolinguistica 2, S. 186–208.

Bohnsack, Ralf (1997): Gruppendiskussionsverfahren und Milieuforschung. In: Friebertshäuser, Barbara; Prengel, Annedore (Hrsg.): Handbuch Qualitative Forschungsmethoden in der Erziehungswissenschaft. Weinheim, München, S. 492–501.

Böttcher, Ingrid; Czapla, Cornelia (2002): Repertoires flexibilisieren. Kreative Methoden für professionelles Schreiben. In: Perrin, Daniel; Böttcher, Ingrid u. a. (Hrsg.): Schreiben. Wiesbaden, S. 182–201.

Boueke, Wolfgang; Schülein, Frieder (1985): Personales Schreiben. Bemerkungen zur neueren Entwicklung der Aufsatzdidaktik. In: Boueke, Dietrich; Hopster, Norbert (Hrsg.): Schreiben –

Schreiben lernen. Rolf Sanner zum 65. Geburtstag. Tübingen, S. 277–301.

Bräuer, Gerd (2006): Warum schreiben? Schreiben in den USA: Aspekte, Verbindungen, Tendenzen. Frankfurt a. M. u. a.

Bräuer, Gerd; Haist, Karin (Hrsg.) (2004): Schreiben(d) lernen. Ideen und Projekte für die Schule.

Bräuer, Gerd (2003): Schreiben als reflexive Praxis. Tagebuch, Arbeitsjournal, Portfolio. Freiburg im Breisgau.

Bräuer, Gerd (2002): Drawing Connections Across Education: The Freiburg Writing Center Model. In: Learning Across the Disciplines 3, S. 61–80.

Bräuer, Gerd (1996): Warum Schreiben? Schreiben in den USA: Aspekte, Verbindungen, Tendenzen. Frankfurt a. M. u. a.

Bräuer, Gerd; Schindler, Kirsten (Hrsg.) (2011): Schreibarrangements für Schule, Hochschule, Beruf. Freiburg im Breisgau.

Britton, James u. a. (1975): The Development of Writing Abilities. London.

Bromberg, Kirstin (2011): Harmonisierung von Lehren und Lernen mit der ‚doc.post' (document of commitment). In: http://opus.kobv.de/ubp/volltexte/2011/5318/pdf/bbhd05.pdf (letzter Zugriff am 25.10.2011).

Bruffee, Kenneth A. (1984): Peer Tutoring and the ‚conservation of mankind'. In: Olson, Gary A. (Hrsg.): Writing Centers: Theory and Administration. Urbana, S. 3–15.

Bruffee, Kenneth A. (1978). The Brooklyn Plan. In: Liberal Education 64, S. 447–468.

Bruffee, Kenneth A. (1973): Collaborative Learning: Some Practical Models. In: College English 34, S. 634–643.

Bruner, Jerome S. (1960): The Process of Education. Cambridge.

Brunner, Ilse; Häcker, Thomas; Winter, Felix (Hrsg.) (2006): Das Handbuch Portfolioarbeit. Konzepte, Anregungen, Erfahrungen aus Schule und Lehrerbildung. Seelze, Velber.

Cameron, Julia (2000): Der Weg des Künstlers. Ein spiritueller Pfad zur Aktivierung unserer Kreativität. München.

Carroll, Lee Ann (2002): How College Students Develop as Writers. Urbana, Illinois.

Chizmar, John F.; Ostrosky, Anthony L. (1998): The One-Minute Paper: Some Empirical Findings. In: Journal of Economic Education 1, S. 3–10.

Chomsky, Carol (1972): Stages in Language Development and Reading Exposure. In: Harvard Educational Review 42, S. 1–33.

Chomsky, Noam (1968): Language and Mind. Enlarged Edition. New York u. a.

Chomsky, Noam (1966): Topics in the Theory of Generative Grammar. Den Haag.

Chomsky, Noam (1957): Syntactic Structures. Den Haag.

Coleman, Elliot u. a. (1974): A Perspective of Academic Programs in Creative Writing. Transcript of a Conference on Teaching Creative Writing. In: Clark, Gertrude (Hrsg.): Teaching Creative Writing. Washington, S. 3–25.

De Beaugrande, Robert (1984): Text Production. Toward a Science of Composition. Norwood.

Diederich, Paul B. (1974): Measuring Growth in English. O.O.

Diekmann, Andreas (2011): Empirische Sozialforschung. Grundlagen, Methoden, Anwendungen. Reinbek bei Hamburg.

Dittmann, Jürgen u. a. (2003): Schreibprobleme im Studium. Eine empirische Untersuchung. In: Ehlich, Konrad; Steets, Angelika (Hrsg.): Wissenschaftlich schreiben – lehren und lernen. Berlin, S. 155–185.

Donahue, Christiane (2009): ‚Internationalization' and Composition Studies: Reorienting the Discourse. In: College Composition and Communication 2, S. 212–243.

Ede, Lisa (1989): Writing as a Social Process: A Theoretical Foundation for Writing Centers. In: Writing Center Journal 2, S. 3–15.

Ehlich, Konrad (1999): Alltägliche Wissenschaftssprache. In: Informationen Deutsch als Fremdsprache 1, S. 3–24.

Ehlich, Konrad (1995): Die Lehre der deutschen Wissenschaftssprache: Sprachliche Strukturen, didaktische Desiderate. In: Kretzenbacher, Heinz L.; Weinrich, Harald (Hrsg.): Linguistik der Wissenschaftssprache. Berlin, New York, S. 325–351.

Elbow, Peter (1998): Writing without Teachers. New York, Oxford.

Elbow, Peter; Belanoff, Pat (1989): Sharing and Responding. New York.

Emig, Janet (1983a): From the Composition Processes of Twelfth Graders. In: Emig, Janet (Hrsg.): The Web of Meaning. Essays on Writing, Teaching, Learning and Thinking. Portsmouth, S. 63–90.

Emig, Janet (1983b): Non-Magical Thinking: Presenting Writing Developmentally in the Schools. In: Emig, Janet (Hrsg.): The Web of Meaning: Essays on Writing, Teaching, Learning, and Thinking. Portsmouth, S. 132–144.

Ericsson, Karl A.; Krampe, Ralf T.; Tesch-Römer, Clemens (1993): The Role of Deliberate Practice in the Acquisition of Expert Performance. In: Psychological Review 100, S. 363–406.

Ericsson, Karl A.; Simon, Herbert A. (1980): Verbal Reports as Data. In: Psychological Review 87, S. 215—251.

European Association for Teaching Academic Writing (2011): http://www.eataw.eu/ (letzter Zugriff 25.10.2011).

European Writing Centers Association (2011): http://www.writingcenters.eu (letzter Zugriff 25.10.2011).

Faigley, Lester (1985): Nonacademic Writing: The Social Perspective. In: Odell, Lee; Goswami, Dixie (Hrsg.): Writing in Nonacademic Settings. New York, S. 231–248.

Feilke, Helmuth (2003a): Entwicklung schriftlich-konzeptualer Fähigkeiten. In: Bredel, Ursula u. a. (Hrsg.): Didaktik der deutschen Sprache. Ein Handbuch. Band 1. Paderborn, S. 178–192.

Feilke, Helmuth (2003b): Textroutine, Textsemantik und sprachliches Wissen. In: Linke, Angelika; Ortner, Hanspeter; Portmann-Tselikas, Paul R. (Hrsg.): Sprache und mehr. Ansichten einer Linguistik der sprachlichen Praxis. Tübingen, S. 209–229.

Feilke, Helmuth (2002): Die Entwicklung literaler Textkompetenz. Ein Forschungsbericht. In: Siegener Papiere zur Aneignung sprachlicher Strukturformen 10, o. S.

Feilke, Helmuth (1996): Die Entwicklung der Schreibfähigkeiten. In: Günther, Hartmut; Ludwig, Otto (Hrsg.): Schrift und Schriftlichkeit. Writing and its use. Ein interdisziplinäres Handbuch internationaler Forschung. 2. Halbband. Berlin, New York, S. 1178–1191.

Feilke, Helmuth (1993): Schreibentwicklungsforschung. Ein kurzer Überblick unter besonderer Berücksichtigung der Entwicklung prozeßorientierter Schreibfähigkeiten. In: Diskussion Deutsch 24, S. 17–35.

Feilke, Helmuth; Augst, Gerhard (1989): Zur Ontogenese der Schreibkompetenz. In: Antos, Gerd; Krings, Hans P. (Hrsg.): Textproduktion. Ein interdisziplinärer Forschungsüberblick. Tübingen, S. 297–327.

Fishman, Jenn u. a. (2005): Performing Writing, Performing Literacy. In: College Composition and Communication 57, S. 224–252.

Fix, Ulla (2008): Text und Textlinguistik. In: Janich, Nina (Hrsg.): Textlinguistik. 15 Einführungen. Tübingen, S. 15–34.

Flaherty, Alice E. (2004): Die Mitternachtskrankheit. Warum Schriftsteller schreiben müssen: Schreibzwang, Schreibrausch, Schreibblockade und das kreative Gehirn. Berlin.

Flower, Linda S. (1979): Writer-Based Prose: A Cognitive Basis for Problems in Writing. In: College English 41, S. 19–37.

Flower, Linda S.; Hayes, John R. (1981): The Pregnant Pause: An Inquiry into the Nature of Planning. In: Research in the Teaching of English 15, S. 229–243.

Flower, Linda S.; Hayes, John R. (1980): The Dynamics of Composing: Making Plans and Juggling Constraints. In: Gregg, Lee W.; Steinberg, Erwin R. (Hrsg.): Cognitive Processes in Writing. Hillsdale, S. 31–50.

Frank, Andrea; Haacke, Stefanie; Lahm, Swantje (2007): Schlüsselkompetenzen: Schreiben in Studium und Beruf. Stuttgart u. a.

Frank, Andrea; Haacke, Stefanie; Tente, Christina (2003): Contacts-Conflicts-Cooperation. In: Björk, Lennard u. a. (Hrsg.): Teaching Academic Writing in European Higher Education. Dodrecht u. a., S. 165–174.

Fuchs-Heinritz, Werner u. a. (Hrsg.) (1994): Lexikon zur Soziologie. Wiesbaden.

Fulwiler, Toby (1986): Writing Across the Disciplines: Research into Practice. Boynton.

Gere, Anne R. (1987): Writing Groups. History, Theory and Implications. Carbondale, Edwardsville.

Gillespie, Paula u. a. (Hrsg.) (2009): Writing Center Research. Extending the Conversation. New York u. a.

Gillespie, Paula; Lerner, Neal (2000): The Allyn and Bacon Guide to Peer Tutoring. Boston.

Girgensohn, Katrin (2008): Schreiben als spreche man nicht selbst. Über die Schwierigkeiten von Studierenden, sich in Bezug zu ihren Schreibaufgaben zu setzen. In: Rothe, Matthias; Schröder, Hartmut (Hrsg.): Stil, Stilbruch, Tabu. Stilerfahrung nach der Rhetorik: eine Bilanz. Berlin, Münster, S.195–211.

Girgensohn, Katrin (2007a): Neue Wege zur Schlüsselqualifikation Schreiben. Autonome Schreibgruppen an der Hochschule. Wiesbaden.

Girgensohn, Katrin (2007b): Schreibstrategien beim Stationen Lernen erweitern. Arbeitsmaterial für individualisierte Lernformen in Schreibseminaren. In: http://www.zeitschrift-schreiben.eu/cgi-bin/blog/wp-content/uploads/2007/11/girgensohn_schreibstrategien-beim-stationen-lernen-erweitern.pdf (letzter Zugriff am 25.10.2011).

Girgensohn, Katrin; Jakob, Ramona (2010): 66 Schreibnächte. Anstiftungen zur literarischen Geselligkeit. Hohengehren.

Girgensohn, Katrin u. a. (2009): Gemeinsam Schreiben: Das Konzept einer akademischen Online-Schreibgruppe mit Peer-Feedback. In: http://www.zeitschrift-schreiben.eu/Beitraege/girgensohn_Online-Schreibgruppe.pdf (letzter Zugriff am 25.10.2011).

Gottsched, Johann C. (1736): Ausführliche Redekunst. Nach Anleitung der alten Griechen und Römer wie auch der neuern Ausländer. Leipzig.

Gould, John D.; Grischkowsky, Nancy (1984): Doing the Same Work with Hard Copy and with Cathode-ray Tube (CRT) Computer Terminals. In: Human Factors 26, S. 323–337.

Graefen, Gabriele (2002): Schreiben und Argumentieren, Konnektoren als Spuren des Denkens. In: Perrin, Daniel u. a. (Hrsg.): Schreiben. Von intuitiven zu professionellen Schreibstrategien. Wiesbaden, S. 47–62.

Grieshammer, Ella u. a. (2012): Zukunftsmodell Schreibberatung. Eine Anleitung zur Begleitung von Schreibenden im Studium. Hohengehren. (In Vorbereitung).

Grimm, Nancy M. (2009): New Conceptual Frameworks for Writing Center Work. The Writing Center Journal 29, S. 11–27.

Grimm, Nancy M. (1999): Good Intentions. Writing Center Work for Postmodern Times. Portsmouth.

Grimm, Nancy M. (1996): Rearticulating the Work of the Writing Center. In: College Composition and Communication 47, S. 485–523.

Häcker, Thomas (2006): Selbstbestimmung fördern. Portfolioarbeit in Schreib- und Lesezentren. In: Bräuer, Gerd (Hrsg.): Schreiben(d) lernen. Hamburg, S. 144–158.

Harell, Lester (1970): A Comparison of the Development of Oral and Written Language in School-age Children. New York.

Hartmann, W. (1989): Die ‚Hamburger Aufsatzstudie‘. Der Deutschunterricht 41, S. 92–98.

Hartmann, Wilfried; Jonas, Hartmut (1996): Deutschunterricht im Umbruch. Frankfurt a. M.

Haswell, Richard (2000): Documenting Improvement in College Writing. In: Written Communication 17, S. 307–352.

Hayes, John (1996): A New Framework for Understanding Cognition and Affect in Writing. In: Levy, Michael C.; Ransdell, Sarah E. (Hrsg.): The Science of Writing. Theories, Methods, Individual Differences, and Applications. New Jersey, S. 1–28.

Hayes, John R.; Flower, Linda S. (1980a): Identifying the Organization of Writing Processes. In: Gregg, Lee W.; Steinberg, Erwin R. (Hrsg.): Cognitive Processes in Writing. Hillsdale, S. 3–30.

Hayes, John R.; Flower, Linda S. (1980b): Writing as Problem Solving. In: Visible Language 14, S. 388–399.

Hayes, John R. u. a. (1986): ‚If it's clear to me it must be clear to them.‘ Paper Presented at the Conference on College Composition and Communication. New Orleans, Los Angeles.

Herder, Johann G. (1820): Von der Ausbildung der Rede und Sprache in Kindern und Jünglingen. In: Sämtliche Werke. 12. Teil. Karlsruhe, S. 163–188.

Hermanns, Fritz (1988): Schreiben als Denken. Überlegungen zur heuristischen Funktion des Schreibens. In: Der Deutschunterricht 4, S. 69–82.

Honegger, Monique (2008): Zeigeblockade: Das Zeigen unbeendeter Texte und die Selbststeuerung des Schreibprozesses im Studium. In: http://www.zeitschrift-schreiben.eu/Beitraege/honegger_Zeigeblockade.pdf (letzter Zugriff am 25.10.2011).

Hidi, Suzanne; Boscolo, Pietro (2007): Writing and Motivation. Amsterdam u. a.

Horn, Batya; Wäger, Elisabeth (Hrsg.) (2004): Schreibrituale. Eine Anthologie. Wien.

Hornung, Antonie (1997): Führen alle Wege nach Rom? In: Adamzik, Kirsten; Antos, Gerd; Jakobs, Eva-Maria (Hrsg.): Domänen- und kulturspezifisches Schreiben. Frankfurt a. M., S. 71–88.

Hjortshoj, Keith (2001): Understanding Writing Blocks. New York.

Hughes, Bradley; Gillespie, Paula; Kail, Harvey (2010): What They Take with Them: Findings from the Peer Writing Tutor Alumnis Research Project. In: The Writing Center Journal 2, S. 12–46.

Hunt, Kellog W. (1970): Syntactic Maturity in School Children and Adults. Tallahassee.

Hyland, Ken (2003): Genre-based Pedagogies: A Social Response to Process. In: Journal of Second Language Writing 12, S. 17–29.

Jablonski, Jeffrey (2006): Academic Writing Consulting and WAC: Methods And Models for Guiding Cross-Curricular Literacy. New York.

Jakobs, Eva-Maria (1999): Normen der Textgestaltung. In: Kruse, Otto; Jakobs, Eva-Maria; Ruhmann, Gabriela: Schlüsselkompetenz Schreiben. Konzepte, Methoden, Projekte für Schreibberatung und Schreibdidaktik an der Hochschule. Neuwies, S. 171–190.

Jakobs, Eva-Maria (Hrsg.) (1995): Wissenschaftliche Textgestaltung mit und ohne Computer. Frankfurt a. M.

Jechle, Thomas (1992): Kommunikatives Schreiben. Prozess und Entwicklung aus der Sicht kognitiver Schreibforschung. Tübingen.

Johnstone, Karla M; Ashbaugh, Hollies; Warfield, Terry D. (2002): Effects of Repeated Practice and Contextual-writing Experiences on College Students' Writing Skills. In: Journal of Educational Psychology 94, S. 305–315.

Jones, Casey (2001): The Relationship between Writing Centers and the Improvement in Writing Ability: An Assessment of the Literature. In: Education 122, S. 3–20.

JoSch: Journal der Schreibberatung. In: http://www.europa-uni.de/de/campus/hilfen/schreibzentrum/Publikationen/index.html (letzter Zugriff am 25.10.2011).

Kaufer, David S., Hayes, John R.; Flower, Linda S. (1986): Composing Written Sentences. In: Research in the Teaching of English 20, S. 121–140.

Kelle, Udo; Erzberger, Christian (2003): Qualitative und quantitative Methoden: kein Gegensatz. In: Flick, Uwe; Kardorff, Ernst von; Steinke, Ines (Hrsg.): Qualitative Forschung. Ein Handbuch. Reinbek bei Hamburg, S. 299–309.

Kellogg, Ronald T. (2008): Training Writing Skills: A Cognitive Developmental Perspective. In: Journal of Writing Research 1, S. 1–26.

Kellogg, Ronald T. (1999): The Psychology of Writing. New York.

Kellogg, Ronald T.; Raulerson, Bascom A. (2007): Improving the Writing Skills of College Students. In: Psychonomic Bulletin and Review 4, S. 237–242.

Keseling, Gisbert (2004): Die Einsamkeit des Schreibers. Wie Schreibblockaden entstehen und erfolgreich bearbeitet werden können. Wiesbaden.

Keseling, Gisbert (1997): Schreibstörungen. In: Jakobs, Eva-Maria; Knorr, Dagmar (Hrsg.): Schreiben in den Wissenschaften. Frankfurt, S. 223–237.

King, Stephen (2000): On Writing. A Memoir of the Craft. New York.

Konrad, Franz-Michael (2007): Geschichte der Schule. Von der Antike bis zur Gegenwart. München.

Krings, Hans P. (1992): Schwarze Spuren auf weißem Grund – Fragen, Methoden und Ergebnisse der empirischen Schreibprozeßforschung im Überblick. In: Krings, Hans P.; Antos, Gerd (Hrsg.): Textproduktion. Neue Wege der Forschung. Trier, S. 45–110.

Kruse, Otto (2010): Lesen und Schreiben. Der richtige Umgang mit Texten im Studium. Konstanz.

Kruse, Otto (2007): Schreibkompetenz und Studierfähigkeit. Mit welchen Schreibkompetenzen sollten die Schulen ihre Absolvent/innen ins Studium entlassen? In: Becker-Mrotzek, Michael; Schindler, Kirsten (Hrsg.): Texte schreiben. Kölner Beiträge zur Sprachdidaktik. Duisburg, S. 117–143.

Kruse, Otto (2006): Das Schreiben und die Universität: Was blockiert die Institutionalisierung schreibdidaktischer Projekte? In: Kissling, Walter; Perko, Gudrun (Hrsg.): Wissenschaftliches Schreiben in der Hochschullehre – Reflexionen, Desiderate, Konzepte. Innsbruck, Wien, S. 25–34.

Kruse, Otto (2005a): Zur Geschichte des wissenschaftlichen Schreibens. Teil 1: Entstehung der Se-

minarpädagogik vor und in der humboldtschen Universitätsreform. In: Hochschulwesen 5, S. 170–174.

Kruse, Otto (2005b): Zur Geschichte des wissenschaftlichen Schreibens. Teil 2: Rolle des Schreiben und der Schreibdidaktik in der Seminarpädagogik seit der humboldtschen Universitätsreform. In: Hochschulwesen 6, S. 214–218.

Kruse, Otto (2003): Schreiben lehren an der Hochschule: Aufgaben, Konzepte, Perspektiven. In: Ehlich, Konrad; Steets, Angelika (Hrsg.): Wissenschaftlich schreiben – lehren und lernen. Berlin, New York, S. 95–111.

Kruse, Otto (1993): Keine Angst vor dem leeren Blatt. Ohne Schreibblockaden durchs Studium. Frankfurt, New York.

Kruse, Otto; Perrin, Daniel (2002): Intuition und professionelles Schreiben. In: Perrin, Daniel u. a. (Hrsg.): Schreiben. Von intuitiven zu professionellen Schreibstrategien. Wiesbaden, S. 7–13.

Kruse, Otto; Jakobs, Eva-Maria (1999): Schreiben lehren an der Hochschule: Ein Überblick. In: Kruse, Otto; Jakobs, Eva-Maria; Ruhmann, Gabriela (Hrsg.): Schlüsselkompetenz Schreiben. Konzepte, Methoden, Projekte für Schreibberatung und Schreibdidaktik an der Hochschule. Neuwies, S. 19–34.

Kruse, Otto; Ruhmann, Gabriela (1999): Aus alt mach neu. Vom Lesen zum Schreiben wissenschaftlicher Texte. In: Kruse, Otto; Jakobs, Eva-Maria; Ruhmann, Gabriela (Hrsg.): Schlüsselkompetenz Schreiben. Konzepte, Methoden, Projekte für Schreibberatung und Schreibdidaktik an der Hochschule. Neuwies, S. 109–121.

LaBrant, Lou L. (1933): A Study of Certain Language Developments in Children. In: Genetic Psychology Monographs 14, S. 387–491.

Lange, Ulrike (2010): Das autonom geführte akademische Journal – Konzept und Praxisbericht. In: Saxalber, Annemarie; Esterl, Ursula (Hrsg.): Schreibprozesse begleiten. Vom schulischen zum universitären Schreiben. Innsbruck, S. 229–246.

Lehnen, Katrin (2000): Kooperative Textproduktion. Zur gemeinsamen Herstellung wissenschaftlicher Texte im Vergleich von ungeübten, fortgeschrittenen und sehr geübten SchreiberInnen. Dissertation. In: http://pub.uni-bielefeld.de/pub?func=drec &id=2301399 (letzter Zugriff am 25.10.2011).

Lehnen, Katrin (1999): Kooperative Textproduktion. In: Kruse, Otto; Jakobs, Eva-Maria; Ruhmann, Gabriela (Hrsg.): Schlüsselkompetenz Schreiben. Konzepte, Methoden, Projekte für Schreibberatung und Schreibdidaktik an der Hochschule. Neuwies, S. 147–170.

Lillis, Theresa (2008): Ethnography as Method, Methodology, and ‚Deep Theorizing'. Closing the Gap between Text and Context in Academic Writing Research. In: Written Communication 25, S. 353–388.

Ludwig, Otto (2003): Geschichte der Didaktik des Texteschreibens. In: Bredel, Ursula u. a. (Hrsg.): Didaktik der deutschen Sprache. Band 1. Paderborn, S. 171–176.

Ludwig, Otto (1988): Der Schulaufsatz. Seine Geschichte in Deutschland. Berlin.

Ludwig, Otto (1983): Einige Gedanken zu einer Theorie des Schreibens. In: Grosse, Siegfried (Hrsg.): Schriftsprachlichkeit. Düsseldorf, S. 37–73.

Ludwig, Otto (1980): Funktionen geschriebener Sprache und ihr Zusammenhang mit Funktionen der gesprochenen und inneren Sprache. In: Zeitschrift für germanistische Linguistik 8, S. 74–92.

Lundstrom, Kristi; Baker, Wendy (2009): To Give is Better Than to Receive: The Benefits of Peer Review to the Reviewer's Own Writing. In: Journal of Second Language Writing 18, S. 30–43.

Lunsford, Andrea (o. J.): Our Semi-literate Youth? Not So Fast. In: http://www.stanford.edu/group/ssw/cgi-bin/materials/OPED_Our_Semi-Literate_Youth.pdf (letzter Zugriff am 25.10.2011).

MacGilchrist, Felicitas; Girgensohn, Katrin (2011): Humboldt Meets Bologna. Developments and Debates in Institutional Writing Support in Germany. In: Canadian Journal for Studies in Discourse and Writing 1, S. 1–19.

Maimon, Eaine (1982): WAC: Past, Present and Future. In: Griffin, C. Williams (Hrsg.): Teaching Writing in All Disciplines. San Francisco, S. 67–82.

Marotzki, Winfried (1999): Forschungsmethoden und -methodologie der erziehungswissenschaftlichen Biographieforschung. In: Krüger, Heinz-Hermann; Marotzki, Winfried (Hrsg.): Handbuch erziehungswissenschaftliche Biografieforschung. Opladen, S. 110–133.

Mayring, Philipp (2008): Qualitative Inhaltsanalyse. Grundlagen und Techniken. Weinheim.

Merz-Grötsch, Jasmin (2000): Schreiben als System. Band 1. Schreibforschung und Schreibdidaktik. Ein Überblick. Freiburg im Breisgau.

Molitor, Sylvie (1984): Kognitive Prozesse beim Schreiben. Tübingen.

Molitor-Lübbert, Sylvie (1996): Schreiben als mentaler und sprachlicher Prozeß. In: Günther, Hartmut; Ludwig, Otto (Hrsg.): Schrift und Schriftlichkeit. Ein interdisziplinäres Handbuch internationaler Forschung. 2. Halbband. Berlin, New York, 1005–1027.

Molitor-Lübbert, Sylvie (1989): Schreiben und Kognition. In: Antos, Gerd; Krings, Hans P. (Hrsg.): Textproduktion. Ein interdisziplinärer Forschungsüberblick. Tübingen, S. 278–296.

Moore, Robert H. (1995): The Writing Clinic and the Writing Laboratory. In: Murphy, Christina; Law, Joe (Hrsg.): Landmark Essays on Writing Centers. Davis, S. 3–10.

Murphy, Christina (1991): The Writing Center and the Social Constructionist Theory. In: Mullin, Joan; Wallace, Ray (Hrsg.): Intersections: Theory-practice in the Writing Center. Urbana, S. 25–38.

Murphy, Christina; Law, Joe (1995): Introduction. In: Murphy, Christina; Law, Joe (Hrsg.): Landmark Essays on Writing Centers. Davis, S. 11–16.

National Survey of Student Engagement (2008a): http://www.nsse.iub.edu/ (letzter Zugriff am 25.10.2011).

National Survey of Student Engagement (2008b): http://comppile.org/wpa+nsse/index.htm (letzter Zugriff am 25.10.2011).

National Survey of Student Engagement (2008c): http://comppile.org/wpa+nsse/docs/WPA2008_NSEE-WPA_Handout. pdf (letzter Zugriff am 25.10.2011)

North, Stephen M. (1995): The Idea of a Writing Center. In: Murphy, Christina; Law, Joe (Hrsg.): Landmark Essays on Writing Centers. Davis, S. 71–86.

Nussbaumer, Markus; Sieber, Peter (1994): Texte analysieren mit dem Zürcher Textanalyseraster. In: Sieber, Peter (Hrsg.): Sprachfähigkeiten – Besser als ihr Ruf und nötiger denn je! Aarau u. a., S. 141–186.

Nystrand, Martin (2006): The Social and Historical Context for Writing Research. In: MacArthur, Charles A.; Graham, Steve; Fitzgerald, Jill (Hrsg.): Handbook of Writing Research. New York, London, S. 11–27.

Nystrand, Martin (1986): The Structure of Written Communication. Studies in Reciprocity between Writers and Readers. New York.

Nystrand, Martin (1982): Rhetoric's ‚Audience' and Linguistics' ‚Speech Community': Implications for Understanding Writing, Reading and Text. In: Nystrand, Martin (Hrsg.): What Writers Know: The Language, Process, and Structure of Written Discourse. New York, S. 1–28.

O'Donnell, Angela M. u. a. (1985): Cooperative Writing: Direct Effects and Transfer. In: Written Communication 2, S. 307—315.

Olive, Thierry; Kellogg, Ronald T.; Piolat, Annie (2002): The Triple Task Technique for Studying the Process of Writing. In: Van Rijlaarsdam, Gerd; Olive, Thierry; Levy, Michael C. (Hrsg.): Contemporary Tools and Techniques for Studying Writing. Dordrecht, S. 31–59.

Ortner, Hanspeter (2000): Schreiben und Denken. Tübingen.

Osgood, Charles E.; Sebeok, Thomas S. (Hrsg.) (1965): Psycholinguistics. A Survey of Theory and Research Problems with a Survey of Pycholinguistic Research: 1954–1964. Bloomington.

Ossner, Jakob (1995): Prozessorientierte Schreibdidaktik in Lehrplänen. In: Baurmann, Jürgen; Weingarten, Rüdiger (Hrsg): Schreiben: Prozesse, Prozeduren und Produkte. Opladen, S. 29–50.

Pajares, Frank (2003): Self-Efficacy Beliefs, Motivation, and Achievement in Writing: A Review of the Literature. In: Reading and Writing Quarterly 19, S. 139–158.

Peer Writing Tutor Alumnis Research Project (2011): http://www.writing.wisc.edu/pwtarp/ (letzter Zugriff am 25.10.2011).

Perl, Sondra (1979): The Composing Process of Unskilled College Writers. In: Research in the Teaching of English 13, S. 313–336.

Piolat, Annie; Olive, Thierry; Kellogg, Ronald T. (2004): Cognitive Effort during Notetaking. In: Applied Cognitive Psychology 19, S. 1–22.

Pohl, Thorsten (2007): Studien zur Ontogenese wissenschaftlichen Schreibens. Frankfurt/Main.

Pohl, Thorsten (2009): Die studentische Hausarbeit. Rekonstruktion ihrer ideen- und institutionsgeschichtlichen Entstehung. Heidelberg.

Poole, Michael (1983): Socioeconomic Status and Written Language. In: Martlew, Margaret (Hrsg.): The Psychology of Written Language. Developmental and Educational Perspectives. Chichester u. a.

Prowitec – Produktion wissenschaftlicher Texte mit und ohne Computer (2011): http://www.prowitec.rwth-aachen.de (letzter Zugriff am 25.10.2011).

Pydde, Mandy (2011): Beratungsstrategien von Peer Tutoren bei der Beratung von Hausarbeiten. Eine quantitative und qualitative Untersuchung auf der Grundlage von Beratungsprotokollen an der Europa-Universität Viadrina. Reihe Beiträge zur Schreibzentrumsforschung. In: http://opus.kobv.de/euv/volltexte/2011/47/pdf/Masterarbeit-Mandy-Pydde.pdf (letzter Zugriff am 25.10.2011).

Ramirez, Gerardo; Beilock, Sian L. (2011): Writing About Testing Worries Boosts Exam Performance in the Classroom. Science 331, S. 211–213.

Raumer, Rudolf von (1857): Der Unterricht im Deutschen. München.

Reich, Kersten (2008): Portfolio. In: http://methodenpool.uni-koeln.de (letzter Zugriff am 25.10.2011).

Reigstad, Thomas J.; McAndrew, Donald A. (1984): Training Tutors for Writing Conferences. Urbana.

Richardson, Ken u. a. (1976): The Linguistic Maturity of 11-year-olds: Some Analysis of the Written Compositions of Children in the National Child Development Study. In: Journal of Child Language 3, S. 99–115.

Rico, Gabriele L. (1998): Garantiert schreiben lernen. Sprachliche Kreativität methodisch entwickeln – ein Intensivkurs. Reinbek bei Hamburg.

Rogers, Carl R. (1999): Die nicht-direktive Beratung. Counseling and Psychotherapy. Frankfurt a. M.

Rogers, Paul M. (2010): The Contributions of North American Longitudinal Studies of Writing in Higher Education to our Understanding of Writing Development. In: Bazerman, Charles u. a. (Hrsg.): Traditions of Writing Research. New York, London, S. 365–377.

Rogers, Paul M. (2008): The Development of Writers and Writing Abilities: A Longitudinal Study Across and Beyond the College-span. Dissertation. Santa Barbara.

Rose, Mike (1984/2009): Writer's Block: The Cognitive Dimension. Carbondale.

Rose, Mike (1985): Complexity, Rigor, Evolving Method, and the Puzzle of Writer's Block: Thoughts on Composing-Process Research. In: Rose, Mike (Hrsg.): When a Writer Can't Write. Studies in Writer's Block and other Composing-process Problems. New York, London, S. 227–260.

Ruhmann, Gabriela (2003). Präzise denken, sprechen, schreiben – Bausteine einer prozessorientierten Propädeutik. In: Ehlich, Konrad; Steets, Angelika (Hrsg.): Wissenschaftlich schreiben – lehren und lernen. Berlin, New York, S. 211–234.

Sachdev, Perminder S.; Waxman, Stephen (1981): Frequency of Hypergraphia in Temporal Lobe Epilepsy; An Index of Interictal Behaviour Syndrome. In: Journal of Neurology, Neurosurgery, and Psychiatry 4, S. 358–360.

Sanner, Rolf (1990): Aufsatzunterricht. In: Lange, Günter; Neumann, Karl; Ziesenis, Werner (Hrsg.): Taschenbuch des Deutschunterrichts. Grundfragen und Praxis der Sprach- und Literaturdidaktik. Band 1. Hohengehren, S. 219–243.

Scardamalia, Marlene; Bereiter, Carl (1986): Research on Written Composition. In: Wittrock, Merrill C. (Hrsg.): Handbook of Research on Teaching. London, S. 778–803.

Scardamalia, Marlene; Bereiter, Carl; Steinbach, Rosanne (1984): Teachability of Reflective Processes in Written Composition. In: Cognitive Science 8, S. 173–190.

Scheuermann, Ulrike (2011): Die Schreibfitness-Mappe. Wien.

Schreiblabor der Universität Bielefeld (2011): http://www.uni-bielefeld.de/Universitaet/Studium/SK_K5/slab (letzter Zugriff am 25.10.2011).

Schreibzentrum der Europa-Universität Viadrina (2011): http://www.europa-uni.de/schreibzentrum (letzter Zugriff am 25.10.2011).

Schreibzentrum der Ruhr-Universität Bochum (2011): http://www.sz.ruhr-uni-bochum.de (letzter Zugriff am 25.10.2011).

Sennewald, Nadja; Mandalka, Nicole (2012): Akademisches Schreiben von Studierenden. Die Bielefelder Erhebung zur Selbsteinschätzung der Schreibkompetenzen. In: Preußer, Ulrike; Sennewald, Nadja (Hrsg.): Literale Kompetenzentwicklung an der Hochschule. Frankfurt a. M., S. 143–166.

Shaughnessy, Mina (1979): Errors and Expectations: A Guide for the Teacher of Basic Writing. Oxford.

Sheils, Merrill (1975): Why Johnny Can't Write. In: Newsweek, December 8th 1975, S. 58–65.

Sieber, Peter (2003): Modelle des Schreibprozesses. In: Bredel, Ursula u. a.: Didaktik der deutschen Sprache. Band 1. Paderborn.

Smeets, Stans (2008): Writer's Block as an Instrument for Remaining in Paradise. How to Beat Writer's Block: A Multidisciplinary Approach. In: http://www.zeitschrift-schreiben.eu/Beitraege/smeets_Writers_Block.pdf (letzter Zugriff am 25.10.2011).

Sommers, Nancy (2005): The Case for Research: One Writing Program Administrator's Story. In: College Composition and Communication 56, S. 507–514.

Sommers, Nancy; Saltz, Laura (2004): The Novice as Expert: Writing the Freshman Year. In: College Composition and Communication 56, S. 124–149.

Spinner, Kaspar H. (1993): Kreatives Schreiben. Praxis Deutsch 119, S. 17–23.

Spitta, Gudrun (1992): Schreibkonferenzen in Klasse 3 und 4. Ein Weg vom spontanen Schreiben zum bewußten Verfassen von Texten. Berlin.

Stanford Study of Writing (2008): http://ssw.stanford.edu/ (letzter Zugriff am 25.10.2011).

Stead, David R. (2005): A Review of the One-minute Paper. Active Learning in Higher Education 6, S. 118–131.

Steinhoff, Torsten (2007): Wissenschaftliche Textkompetenz. Sprachgebrauch und Schreibentwicklung in wissenschaftlichen Texten von Studenten und Experten. Tübingen.

Sternglass, Marylin S. (1997): Time to Know Them: a Longitudinal Study of Writing and Learning at the College Level. New York.

Strauss, Anselm; Corbin, Juliet (1996): Grounded Theory. Grundlagen Qualitativer Sozialforschung. Weinheim.

The Campus Writing Program – University of Missouri: www.cwp.missouri.edu (letzter Zugriff am 26.10.2011).

The New London Group (1996): A Pedagogy of Multiliteracies: Designing Social Futures. In: Harvard Educational Review 66, S. 60–92.

Thompson, Clive (2009): Clive Thompson on the New Literacy. In: http://www.wired.com/print/techbiz/people/magazine/17–09/st_thompson (letzter Zugriff am 25.10.2011).

Wagner, Wolf (2002): Uni-Angst und Uni-Bluff. Wie studieren und sich nicht verlieren. Hamburg.

Weinert, Franz E. (2002): Vergleichende Leistungsmessungen in Schulen – eine umstrittene Selbstverständlichkeit. In: Weinert, Franz E. (Hrsg.): Leistungsmessungen in Schulen. Weinheim, S.17–31.

Wirtz, Markus; Caspar, Franz (2002): Beurteilerübereinstimmung und Beurteilerreliabilität. Methoden zur Bestimmung und Verbesserung der Zuverlässigkeit von Einschätzungen mittels Kategoriesystemen und Ratingskalen. Göttingen u. a.

Witzel, Andreas (2000): Das problemzentrierte Interview. In: http://www.qualitative-research.net/index.php/fqs/article/viewArticle/1132/2519 (letzter Zugriff am 25.10.11).

Wolfsberger, Judith (2007): Frei geschrieben. Mut, Freiheit und Strategie für wissenschaftliche Abschlussarbeiten. Wien u. a.

Wrobel, Arne (1995): Schreiben als Handlung. Überlegungen und Untersuchungen zur Theorie der Textproduktion. Tübingen.

Zawacki, Terry M.; Rogers, Paul M. (2012): Introduction. A History of Inquiry: The Resilience of Writing Across the Curriculum. In: Zawacki, Terry M.; Rogers, Paul M. (Hrsg): Writing Across the Curriculum. A Critical Sourcebook. Boston, S. 1–10 (in Vorbereitung).

Zeitschrift Schreiben: www.zeitschrift-schreiben.eu (letzter Zugriff am 25.10.2011).

Ziegler, Theobald (1895): Der deutsche Student am Ende des 19. Jahrhunderts. Vorlesungen gehalten im Wintersemester 1894/95 an der Kaiser-Wilhelms-Universität zu Straßburg. Stuttgart.

Register

Abbildungsverzeichnis